# L'art du triomphe

Découvrez vos vertus cardinales

**Direction éditoriale :** Stéphane Chabenat
**Éditrice :** Charlotte Sperber
**Conception graphique et mise en page :** Soft Office
**Conception graphique de la couverture :** olo.éditions

Les Éditions de **l'Opportun**
16, rue Dupetit-Thouars
75003 Paris
www.editionsopportun.com

JEAN-SÉBASTIEN HONGRE
& LUIS DE MIRANDA

# L'art du triomphe

## Découvrez vos vertus cardinales

Les Éditions de l'Opportun

À nos enfants : Héloise, Svea, Hadrien et Theo.

« Ce qui est le plus vrai
d'un individu, et le plus
lui-même, c'est son possible. »

Paul Valéry,
*Introduction à la méthode de Léonard de Vinci*,
1894.

# PROLOGUE

Comment atteindre la plus haute version de soi-même tout en s'engageant dans l'aventure du monde ? Comment s'offrir le droit à la singularité, à la maîtrise de son propre destin, au triomphe d'être libre ? Comment façonner avec art le récit de sa propre existence tout en enrichissant l'existence des autres ? Nous aspirons tous à un monde plus vrai dans lequel nos valeurs et nos actes seraient bien accordés : nous désirons, consciemment ou pas, la santé philosophique.

Ce livre est un voyage au long cours que nous vous proposons autour de ces idées-forces et valeurs dont nous parions qu'elles ont toujours leur rôle à jouer dans votre histoire personnelle et dans l'avenir du monde. Pour naviguer vers un futur sain, regardons dans l'océan de l'Histoire, au cœur de l'âme de ces héros et héroïnes qui ont simplement su définir puis rester fidèles à la devise de leur conscience, au refrain de leur idéal, à la constellation de leurs vertus. Chacun de la cinquantaine de mots qui forment cet ouvrage est symbolisé par une grande femme ou par un grand homme du passé dont nous pensons qu'ils ont incarné cette idée-force avec ardeur.

Ces mots, idées, concepts et valeurs peuvent changer votre monde, car ils ont déjà changé notre destin collectif à plusieurs reprises. Nous les avons choisis parce qu'ils nous paraissent essentiels et négligés, maltraités ou mal compris et parce qu'ils se combinent à merveille pour former des constellations de valeurs qui nous montrent le cap de notre propre potentiel et qui ensuite nous guérissent de l'intérieur vers l'extérieur, et vice versa.

Nous ne voulons pas croire au déclin de l'humain malgré les signes qui semblent parfois en attester ni nous abandonner aux tentations technologistes, réductionnistes ou fatalistes. Nous affirmons la singularité créatrice qui veille en puissance derrière chaque visage, sous chaque forme de vie. La réalité sociale paraît souvent morose ou hostile, mais elle n'est pas inéluctable, elle peut se réinventer chaque jour par petites touches de courage et de création. Le paradis sur terre se conquiert, et en réalité il est déjà là, à côté ou à l'intérieur de chacun de nous, voilé, en puissance : à nous d'ouvrir nos consciences pour distinguer les possibles et parvenir à donner corps à la plus haute version de notre destin.

Il est temps de reconquérir notre Histoire commune, en commençant par conquérir votre histoire personnelle. Il est temps de cocréer – ce livre lui-même a été cocréé pendant quatre années de travail régulier : Jean-Sébastien Hongre s'est occupé des évocations de personnages historiques et Luis de Miranda des éclairages philosophiques, tandis que tous deux ont souvent dialogué pour permettre d'enfanter la meilleure version du texte commun.

Création est une idée que l'on lira plus d'une fois dans ce livre, parfois même sous la forme d'un néologisme que les deux auteurs de ce livre ont appris à apprivoiser : *Créel* – un mot-valise forgé à partir de *Réel* et de *créer*. Le Créel ou création continuée, c'est une richesse à portée de chacun d'entre vous, qui vous rendra artiste de votre existence, car à l'écoute du possible intérieur.

Notre livre se présente sous la forme d'un abécédaire de valeurs sûres. Au début de chaque mot, une petite introduction philosophique présente notre vision de l'idée proposée. Suivent une évocation historique puis un éclairage de santé philosophique. À la fin de chaque mot, nous avons introduit un mode de lecture alternative : la constellation de chaque personnage historique est faite d'un petit groupe de vertus qui renvoient à différentes pages, permettant une lecture guidée facultative. Sans doute aurions-nous pu choisir d'autres mots-clés, mais nous avons prêté l'oreille à ceux qui nous ont paru les plus importants pour conquérir son destin.

Entrez dans notre voyage philosophique et historique, qui parcourt les temps et les régions en commençant par la case **Action** et en terminant par une remise à **Zéro**, vous y rencontrerez des demi-dieux et vous y accrocherez vous-même quelques constellations philosophiques qui, nous en sommes convaincus, vous permettront de vous forger une grande santé.

# Action

On oppose souvent l'action et la réflexion. Mais agir sans boussole idéelle ou idéale, ce n'est que gesticuler automatiquement ou suivre des normes imposées de l'extérieur. Agir, c'est rester fidèle, créativement, à sa profonde orientation. Construire des mondes, oui, mais en accord avec notre vision de ce qui doit être. Humains et non-humains ensemble (toutes formes de vie), le monde est notre cocréation : c'est pourquoi nos actes doivent être pensés comme l'artiste pense son œuvre plutôt que comme le conquérant accaparant tout sur son passage.

« Dois-je tuer Cassandre et Iolas ? Ordonner qu'on les exécute pour trahison ? On chuchote que cette fièvre qui me dévore viendrait d'un poison dont ils seraient à l'origine – eux !, les fils d'Antipater, mon allié sans faille depuis tant d'années, je devrais les mettre à mort ? Du sang, encore du sang ! Je suis las de le voir couler. Pourquoi faut-il sans cesse détruire pour créer ? C'eût été certainement une question pour mon cher Aristote. »
La fièvre le rend poisseux et indécis. Il doit pourtant trancher. Dans quelques minutes, on viendra prendre ses instructions. Dehors, les courtisans et les eunuques sont occupés à pleurer son état : un Dieu se meurt… Depuis que

sa fièvre s'est aggravée, on l'a transporté dans cette vaste pièce sombre située sous terre, au plus bas des profondeurs du palais. « Ce n'est pas une chambre, c'est un tombeau ! »

Le roi à demi nu cherche son souffle. Dans cette pièce subsiste un peu d'une fraîcheur malsaine alimentée par des vents secrets qui passent dans les tunnels du ventre de l'édifice. Sans doute ces vents traversent-ils aussi des geôles creusées dans les soubassements, au point que parfois remontent des effluves de chairs faisandées. D'une voix faible, le malade a demandé plusieurs fois à retrouver l'air libre, mais les médecins s'interposent entre lui et son destin. Il est devenu faible, y compris dans sa volonté. Les jeux de couleurs du ciel au crépuscule lui manquent, tout comme ceux de l'aurore lorsque Babylone, la déesse des cités, s'éveille et qu'au loin les caravanes s'avancent chargées d'épices, de bijoux, traînant derrière elles des esclaves épuisés, attachés les uns aux autres. Ce spectacle lui est interdit désormais. Et il le sait, là-haut, on se partage déjà son œuvre.

« Mais pourquoi dois-je partir si tôt ? Ceci n'était que le début ! Il me reste tant à faire, même et que ma gloire éternelle est faite. Mes généraux ne comprennent pas, leurs esprits assoiffés de pouvoir ne saisissent pas mon grand dessein, celui qu'adolescent, j'ai élaboré avec l'aide d'Aristote. Je n'ai détruit que pour reconstruire. Je n'ai voulu conquérir que pour unir. Nous avons tant marché, de la

Perse aux confins de l'Inde, des milliers de kilomètres le long desquels nous avons tué des combattants stupéfaits. J'ai vu mourir au combat des amis, des frères, des dizaines de milliers de jeunes âmes arrachées au sein de la Grèce. Nous avons conquis, mais ce n'était là qu'une première étape, nécessaire. Je ne veux pas laisser au monde l'image du conquérant, mais celle d'un bâtisseur, Alexandre le Bâtisseur. Il me faudra harmoniser les lois, libérer les hommes au nom de la raison, faire que la Grèce reste une idée éternelle et détrôner les superstitions qui donnent aux médiocres le pouvoir de régner par la peur. Oui, il me faut encore du temps pour pérenniser les alliances, sécuriser les routes commerciales entre les rives de l'Indus et du Céphise, renforcer les canaux pour limiter les inondations. »

Une suée brusque le gagne à la pensée de l'immense tâche qui l'attend. Son cœur s'emporte par soubresauts ; le voilà presque en lévitation, ne sachant s'il souffre ou jubile. Et puis il frissonne et retombe sur terre. La question lancinante revient. Un poison ? Une autre rumeur prétend que ce qui l'accable est bien connu, une maladie du Nil, propagée par des moustiques sévissant non loin de la cité qui portera son nom. L'esprit du monde arrêté par un insecte.

Soudain il aperçoit l'homme qui se tient devant lui, droit, en attente. Il ne l'a pas vu entrer. Il le distingue à peine. Le soldat lui demande quels sont ses ordres. Il faut trancher. « Qu'on prépare l'armée car il s'agit de partir bientôt en campagne pour l'Arabie », crie le malade avant d'oser la question qui le hante : « Et n'ai-je pas meilleure mine qu'hier ? »

Le soldat répond. À cet instant, dans le regard de Perdiccas, Alexandre le Grand saisit la peine profonde de ce fidèle parmi les fidèles qui, pour la première fois de sa vie, ment à l'homme qu'il vénère.

## L'inspiration

L'action peut sembler, au premier abord, aussi omniprésente que l'oxygène. Dans les sciences physiques, deux boules de billard qui s'entrechoquent « exercent une action » l'une sur l'autre. Dans l'industrie du cinéma, un réalisateur crie *action !* pour indiquer aux acteurs qu'ils sont en représentation devant la caméra. Lorsque nous observons une ville aux heures de pointe, on croit voir un réseau de destins *en acte*. Mais ni les acteurs, ni les boules de billard, ni les citadins affairés ne manifestent nécessairement la valeur de l'action dans toute sa puissance et vérité : il y a une passivité de ceux qui ne se mettent en mouvement que sur commande externe, par tendance mécanique, habitude ou devoir. Pour agir vraiment, pour devenir un être d'action, il faut se savoir libre de créer.

L'action est souvent physique, mais il y a aussi une dimension spirituelle ou philosophique de l'action.

Si par exemple vous décidez de vivre au jour le jour contre l'injustice, vous aurez le choix entre suivre automatiquement des définitions convenues et contemporaines de l'injustice, ou bien vous demander, dans chaque situation – dans le bus, au travail, devant un écran d'informations : est-ce que ceci révèle une injustice ? Qu'est-ce qui serait plus juste ? Trop souvent, nous adaptons notre action à des stéréotypes sociaux ou des clichés mentaux hérités du passé, nous suivons un mode d'emploi normatif ou quelques idées reçues au risque de devenir le perroquet d'une idéologie latente, fût-elle « humaniste ». Toute action, comme toute destinée, doit refléter une pensée aussi singulière que possible, du moins capable de critique créative. L'action est une aventure de l'esprit avant d'être mise en acte, ou plutôt en même temps, une pensée et une pratique en synergie. L'action vise un au-delà de beauté et de justesse : un idéal incarné. Nous sommes sur terre pour agir.

Il convient donc de devenir une énergie créatrice éthique plutôt que moraliste, c'est-à-dire honnête par fidélité à des valeurs comprises, choisies, réinventées, métabolisées jusque dans notre sang, mais idéalement sans extrémisme. Et pour découvrir ce qui nous importe, il faut parfois faire table rase de tout ce qui nous encombre et être fidèle aux forces créatives qui sourdent des profondeurs de la Terre. À la source de l'action, il y a le triomphe d'être en vie, d'aimer la vie comme source de possibles.

Ensuite il s'agit de coconstruire un monde. L'intégrité et la joie de grandir et de construire un territoire fidèle à son âme sont le vrai dessein de l'action. Un but parfois dangereux : Alexandre le Grand ou Gengis Khan, par exemple, avaient une certaine idée de la valeur humaine, qu'ils voulurent universaliser, et comme tant d'autres après eux, leur grand acte d'universalisation de l'humain crut devoir passer par le langage primitif de la violence et du totalitarisme. La véritable action ne saurait être une machine de mort. L'action suprême est une complicité avec la liberté créatrice de l'univers, le pouvoir de faire des mondes.

Héraclite conseillait de s'attendre à l'inattendu, comme un mât sur l'océan du devenir. Sartre disait que « l'existence précède l'essence[1] ». Je me détermine une essence, une constellation de valeurs et je décide de la suivre comme un horizon sur la mer des possibles. Cette constellation de vertus peut devenir ma fin, mon destin au sens où, durant mon voyage, elle marque comme une boussole l'asymptote de ma vision[2]. La personne d'action spirituelle n'est que rarement déboussolée, car elle tient ferme à un groupe d'idées conscientes et choisies malgré les provocations de la vie et des autres. Agir, c'est rester fidèle à sa profonde orientation, à sa

1. Jean-Paul Sartre, *L'Existentialisme est un humanisme*, 1946.
2. L'asymptote est une métaphore mathématique qui désigne un horizon duquel l'on se rapproche à l'infini sans jamais l'atteindre tout à fait.

constellation philosophique. L'action vise la cohérence sublime du physique et du mental.
Penser et repenser ses valeurs en philosophe sans foncer tête basse, c'est aussi vivre plus dignement et élégamment. L'action doit savoir douter un petit peu, ne serait-ce que par politesse. Ou, mieux que le mot doute, il faudrait sans doute dire *jeu*. Il faut jouer un peu avec ses obsessions, ne serait-ce que par une hygiène de l'humour. Alexandre le Grand se croyait Dieu tant qu'il était dans le feu de l'action et il se découvrit simple homme à l'idée qu'une simple piqûre d'insecte pût être la cause de sa fin : la valeur de l'action, c'est à la fois l'élan vers l'infiniment grand et la conscience de l'infiniment petit. Actif est celui ou celle qui se sait marcher sur un pont jeté entre une fourmilière et le mont Olympe, au-dessus du vide, ou plutôt de cette vacuité créatrice qui contient en puissance un éventail de mondes pluriels.

la constellation de

## Alexandre le Grand

**action**, **audace** (lire page 45), **adunation** (lire page 29), **chevaleresque** (lire page 73), **œuvre** (lire page 267), **souveraineté** (lire page 337), **universel** (lire page 381).

# Admiration

Nous ne savons plus trop admirer, c'est-à-dire nous arrêter et observer l'étrangeté au cœur des clichés, du familier, des habitudes. Dans la compétition généralisée, les autres deviennent des moyens ou des obstacles. Nous courons comme des rats de laboratoire, jusqu'au jour où nous ne trouvons plus rien *intéressant*. Nos fascinations mercantiles envers des écrans, des célébrités, des signes extérieurs de richesse bloquent notre capacité enfantine d'admirer l'infiniment petit comme l'infiniment grand. Être admiré ne sauve pas ; ce qui guérit, c'est de savoir admirer ce qui nous fait grandir.

Mes fesses rendent fou le pays tout entier, paraît-il, ou bien ce sont mes seins, ou encore mes lèvres qui envahissent les rêves de tous ces prédateurs qu'il faut maintenir hors de portée. J'ai pourtant laissé la porte de la salle de bains entrouverte. Depuis le lit, le plus puissant séducteur du pays me regarde tandis que je me maquille. Je distingue dans la glace le reflet de son regard fiévreux ; il détaille mes courbes, comme un médecin ou un possédé ou un esclave. Il me désire une nouvelle fois, peut-être davantage qu'il n'a désiré être aimé des cinquante-deux États de l'Union ; je crois bien qu'il est à mes pieds.

Pour me séduire, il m'a raconté qu'il a adoré mes films, que mes interprétations devraient me valoir des prix à la pelle, que je suis la plus talentueuse… Les politiciens savent mentir : ils me croient idiote.

Que croient-ils ? Que je ne suis pas lucide ? Cela dit, « Mister President » est bien informé.

– Tous ces gens ne vous comprennent pas, ils ne saisissent pas votre volonté, tenue à l'extrême pour grandir, ils ne savent même pas que vous avez étudié la littérature et l'art à l'université de Californie avant de suivre des cours de comédie avec les meilleurs professeurs. M'a-t-il dit dès le premier soir.

On critique souvent mes caprices sur les plateaux, les prises que je demande à refaire, les scénarios que je rejette. N'a-t-on pas compris que j'ai le droit d'être perfectionniste ? Quelle trace comptent-ils laisser dans l'Histoire, tous ces hommes suffisants qui dirigent l'industrie du cinéma et jouent avec les actrices comme avec des poupées ?

« Mister President » a tout compris et croit m'avoir ajouté à sa liste de chasse comme un collectionneur. Mais ce galant, avec sa bouille de bébé, n'a pas saisi que c'est lui ma prise, celle d'une petite trentenaire sortie de rien qui arrime cet esprit brillant à mon charme. J'aurais souhaité conserver cet exploit pour moi. Désormais les cafards font courir des bruits et salissent ma victoire. Chacun veut sa part de

Marylin surtout si elle-même a été possédée par celui qui représente le pays tout entier. Je suis fatiguée de ces jeux de dupe et épuisée par ce miroir déformé qui me dévore. L'amour toxique et réducteur de ces inconnus, ou pire, celui des foules, m'asphyxie. J'ai aimé la gloire, au début en tout cas. Maintenant, cette moquette dernier cri, ces dorures clinquantes, ce marbre à gogo, cet écrin dans lequel il m'a prise plusieurs fois cette nuit me dégoûtent ! Le voici qui s'approche et d'une voix trop douce pour être honnête me demande de lui préparer un petit quelque chose pour la cérémonie officielle de son anniversaire, qui aura lieu dans quelques jours. Je saisis : il veut afficher son trophée devant tout ce qui compte en Amérique. Et l'animal, prudent, donne ses instructions : pas trop longue comme la chanson le soir de son anniversaire, ni trop subjective. En somme, il ne faudrait pas que je sois trop séduisante, sinon Jackie Kennedy deviendrait jalouse de Marylin Monroe.

Je lui promets : et moi aussi je sais mentir. *Happy Birthday, Mister President!*

## L'inspiration

Une question taraude l'Occident depuis un siècle : l'espèce humaine évolue-t-elle continuellement ou régresse-t-elle par vagues ? Sans doute les deux en même temps. On n'est jamais sûr qu'une évolution particulière soit durablement bénéfique. La démocratie, par exemple, se demandait Tocqueville : est-elle toujours un bienfait pour le développement de ce que les humains ont de plus admirable ? Toute généralisation tend à faire le jeu de son contraire : hommes contre femmes, blancs contre opprimés, gauche contre droite, conspirationnistes contre conformistes. Le monde paraît de nos jours un chaotique champ de bataille fait de mépris, de haine et d'envie plutôt que d'admiration. Pour ce qui est de la faculté d'admirer, qui est une fenêtre ouverte sur le sublime, certains se demandent si l'espèce humaine en général, sous le poids de la compétition globale pour le pouvoir, n'est pas en train de la laisser s'atrophier, à tel point que dans quelques décennies plus aucun humain ne connaîtrait cette émotion qu'est l'admiration profonde. Nous ne partageons pas cette vue pessimiste. L'admiration est une forme d'amour toujours vivante, consciente de la beauté déchirante de la fragilité d'autrui tendue vers la volonté de bien faire.

Est-ce une émotion que l'admiration ? C'est ce que pensait Descartes, pour qui admirer était même s'abandonner à l'émotion première, aussi fondamentale que l'amour, de fait un aspect de celui-ci. Tout partirait de notre capacité d'admirer, soi-même et les autres. On peut admirer l'exception ou la grâce d'autrui, mais le singulier, l'unique en soi veut aussi s'autoadmirer. Et l'admiration ne vise pas que la sphère humaine. La contemplation du monde ou de la nature sous forme de grande surprise fascinée et intriguée est le commencement même de la philosophie, de la connaissance, de la science. Admirer, c'est entrevoir la possibilité de connaître et de respecter par-delà le sommeil du familier.

Prenons-nous encore le temps d'admirer de petites et infinies réalités autour de nous, étant donné que ce n'est pas récompensé par notre société pressée et factuelle ? Notre regard est souvent détourné, subjugué, par la lumière de nos écrans et des mimétiques envies ou hypnoses qu'ils distillent. Plus la société s'uniformise, plus il est difficile de s'ouvrir à l'inouï, à la singularité créatrice, aux possibles qui se donnent hors des codes numériques. Cela paraît un cliché antitechnologique, mais regardons nos enfants marcher dans la rue, la tête baissée, comme en soumission devant le rectangle dans leur main. Aujourd'hui le téléphone les fascine, demain il pourra les subjuguer. L'admiration ne doit pas être une soumission.

Vous êtes assis au bord de l'eau au crépuscule, et les ultimes extases du soleil, orange et pourpres, fusent à travers les branches des sapins. Tout est calme et serein, et vous entendez une petite musique au loin, peut-être un enfant qui rit, à moins que ce ne soit la musique du camion à glaces. Vous levez la tête vers ce ciel où une lune étrange s'apprête à prendre la relève pour veiller sur l'immensité. Que peut nous apporter l'admiration du sublime pour améliorer notre vie ? Une joie, une foi, un écart hors des routines, comme une antenne captant le

surnaturel et l'élégance d'un regard toujours régénéré, loin de l'ennui ou de la répétition inquiète.
La forme de conscience qui nous distingue des animaux, c'est aussi le pouvoir de s'étonner profondément et de ressentir une profonde gratitude vis-à-vis de la capacité du cosmos à produire de l'harmonieux et du rare. La capacité qu'a notre perception de déchiffrer une part du mystère est encourageante, mais il y a aussi une belle motivation dans le respect de notre partielle ignorance, à la manière dont Socrate disait qu'il savait qu'il ne savait (presque) rien. Sans humble admiration de tout ce qui nous dépasse, plus rien n'est important. C'est une forme de politesse vis-à-vis d'autrui ou du monde que d'être capable de s'émerveiller plutôt que de se plaindre, de critiquer, de toujours s'attendre au pire.
Face aux pathologies de l'admiration, celles dont se sert le capitalisme pour détourner notre émerveillement vers des icônes de propagande, actrices, chanteurs, agents provocateurs, néo-clowns, il convient de toujours se demander : est-ce que ceci est vraiment digne d'admiration ? Quelle est l'idée derrière cette représentation, cette information, cette image que je crois admirer ? Une saine admiration s'accompagne sans doute d'une impression de libération fervente, d'un sentiment de paix ou gratitude, d'une bénédiction émanant de l'infiniment petit comme de l'infiniment grand.
Pour admirer, il faut peut-être, comme le recommandait Shakespeare, « regarder avec les oreilles », fermer

les yeux et se fier à son intuition. Il serait sans doute surhumain ou fou de tout admirer, mais l'on peut admirer la musique du Tout, et rêver de ce paradis sur terre où chaque membre de l'espèce humaine aurait une constellation de raisons, fussent-elles vagues, d'admirer quelque part de sublime chez son prochain. C'est possible, si l'on se souvient que l'intérêt n'est pas qu'une obsession des retours sur investissement : trouver quelqu'un ou quelque chose *intéressant* (du Latin, *inter esse* : être entre), c'est s'ouvrir à l'amour et au respect en tant qu'énergies relationnelles, guérissantes et riches de savoir.

la constellation de

## Marylin Monroe

**admiration**, **âme** (lire page 37), **générosité** (lire page 153), **joie** (lire page 203), **solitude** (lire page 327), **vie** (lire page 397).

# Adunation

Certains mots désuets et abandonnés nous rappellent à l'Histoire. Adunation, cette idée de rassemblement unifiant un peuple divers, est un écho de la création des États-nations occidentaux, au siècle de la Révolution française. Aujourd'hui il nous faut espérer la nécessaire adunation des Terriens, leur union en une nation transcendant les nationalismes, leur cocréation de cet espace commun que l'on appelle Gaïa, notre planète vivante. L'unification est une passion humaine, individuelle, collective, physique et scientifique que les leaders peuvent aviver, mais que chaque personne, chaque élément du Tout, doit incarner par choix, pour que nous nous retrouvions sans nous perdre dans une harmonieuse galaxie de constellations spirituelles.

Dans la torpeur humide de ce début d'après-midi de 1796, George émerge avec difficulté de sa sieste. Il transpire. C'est l'un des plus chauds étés qu'il ait connu, ou peut-être est-ce l'âge, la lassitude, ou encore la fatigue ? Il soupire, attrape son dentier en ivoire sur la table de nuit et le place dans sa bouche. Il doit décider, ce jour même, s'il abordera dans son discours le sujet de l'esclavage. L'enjeu, c'est la paix contre une compromission, où bien ce sera la division, voir la rébellion. Le voilà debout, écartant des deux mains les épais rideaux de la fenêtre centrale de sa grande chambre. Il est une fois de plus ébloui par la vaste propriété qui se découvre et son cœur se remplit d'une joie souveraine. « Mount Vernon, l'œuvre de ma vie », songe-t-il en parcourant son domaine du regard.

À l'extrême gauche, la forêt est stoppée net par les plantations de canne à sucre, organisées telle une armée de fantassins aux tuniques d'un vert profond, à perte de vue. De l'autre côté du large chemin de gravier qui mène à l'entrée s'offre à lui le spectacle harmonieux de ses nouveaux jardins, un kaléidoscope de couleurs entremêlées.

Il baisse la tête, d'abord inconsciemment. Oui, il se sent redevable à ses trois cents esclaves. « L'effort encadré par le progrès », songe-t-il, perplexe. Depuis longtemps, il étudie toutes sortes de livres pour se former, apprendre et améliorer les conditions d'exploitation par des innovations agraires et mécaniques. Il se demande s'il ne croit pas plus en la science qu'en l'homme pour sortir le peuple de la misère.

À plus de soixante ans, il veut montrer à travers son discours que ce qu'il a fait de mieux dans sa vie ne relève pas de son action politique ni de ses exploits de chef suprême durant la guerre d'indépendance ou de son rôle de fondateur de la Constitution. Ils doivent comprendre que tout est dans les équilibres et l'union du divers. S'il a passé toute sa vie à maintenir l'unité chez ce peuple américain naissant et divisé, à prôner la tolérance religieuse, c'est parce qu'il y a un grand nombre de « Mount Vernon » à bâtir dans les vastes plaines et à l'ouest aussi. De tout cela, il parlera dans son discours de fin de mandat.

George observe au loin les silhouettes courbées des esclaves noirs. Il songe avec remords à la manière dont il les a traités lorsqu'il était autrefois inflexible et parfois cruel. On prétend à tort qu'un jour il a fouetté une femme enceinte qui refusait de travailler. Bien sûr, il a souvent dénoncé « leur paresse ». Mais la guerre d'indépendance lui a montré plus tard leur incroyable courage au feu. Désormais, dans son domaine, les vieillards, les femmes enceintes et les enfants de moins de douze ans ne travaillent pas. Mais il faudrait aller plus loin, les affranchir, par étapes, il le sait. Quoique, au fond, il n'osera sans doute pas aborder le sujet dans son discours. Lâcheté ? Le pays n'est pas prêt. Il connaît bien les propriétaires du Sud : ils n'accepteront jamais de perdre une main-d'œuvre gratuite. Il est trop tôt pour ouvrir ce front, au risque de provoquer une guerre brutale entre les États du Sud et ceux du Nord – une guerre civile, les pires de toutes.

Il leur montrera la voie pourtant, par l'exemple. À sa mort, tous ses esclaves seront affranchis. Il pense à Vénus, ce corps d'ébène qu'il a tant désiré, le dernier amour de sa vie. Une douleur le transperce. Ses gencives le lancent. Il attrape la fiole qui ne le quitte jamais et s'apprête à avaler deux gorgées de laudanum. Depuis quelques mois, il augmente les doses. Il le sent bien, son corps se détraque, chaque cellule joue désormais sa partition, comme un peuple qui se divise. « L'union, l'union, seule l'union sauve », songe George Washington.

## L'inspiration

Les actes d'incivisme contemporains résultent probablement en partie de l'incapacité pour beaucoup de se sentir engagés dans un grand ensemble uni, une structure que l'on respecte et que l'on fait passer avant son ego impatient ou frustré. L'absence du sens de l'union civique se manifeste dans les détails : pourquoi garer sa voiture de travers quand on pourrait prendre quelques minutes de plus pour trouver une place correcte, afin de ne pas gêner, afin de ne pas souiller par de petits actes de trahison contagieux, l'idée même de respect civique ou de décence commune ?

L'abbé Sieyès employa le mot rare (et à l'origine religieux) d'adunation pour signifier que la France de la Révolution avait besoin de s'unifier, de devenir *une* : la même langue plutôt que de multiples dialectes, les mêmes lois plutôt que les privilèges et les exceptions, les mêmes idéaux et devoirs pour tous, un même peuple. C'est le sens d'*ad-unation* : l'unification d'éléments disparates au sein d'un ensemble signifiant – on dirait plus banalement *unification*.

Adunation est de fait une notion qui a vécu son apogée pendant la Révolution et qui a été comparativement

peu utilisée ensuite. La notion sembla désirable à ceux qui rêvaient d'une nation dynamisée par un esprit de corps commun. Un rêve d'unité républicaine qui paraît aujourd'hui enterré sous le poids de la mondialisation ou travesti en nationalisme réactif.
Certains aujourd'hui martèlent que le nationalisme est toujours chose détestable, oubliant que les philosophes des Lumières, de d'Alembert à Montesquieu, croyaient à la vertu des nations (éclairées plutôt que belliqueuses) pour lutter contre l'esprit de parti des clans et corporations de privilèges. Les révolutionnaires étaient souvent nationalistes tout en étant parfois cosmopolites. Il y a une humilité de l'esprit patriotique qui peut faciliter le civisme, pourvu que l'obsession d'une nationalité pure ne mène pas à l'intolérance ou l'aveuglement vis-à-vis de ceux qui sont hors du groupe.
« L'assimilation des hommes est la première condition de l'état social, comme l'adunation des familles politiques est la première condition de la grande réunion nationale, en un peuple *un* », pouvait-on encore lire dans un procès-verbal du Comité d'instruction publique au XIX^e^ siècle. Ce qui voulait dire par exemple que les partis politiques de tous bords devaient être par-dessus tout républicains : le tout de la République devait passer avant les intérêts particuliers ou de communautés particulières, pour le bien des citoyens, disait-on (tandis que beaucoup d'humains n'avaient ni le droit de voter ni celui de développer leur intérêt propre). Parler d'un *peuple un* semble ambigu politiquement ; nous avons

oublié le cosmopolitisme des Lumières, leur ouverture sur l'universel, voire le multiversel, par-delà les frontières (qui fut certes parfois en pratique une forme de colonialisme). Si l'on n'a pas individuellement intégré une certaine idée de l'unité civique comme seconde nature, il est probable que l'individualisme mesquin l'emporte toujours, chacun se considérant comme l'exception qui confirme la règle, souvent dans des situations sans ampleur ni enjeu profond. Les cités mal unies, mal gouvernées, produisent des individus divisés, des « dividus », disait le philosophe Gilles Deleuze. Nous vivons parfois comme des touristes dans nos propres pays et au cœur de nos existences, traversés par des velléités disparates, minés par la peur de la compétition ; en somme déboussolés. Dans un monde surpeuplé, un peu d'humilité digne et de sens du service au nom d'une haute valeur permettrait à chacun de faire un peu plus de place aux autres, et à tous de faire plus de place à la Terre et ses habitants non humains. À l'heure des pandémies et crises globales, le mot des mousquetaires prend un sens nouveau : « Tous pour un, un pour tous ! » C'est notre Terre entière, plus seulement nos nations, qui a besoin d'adunation.
Seulement voilà : on n'oublie pas que les fantasmes d'adunation peuvent aussi tuer. L'idéologie de l'union révolutionnaire a permis beaucoup d'assassinats ou d'ignominies. Certains réactionnaires se présentent en chantres de « l'esprit de corps national » et se rêvent en grand intégrateurs d'une masse qui aurait perdu tout sens critique au profit de l'exaltation du patriotisme

aujourd'hui, et d'un leader charismatique intransigeant demain. Pendant ce temps, mondialement, les machines digitales standardisent notre intimité, et la composition libre de valeurs se perd dans les entrelacs du mimétisme des réseaux.

Adunation est un beau mot qui pourrait être ravivé pour désigner l'intégrité de la vie sur terre. Nous sommes *un* par la vertu de la pensée saine, de notre constellation philosophique, pas du fait de la couleur de notre drapeau. Nous devenons unis par le travail de l'âme au service d'une œuvre visant la cohérence, d'une biographie digne. L'Un et le Multiple doivent se donner la main pour que s'ouvre à nous le champ des possibles. Il fut une époque délétère où l'on s'unissait pour faire la guerre. Il est temps de s'unir pour guérir.

la constellation de

## George Washington

**adunation**, **action** (lire page 13), **bâtir** (lire page 51), **intellect** (lire page 195), **Légitimité** (lire page 227), **Mérite** (lire page 243), **réaliser** (lire page 309), **universel** (lire page 381).

# Âme

---

Nous sommes tellement habitués à l'inconscient, au volontarisme du *si on veut, on peut,* et à l'esprit perçu comme un ordinateur, que nous avons négligé l'idée de l'âme. L'âme n'est-elle qu'une relique de notre passé religieux, une devise d'Église? Si l'âme est un mythe, comment sais-je que je suis fidèle à moi-même, que ma vie est *ma* vie? L'âme n'est pas une chose, c'est une question posée par la petite voix dans notre tête, les pressions au creux de notre poitrine ou une douleur au ventre. Au fond, c'est un désir d'être durablement fort sans se trahir, dans un monde que nous ne reconnaissons pas toujours comme le nôtre, mais que nous aimerions colorer selon notre idéal.

---

Elle se tient devant le feu qui crépite, un verre de vin à la main, tentée de se laisser complètement aller à savourer la douce chaleur. Elle a attendu le crépuscule et la solitude pour se donner la force de prendre sa décision finale, la vie ou la mort. L'ordre attend sous forme de lettre posée depuis ce matin du 24 février 1601 sur le secrétaire du salon qui jouxte sa chambre du palais de Greenwich. Il ne manque que sa signature et son sceau, après quoi elle mandera un coursier pour qu'à bride abattue il parvienne à temps à la tour de Londres suspendre l'exécution prévue à l'aube. On prétend que le condamné sera vêtu de noir avec un gilet rouge de velours brillant aux manches longues. « Arrogant jusqu'au bout », songe-t-elle en souriant. Mais à quoi bon mourir fièrement devant une centaine de nobles assoiffés de sang et de vengeance, qui, une fois débarrassés de lord Robert Devereux, chercheront vite une autre source de divertissement ?

« Si je le laisse mourir, je me laisse mourir », songe-t-elle en posant ses deux mains sur ses joues. On doit se moquer d'elle. Une vieille carcasse qui danse encore et tombe amoureuse, ce n'est pas sérieux. Car cet homme de trente-trois ans son cadet s'est nourri de son corps, il l'a couverte de baisers, caressée des nuits entières dans son château de Chartley, tout comme ses autres amants. Grâce à ces hommes, celle qu'on surnomme stupidement « la Reine Vierge » a découvert les joies du corps et de l'amour, le laisser-aller libérateur, cet indicible accord qui relie deux êtres lorsqu'ils sont unis comme par-delà le temps.

Pourquoi devrait-elle laisser décapiter Devereux ? Il a su lui faire croire qu'elle pouvait être objet de désir, au-delà de l'irrépressible aura du pouvoir politique qu'elle incarne. Car, même si toute la cour loue à haute voix sa beauté, Élisabeth n'est pas dupe. Elle rit de leur hypocrisie. Elle se sait vieille et laide, le corps pesant et disgracieux, un visage abîmé par la variole dont le nez sévère et la bouche mince n'invitent nullement à la sensualité. Son grand front effraye : on y soupçonne des calculs machiavéliques. Et on n'a pas tort.

Ce que personne ne voit, c'est qu'elle ne vit que pour le bien à long terme de son Royaume. Et si cette ambition élevée au-dessus des misérables intrigues de l'époque lui a permis de vaincre La Grande Armada, de pacifier le pays au seul et minime prix de son excommunication, de faire prospérer les villes et croître la population, d'éclairer le monde d'œuvres artistiques majeures dont ce Shakespeare est, dit-on, l'étendard, c'est qu'elle le doit aux douceurs de l'amour physique qui lui ont permis d'accepter l'âpreté des passions politiques. Car si son être s'est ressourcé grâce aux plaisirs du corps, c'est pour mieux se vouer aux exigences de sa Nation. Debout, face au feu, les mains de la reine tremblent, son corps frémit, une larme parvient à s'échapper, creuse une ligne rose dans les couches successives de poudre. Elle sait son devoir.

« Qu'adviendrait-il de la souveraineté du Royaume si je donnais l'impression de céder au caprice d'un amant qui a tenté de me renverser ? » Elle lève le visage vers le portrait de sa mère Anne, exécutée lorsqu'elle avait à peine trois ans. Elle sait qu'elle n'a sans doute plus que quelques mois – peut-être quelques années – à vivre. Il faut donc léguer l'Angleterre en bon ordre et ne pas tout gâter à la fin.

Brusquement, le corps tout entier se tend, raide et obstiné ; un irrésistible bloc de volonté. La reine fait volte-face, atteint en quelques pas décidés le petit secrétaire, se saisit de la lettre de pardon, la jette au feu et sort de la pièce en silence. Elle étouffe un sanglot : « Après tout, ma devise, c'est *Semper Eadem*. »

Toujours identique à moi-même.

Quelques heures plus tard, le dernier amour de sa vie sera décapité.

Trois coups de hache seront nécessaires. Un émissaire sera envoyé au palais de la reine et la trouvera assise devant son virginal, jouant pour la cour un air de musique. Aux nouvelles, elle s'arrêtera de jouer quelques secondes. Un silence remplira la salle et les auditeurs retiendront leur souffle. Puis les doigts d'Élisabeth continueront leur petite musique.

## L'inspiration

Âme : un mot qui peut sembler obsolète ou obscur ; on l'associe à la religion, ou aux fantômes, à la nostalgie, ou encore au romantisme, en somme au passé. Certains préfèrent parler aujourd'hui de seuils chimiques dans l'hypothalamus ou de neuropsychologie comportementaliste. L'âme est remplacée par le réseau de neurones, ce qui suggère une standardisation de l'intime, l'idée qu'au fond nous sommes tous les mêmes, y compris dans nos désirs et sentiments, tels des ordinateurs. Certains neurologues affirment même que le moi est une illusion (comme il se doit, nous avons oublié leur nom).
Quand malgré tout l'idée d'âme résiste ici et là, suggérant une singularité, quelque chose d'unique et

de personnel, c'est parfois à la manière d'une facilité de langage. De plus en plus rares sont les amoureux aujourd'hui qui choisissent leur moitié sur le critère d'une belle âme plutôt que d'une belle photo. Depuis Hegel, une belle âme, c'est même quelqu'un d'un peu naïf et niais, à la manière de l'idiot de Dostoïevski. En quoi alors l'âme peut-elle être une valeur sûre ? Au fil de l'Histoire occidentale, l'âme a souvent été considérée comme si précieuse et fragile, si isolée du monde que le seul recours pour celui ou celle qui, radicalement, voulait vivre conformément à son âme, semblait être le suicide ou la réclusion. Le monde extérieur et les horreurs, obligations ou humiliations du quotidien, semblaient si éloignés de notre sensibilité intime. Au fond, l'âme a toujours été une question, une hypothèse, plutôt qu'une certitude.

L'âme est une idée assurément vague ou mystérieuse, mais nous avons besoin de ces idées spirituelles pour résister, pour rêver, pour espérer, contre un monde soumis aux chiffres. Le *je-ne-sais-quoi* et le *presque-rien*, disait le philosophe Jankélévitch, sont nécessaires à la magie du quotidien : si tout est prouvable et explicable scientifiquement, si tout est transparent comme un tableau de données, c'est le désenchantement et la médiocrité qui s'installe. Plus rien n'est vraiment sublime et bientôt la vie cesse de chuchoter à notre oreille qu'un monde plus harmonieux est possible.

L'âme n'est pas un objet, mais plutôt une relation. Ce n'est pas sans rapport avec ce qu'en philosophie contemporaine on appelle *Theory of Mind* : le fait d'attribuer ou pas une conscience et des intentions à une entité ou un être qui se trouve là, devant nous. Le psychanalyste Jacques Lacan expliquait que nous ne devenons un sujet à part entière qu'à travers les yeux d'un autre sujet qui nous paraît un, et vice versa. Cette réciprocité peut devenir création d'âme, don d'âme. L'âme, comme l'amour, est un acte serti au cœur de notre lecture des autres, des contextes ou des situations. Songez à cet homme qui à force de chouchouter sa voiture finit par être convaincu que l'engin a une personnalité propre. Considérons cette reine anglaise qui hésite entre la dévotion et la responsabilité, comme deux faces de son être en compétition l'une avec l'autre. Incarner une séquence de valeurs reliées entre elles, en être conscient et tenter d'agir de manière cohérente conformément à cette constellation, c'est cela l'atelier de l'âme. Songez au temps qui passe, à vos enfants qui grandissent ou au sourire de la personne qui partage votre vie : l'impression qu'on peut avoir de passer à côté du moment présent, cette arrière-pensée qui fait un peu mal, c'est aussi cela l'âme. On lui court après sans cesse, oubliant qu'elle est déjà là, au creux de notre désir de joie, au cœur de l'extase cocréatrice qui soutient le Réel.

Assurément, l'âme est une participation à un élan plus grand que notre ego domestique. Malgré notre époque techno-ironique qui tend à insérer l'âme dans les comportements produits par mille clichés, nous savons ce qu'est l'âme car nous savons ce qu'est l'absence d'âme : lorsque nos routines deviennent de plus en plus pesantes, lorsque les humains autour de nous paraissent standardisés, lorsque le travail ou les échanges deviennent des fonctions, lorsque ce qu'enfant on appelait *jouer* n'est plus qu'un souvenir inconscient, lorsque la personne qu'on avait oublié d'aimer disparaît. Nietzsche disait qu'il faut avoir du chaos en soi pour enfanter une étoile qui danse[1]. C'est cela l'âme, notre participation collective et souterraine à la puissance du Créel, cette danse créatrice du cosmos, une inspiration profonde comme un influx de possibles, notre multiplicité mouvante, mais s'enroulant comme une spirale autour d'un axe à plusieurs dimensions. Une envie de jouer sublime, et ce faisant, de créer un monde. Qu'est-ce, au fond, l'âme ? Presque rien, presque tout : le fait qu'à force d'intégrité et de ferveur, mille riens peuvent enfanter un grand tout.

1. Friedrich Nietzsche, *Ainsi parlait Zarathoustra*, 1883.

la constellation de

## La reine Élisabeth la Première

**âme**, **adunation** (lire page 29), **action** (lire page 13), **bâtir** (lire page 51), **devoir** (lire page 105), **décence** (lire page 97), **mœurs** (lire page 251), **souveraineté** (lire page 337), **précision** (lire page 275), **ténacité** (lire page 363).

# Audace

Il y a un appel d'air et d'esprit dans l'audace. On ne peut être audacieux sans sentir, du moins intuitivement, pourquoi tout notre être s'élève vers l'avenir dans un élan qui ne doute que peu. L'audace est en fait souvent un travail de longue haleine, un résultat plutôt qu'une improvisation. La somme des petits courages quotidiens orientés vers le même risque finit par constituer une grande audace. Peut-on vivre sans audace? Oui, mais au risque de se perdre, ou de se confondre avec ses échecs et ses plaintes. Peut-on être audacieux avant d'agir? Oui: il y a une audace de la pensée et des sentiments, un grand Oui tranquille qui parfois rend toute gesticulation superflue.

L'homme titube en pénétrant dans la cabine, manque de chuter sur sa gauche, se rattrape de justesse au coin de son bureau, effectue un arc de cercle sur la pointe du pied et s'affale dans son fauteuil de capitaine. Il rit: « Tout tangue autour de moi alors que la mer est calme. » Il a un peu bu ce soir, lâché prise pour la première fois depuis plus de cinq cents jours. Il se sent confiant, apaisé. Lentement, la main tremblante, il ouvre le livre de bord et se saisit d'une plume. Sa poitrine se gonfle d'orgueil, il se reprend, et avec la gravité pesante d'un monarque, il se met à la tâche.

> *20 mars 1521*
>
> *Ce soir, nous avons scellé l'alliance avec Humabon, le roi de Cebu. Il va se convertir et rejoindre la communauté des croyants. La couronne d'Espagne peut être fière de ce rubis ajouté à l'immense gloire que lui procure notre extraordinaire périple.*

Un cri sur le pont l'interrompt. Il redresse le menton et son regard tombe sur le poignard accroché à la paroi de bois, à hauteur d'homme en face de lui. Des images lui reviennent, brutales. Il revoit le visage de Luiz de Mendoza lorsque cette lame lui a percé le cœur, et son cri terrible. Il a aimé cet homme, mais le devoir est le devoir. À cette pensée, les visages de tous les hommes arrachés à la vie depuis leur départ de Séville le visitent, un à un : « Dieu me pardonnera-t-il la vanité de ma volonté ? » Bouleversé, il se ressaisit de sa plume :

> *Je dois me confesser. Depuis le début de cette aventure, j'ai tordu le destin, j'ai étiré le temps, j'ai rétréci les espaces et violé le réel pour que mon rêve s'accomplisse, pour que nous soyons les premiers. Pour cette ambition, j'ai quitté ma patrie, j'ai abandonné ma famille et mes amis, je me suis déraciné. J'ai fait rêver le roi d'Espagne pour financer ce voyage ; avec Faleiro, nous avons inventé un passage fictif sur la carte. C'est un miracle que ce coup de crayon ait correspondu au début du détroit qui nous a permis de passer de l'océan Atlantique à celui que j'ai*

*nommé le Pacifique. J'ai payé cher ce prodige ; il m'a fallu mater une rébellion, exécuter certains de mes propres hommes et voir s'amenuiser ma flotte épuisée avant de traverser ce labyrinthe de fjords, de canaux et d'îlots qui séparent les deux faces du globe. Dieu n'a pas renoncé à me punir lorsqu'enfin nous avons entamé la traversée de l'Océan. Jour après jour sur cette mer sans fin et à mesure que les vivres s'amenuisaient, les pires superstitions ont alimenté nos frayeurs. Combien d'hommes sont-ils morts de faim, de folie et de désespoir, incapables de subir un jour de plus l'idée que nous allions tourner à jamais sur ces eaux sans limites, sans rivages, sans fin ! Ils ont côtoyé les frontières du Néant, éprouvé une souffrance renouvelée chaque matin, une dégradation insupportable de leurs corps abîmés et meurtris. Du manque de tout naissaient des hurlements, une soif à rendre fou, la rage au ventre. Après tant de souffrances, la terre nous est finalement réapparue ; nous étions sur le point d'accomplir le premier tour du monde ! Mais à quel prix, mon Dieu, à quel prix ?*

Magellan pleure comme un enfant. Brusquement il sort un mouchoir, s'essuie le visage, relit le texte qu'il vient de rédiger, arrache la page et la jette avec rage par le hublot : « Pleurnicheries ! Pleurnicheries de vieille femme ! » Il se dirige alors vers l'escalier, décidé à faire un tour du pont et à vérifier que tout est bien en ordre.

## L'inspiration

Faut-il que certains beaux mots un peu désuets finissent en label de parfum ? On se souvient peut-être qu'une ministre française inventa involontairement le néologisme de « bravitude ». Au lieu de bravoure, elle aurait pu parler d'audace.

Voire de courage, tout simplement ? On peut être courageux pour faire face à quelque chose que l'on n'a pas voulu : un feu dans la maison, une perte d'amour ou d'argent, un agresseur le soir dans la rue. L'audace est davantage liée à l'idéal, à la conviction, au caractère – à notre instinct de ce qui est important par anticipation. Il s'agit d'accrocher une étoile, de transformer une vision en réalité. La belle audace est une vertu spirituelle : elle reflète l'esquisse d'une vision du monde, une imagination créatrice. À l'inverse, lorsqu'elle dérape, elle peut dégénérer en folle avidité, en appétit de trophées.

La saine audace est patiente, elle sait ce qu'elle veut et que l'admirable et le digne prennent du temps. Le philosophe Kierkegaard a écrit (nous simplifions) : Oser, c'est perdre pied momentanément. Ne pas oser, c'est se perdre soi-même[1]. L'audace est une esquisse d'intégrité ; c'est Socrate buvant la ciguë pour rester fidèle à sa pensée et valider son idéal de démocratie intellectuelle, malgré ceux qui l'accusaient de semer le doute dans

1. Søren Kierkegaard, *La Maladie à la mort*, 1849.

les esprits des jeunes parce qu'il posait la question de la vérité et de l'honnêteté conceptuelle.

Notre audace entraîne la confiance du corps et de l'âme. Une certaine foi mi-désinvolte, mi-entêtée nous porte, et peut faire des miracles. Le navigateur Magellan incarna sa vision avec une audace si fervente que lorsqu'il imagina un passage vers les Indes via les mers de l'Ouest, avant même de larguer les amarres, il le fit dessiner sur une carte *créelle* – mi-irréelle, mi-réelle – à peu près là où la réalité de son voyage indiquerait quelques années plus tard le *Détroit de Magellan*. L'audace, c'est de se définir un détroit vers des mers nouvelles, traçant ainsi une destinée.

L'audace est-elle toujours individuelle ? Ne peut-elle être collective ? C'est là une fausse dichotomie, car l'esprit constructivement audacieux est souvent porté par un concept, c'est-à-dire une constellation d'idées-forces. Si l'audace n'est pas aussi un devenir concept, alors elle n'est peut-être que témérité, affront. Il faudrait peut-être inventer ce néologisme : *odace*, pour suggérer l'ode, le poème épico-lyrique, la conquête par le style personnel authentique. Seul un empire intérieur peut triompher d'un empire extérieur, et celui-là est plus difficile à bâtir que celui-ci.

la constellation de

## Fernand de Magellan

**audace**, **action** (lire page 13), **admiration** (lire page 21), **adunation** (lire page 29), **chevaleresque** (lire page 73), **foi** (lire page 137), **honneur** (lire page 169), **précision** (lire page 275), **pressentir** (lire page 285), **quête** (lire page 301), **ténacité** (lire page 363), **vérité** (lire page 389).

# bâtir

La critique est facile, l'œuvre est difficile. Depuis deux cents ans, notre civilisation est obsédée par la productivité : la gesticulation affairée fait des miracles, mais empile aussi des châteaux de papier, de matière, de plastique. On construit, on déconstruit, on entasse. Il est temps de redécouvrir le bâtir comme art délicat et virtuose, dialogue durable aussi avec notre environnement et les êtres à venir. L'humanité parfois ressemble à une termitière désorganisée, mais ici et là, pourtant, une nouvelle cathédrale s'édifie. Nous recommandons le bâtir comme fruit de la convergence des idéaux, d'une ferveur respectueuse de la diversité créatrice, d'une patience de chaque jour qui, brique après brique, construit un rêve habitable mais évolutif.

---

Déprimée par sa recherche qui semblait stagner, Mary s'était autorisée quelques jours de repos avec l'accord de son directeur de thèse, l'entomologiste Alfred E. Emerson. Par acquit de conscience, elle était restée à distance raisonnable de l'université de Chicago, dans une cabine louée avec un couple d'amis au cœur d'une réserve naturelle au bord du lac Silver. Ce matin-là, ses camarades avaient pris la voiture et étaient partis acheter des réserves de vivres à Kaiserville.

Il pleuvait. Mary devrait sans doute renoncer à son projet de promenade. Par la fenêtre, assise à la table de la cuisine, elle regardait l'eau s'infiltrer entre les herbes. Elle prit son carnet de notes et, songeant à la passion de sa vie, inspirée par les forces de la nature, elle se laissa aller à écrire dans un style qui ne lui était pas familier :

*Il fallait agir. Tout menaçait de s'effondrer. L'eau avait pénétré l'édifice en profondeur ; des galeries s'étaient effondrées sur des centaines de victimes. La population avait été surprise dans son sommeil. La brutale et subite montée d'une telle quantité d'eau avait laissé fort peu de chances à ceux qui vivaient à proximité des portes de la cité. Dans la panique, on avait hurlé et couru tant que possible pour fuir les trombes d'eau qui se déversaient, accélérées par l'étroitesse des couloirs. Ceux qui avaient fui par le haut avaient peut-être pu s'échapper, mais la plupart avaient tenté de descendre dans les sous-sols et avaient été rattrapés par les eaux en furie.*

*Tout s'était finalement joué en quelques minutes. L'eau s'était engouffrée par de nombreux accès. Certaines salles, notamment celles qui contenaient les réserves accumulées depuis deux mois pour passer l'hiver, seraient pour longtemps inaccessibles et la nourriture y était probablement détruite. Pire, on craignait un écroulement général en raison des murs rendus friables par l'humidité. La reine, bienheureusement épargnée, avait fait savoir à ses sujets que l'heure n'était pas à la peine ni au désespoir : la consolidation de l'édifice était urgente, ainsi que la réouverture de chemins d'accès vers l'extérieur, la plupart ayant été bouchés par une boue épaisse et lourde. Chacun savait pourtant quelle douleur elle avait dû éprouver en découvrant ses rejetons noyés ; une génération entière décimée.*

*Toutes les ouvrières s'étaient mises au travail, sans relâche ; certaines s'écroulaient déjà d'épuisement, d'autres étaient brutalement ensevelies sous le plafond d'un tunnel qui cédait. À l'extérieur, aux abords de la cité, des guerrières surveillaient afin qu'un ennemi ne profitât pas de la catastrophe pour lancer une attaque. Comment une crue de cette sorte avait-elle pu avoir lieu ? En plusieurs millénaires, la rivière située à vingt mètres au sud n'avait jamais débordé à ce point. Peut-être même faudrait-il pour la première fois de leur Histoire déplacer la cité d'une dizaine de mètres pour écarter tout nouveau péril.*

*Quelques jours plus tard, la reine prit la parole : « Mes amies, mes enfants, notre colonie s'est constituée en ce lieu il y a plus de cent quarante millions d'années. De génération en génération s'est bâti un avenir pour nos enfants. Pendant des millions d'années, les dinosaures nous ont donné du fil à retordre, écrasant les membres de notre communauté sous leurs énormes pattes, et cependant, nous avons su tenir par-delà leur disparition. Désormais, ceux qui marchent sur deux jambes dominent le monde et le transforment en profondeur avec leurs outils. Mais ils ne savent pas respecter la nature et ils épuisent ses ressources par manque de connaissance. Par leurs travaux d'irrigation, ils ont bouleversé le fonctionnement des cours d'eau sans en mesurer les conséquences. C'est la raison pour laquelle l'eau de la rivière est venue jusqu'à nous. Comme les dinosaures, les hommes vont sans doute disparaître s'ils ne cherchent pas à s'assagir. La nature est bien plus forte qu'eux. Elle peut patienter, comme nous savons le faire. Alors, n'ayez pas peur. Nous serons toujours là quand la présence sur terre des hommes ne sera plus qu'un funeste souvenir.* »

Mary Talbot posa son stylo, mi-joyeuse, mi-triste. Elle en était convaincue désormais : malgré les difficultés inhérentes à l'étude des fourmis, elle finirait sa thèse coûte que coûte. Tout en identifiant au fil de sa carrière près de quatre-vingt-dix espèces de fourmis, elle ne cessera d'insister, dans ses publications pionnières et en tant que professeur de biologie, sur l'importance de la pensée écologique et sur les vertus de l'intelligence communautaire dont les fourmis sont un exemple.

## L'inspiration

Au XIII^e^ siècle, un voyageur en carrosse s'arrête sur une route de campagne et interpelle les ouvriers qu'il aperçoit tous affairés à la même tâche : briser des blocs de pierre en plus petits morceaux. « Que faites-vous là ? » Le premier ouvrier répond qu'il casse des cailloux et que c'est bien pénible. Le deuxième qu'il travaille pour nourrir sa famille qu'il aime. Le troisième ouvrier répond : « Je bâtis une cathédrale qui nous rapprochera du divin. » Ce dernier possédait la vision qui à ses yeux justifiait et allégeait sa persévérance. Il avait une foi, une croyance et ses gestes en étaient la conséquence. Étymologiquement, bâtir, c'est entrelacer, tisser, lier, créer des liens solides, un mot lié à *l'intelligence*, qui veut aussi dire en latin *relier ensemble*. La moindre petite occupation perd de sa lourdeur si elle s'inscrit dans une logique plus vaste, un plan qui métaphoriquement peut s'apparenter à une cathédrale ou une pyramide, c'est-à-dire un espace sacré engendré par le soin de transcender le négatif. Malgré les turpitudes du pouvoir ecclésiastique, la cathédrale symbolise un grand œuvre collectif. Entre le XIe et le XIVe siècle, quelques milliers de ces édifices aux floraisons psychédéliques ont surgi de terre en Europe, grâce à des ouvriers et architectes qualifiés et inspirés. Beaucoup de cathédrales sont encore debout aujourd'hui, vaisseaux abandonnés aux soutes silencieuses.

Le roi Philippe Auguste, l'un des visionnaires de l'ère gothique, était conscient du respect qu'il devait à ses maîtres maçons, et fit même un bon mot profond à ce sujet : « Il n'y aura jamais de construction noble si l'architecte est ignoble. » Nos réalisations sont le miroir de notre personnalité. Ces bâtisseurs, souvent anonymes, travaillant corps à corps avec leurs compagnons, ne se trouvaient pas dans une logique de valorisation personnelle, les cathédrales mettant souvent deux ou trois générations à se terminer. Par-delà le travail de fourmi, on pouvait œuvrer pour l'idée glorieuse du divin en soi et en même temps pour la gloire de son artisanat et de ses compagnons. Bien entendu, il y avait aussi des formes d'exploitation, et l'on travaillait aussi parce qu'on y était forcé, ne serait-ce que par devoir.

Il y a du grand dans le petit, mais il y a aussi du petit dans le prétendument grand : aujourd'hui, on nous leurre souvent avec des cathédrales de carton-pâte. Il y a souvent un grand écart délirant entre la valeur réelle et le culte populaire ou journalistique. Des réseaux sociaux peu critiques nous mystifient avec de grandes réalisations fictives, des demi-projets qui ne verront jamais le jour et qui pourtant nous sont présentés comme révolutionnaires.

Bâtir ne se fait jamais seul. Einstein, qui méditait beaucoup dans la solitude, n'aurait pu avancer sans l'écho intelligent et la reconnaissance d'une petite communauté éclairée, une poignée de chercheurs qui construisait la science physique de l'avenir, un autre travail de fourmi, où la transpiration compte autant que l'inspiration. Il faut aux bâtisseurs un esprit de corps fraternel pour tenir bon sous le poids d'une œuvre et contre les tentations de la frustration. Ce qui compte, c'est le partage de la vision. Le bâtisseur est un être *multicéphale* : il réunit plusieurs cerveaux et volontés en un projet de longue haleine. Ce qui doit changer dans notre art de bâtir, c'est l'intelligence commune : le moindre apprenti doit faire partie à nouveau, fièrement, de la communauté qui édifie. L'architecte d'idées et d'œuvres doit se faire collectif, non pas au moindre prix, mais *à tout prix*, le prix d'assumer l'ampleur de ses actes.

la constellation de

## Mary Talbot

**bâtir**, **admiration** (lire page 21), **équanimité** (lire page 129), **intellect** (lire page 195), **quête** (lire page 301), **solitude** (lire page 327), **vérité** (lire page 389).

# bienveillance

Trop de manuels nous recommandent l'abandon, le pardon, la tolérance. Mais pour éviter un moralisme vain il faut pratiquer la bienveillance comme un mode d'attention au sacré qui se cache derrière la folie humaine : prendre soin et éduquer l'enfant en nous qui distingue mal la pulsion de créer et celle de détruire. Le pardon suprême est comme la digestion : on n'y pense pas, tout occupé que l'on est à grandir. C'est par anticipation, activement qu'il faut être bienveillant, en apprenant à distinguer l'essentiel de l'anecdotique, c'est-à-dire en pratiquant un point de vue divin sur la fragilité humaine.

Il est en colère, écume, tonne de rage, électrifie tout autour de lui. Ses deux enfants l'ont trahi ! Il entend à distance le rire moqueur de son pire ennemi qui n'a pas eu à beaucoup manœuvrer pour attirer ses proies et les corrompre ; ils ont cédé à la tentation.

Pour prix de leur punition, il ne lui reste plus qu'à tout réduire à néant, à effacer son erreur ! Ces ingrats ne méritent pas la vie qui leur était promise ! La solution consiste à tout recommencer, de zéro, puis à être vigilant, beaucoup plus vigilant avec les deux suivants, pour ne pas reproduire le schéma. Mais pourrait-il éviter aux suivants le même destin ? À quel moment les choses commenceront-elles à déraper s'il leur donne aussi le libre arbitre ? D'où vient la volatilité de caractère de ses créatures ? Comment annihiler leur viscéral besoin de transgresser la paix ? Ne leur a-t-il pas construit une prison dorée ? Il éclate d'un rire tonitruant à faire trembler le cosmos.

Au fond, il le devine, les mêmes causes provoqueront les mêmes effets : il le sait car il est omniscient. Il songe à nouveau à ses deux enfants qui l'ont meurtri. Il a pourtant tout fait pour eux, il les a aimés comme s'ils étaient la chair de sa chair. Il leur a offert une existence sans contrainte, sans ennemi, sans souffrance. Il leur a construit cet endroit merveilleux pour qu'ils s'y sentent bien, un écrin de beauté et d'harmonie, au cœur d'une nature exubérante et généreuse ; chaque parcelle est accueillante, prolifique, et paisible. Les beautés de la nature offrent un spectacle permanent, des jeux infinis de couleurs, et l'amitié de toutes les bêtes que la nature engendre est acquise. Un paradis dans lequel ses deux enfants n'ont jamais eu ni faim, ni soif, ni froid, ni inquiétude, ni maladie. Une existence tranquille sous le regard bienveillant de Dieu. Mais ils ont choisi de le braver et de briser le sceau du pacte d'immortalité – la mort serait trop douce pour les punir de ce choix funeste !

Dieu est généreux : il va leur offrir la souffrance ! Ils ne veulent pas du confort et de la certitude, ils auront aussi la précarité, l'incertitude, et pire, la peur ! Ils se déchireront entre eux, les bêtes les pourchasseront pour se nourrir de leur chair, ils ne comprendront rien au début aux feux, aux éclairs, aux tempêtes. La nature leur sera désormais en partie hostile, inamicale, prédatrice. Les plus violents d'entre eux domineront le troupeau de cette race indisciplinée et il est à parier qu'ils se massacreront entre eux dans un déluge de supplices, de jouissances perverses et de déchirements. Cela durera des siècles et des siècles jusqu'à ce qu'ils détruisent la Terre avec eux…

À ces pensées, le Tout-Puissant se calme, amusé par ses idées de vengeance. Il rit de son sens de la théâtralité, puis, presque indifférent, il abandonne ses enfants au monde du bas avec un surcroît de quotient intellectuel pour se sortir d'affaire.

Des centaines de milliers d'années plus tard, lorsque les hommes auront quitté les vieilles légendes écrites en son nom et seront devenus adultes, Dieu observera avec curiosité l'essor d'un monde civilisé. Il sera ébloui par l'ingénuité humaine. Ému, il écoutera leur musique et la trouvera plus gracieuse parfois que les ressacs des océans ou les émotions sonores des oiseaux. Il sera aussi surpris par l'immensité des variations des sentiments humains gravés dans leurs poèmes et récits. L'intelligence et la sophistication désintéressée des penseurs et des sciences lui paraîtront exquises, malgré les querelles incessantes des puristes. Cette profondeur et cette créativité le rendront fier de sa progéniture. Il a bien fait de les condamner à l'incertain tout en leur laissant un accès à la source du possible.

Alors il pardonnera à ses deux enfants d'avoir goûté de l'arbre de la Connaissance et de s'être payé sa pomme. On ne fait pas le bonheur des autres sur le dos de leur liberté. À cette pensée, Dieu se sentira bien sage et se félicitera, malgré tout, d'avoir tenté l'expérience des hommes.

## L'inspiration

Qui veille sur vous ? Et sur qui veillez-vous ? La bienveillance signifie, à première vue, vouloir du bien à un être et le manifester en actes. Cela peut suggérer une attitude générale vis-à-vis des autres, une posture pacifique, un *a priori* favorable vis-à-vis des rencontres que la vie nous offre ou bien que l'existence nous impose. On peut comprendre qu'il soit naturel et plus ou moins aisé de vouloir du bien à quelqu'un que l'on chérit. Mais comment être généralement bien disposé, affable et protecteur vis-à-vis de ceux que l'on ne connaît pas ou peu ? Ne serait-ce pas là même une morale dangereuse ? Les autres ne sont-ils pas toujours prêts à exploiter notre amabilité par la tricherie, la trahison ou la paresse ? La vérité est que la plupart des êtres humains sont à moitié bienveillants par défaut, sans y penser, et qu'ils n'attendent qu'à l'être davantage, toujours prêts à renoncer à la paranoïa en faveur de l'insouciance.

Parfois, on associe la bienveillance à la naïveté, à une forme d'immaturité dans un monde forcément compétitif. L'expérience montrerait que de pardonner à ceux qui vous ont fait du tort entraîne souvent de pires abus de leur part ou de l'indifférence. Faut-il être inflexible plutôt que bienveillant? La personne qui choisit d'être bienveillante *a priori* n'est pas forcément dupe, mais elle part du principe qu'il faut toujours donner une chance à l'humain que l'on rencontre plutôt que de le juger hostile par avance. Si l'on n'a pas foi en l'humain, on finit par ne voir que ses défauts. Seule une personne qui se sait puissante peut être judicieusement bienveillante, sans naïveté, en discernant l'essentiel, sur lequel il ne faut pas céder, de l'anecdotique qui passe, lasse, casse et peut se tolérer.

Au XVIIIe siècle, Helvétius choqua les salons des Lumières en suggérant dans son livre *De l'esprit* que les humains ne fonctionnaient que par intérêt personnel en toute circonstance. Mais comment distinguer par exemple intérêt à court terme et intérêt à long terme, et celui-ci est-il de même nature? La théorie minimale d'Helvétius choqua parce que moralement elle troublait l'idée des Lumières, qui signifie une bienveillance vis-à-vis de la capacité de l'humanité à se dépasser grâce à un amour de la vérité plutôt que de l'ego. Donner à autrui la possibilité d'être une fin plutôt qu'un simple moyen, attendre qu'autrui prouve qu'il est plus qu'un automate de ses passions et l'aider à se libérer : c'est un défi qui, lorsqu'il ne nous tue pas, nous rapproche du divin.

L'étymologie du mot paranoïa indique une aliénation du savoir tandis que la bienveillance est une *co-naissance*, une renaissance commune. La bienveillance est une démarche philosophique qui s'oppose au nihilisme de la fuite. Auparavant, on l'associait par exemple à la providence, cette idée que la Vie, la Nature, Dieu, quel que soit le nom qu'on donne au sublime, vous veulent du bien *a priori*. Notre manière de voir ou d'écouter le monde modifie activement le monde, car rien n'est donné une fois pour toutes, tout s'influence constamment. Un sourire en entraîne un autre. Une grimace de dédain fait ricochet sur le miroir des représailles. Une pensée intime change l'atmosphère d'une chambre. Être bienveillant c'est se mettre en *bonne veille*, l'esprit vigilant, ouvert, alerte, encourageant : être *bien veillant*, c'est en effet ouvrir toutes grandes les oreilles, s'attendre au meilleur en étant prêt à écarter le pire d'un geste agile et d'une parole ferme ou humoristique. La vie devient alors un art martial – les maîtres de kung-fu le savent, le meilleur des combats est celui que l'on vainc et transmute avant même qu'il n'ait lieu.

En goûtant le fruit de l'arbre défendu, Ève a testé la bienveillance divine. Dieu aurait fauté deux fois : la première en interdisant la connaissance, la seconde en punissant la curiosité. Mais Ève aussi a commis une erreur en supposant que le savoir pouvait se cueillir tout fait comme un fruit prêt à tomber de l'arbre. La

L connaissance doit s'obtenir – se cocréer – à la fin d'un long voyage fait de travail, de persévérance, et de juste bienveillance vis-à-vis de notre imperfection comme de notre désir de savoir. L'humanité ne s'est pas faite en six jours, pas même en six millénaires. Nous devons continuer à veiller pour sublimer les forces de destruction qui ne sont que le revers incontrôlé de la pulsion de créer.

la constellation de

## Dieu

**plutôt que le mot Dieu, nous usons dans ce livre du mot Créel, qui représente la constellation infinie de tous les possibles en devenir créatif.**

# carrière

« Je ne veux pas travailler », dit la chanson. L'économie globale a presque détruit une certaine idée de la carrière professionnelle, en précarisant notre curriculum vitae. C'est une minorité aujourd'hui qui avance de promotion en promotion dans le même milieu. On nous raconte depuis l'enfance que les études ne mènent plus à rien, et qu'il n'y a plus de débouchés. Quelle chance ! Si plus rien n'est possible par la voie royale, tout devient possible par la voie de la ferveur. Le travail n'est pas mort, il est simplement à réinventer avec amour. Faire carrière, ce doit être une fidélité à une vocation calme et sacrée, où la constellation personnelle vibre en harmonie avec la constellation professionnelle.

Otto est inquiet pour sa fille : il se passe quelque chose. Depuis plus d'un mois, elle se plaint moins, ne se dispute plus, et semble oublier la promiscuité imposée aux deux familles. Elle s'isole des autres et son père se demande s'il doit se réjouir de la voir penchée des heures durant sur son journal intime. S'il approche, elle cache le paragraphe sur lequel elle travaille, referme le cahier et pose d'autorité son coude sur les feuilles éparses. Oui, quelque chose a changé. Depuis des mois, sa fille a perdu sa spontanéité d'enfant et toutes les expressions de clown qu'elle affectait pour faire rire ses proches. Elle a aussi maigri, mais ça, c'est valable pour tous les habitants de la cache.

Il l'observe tandis qu'elle écrit, bouleversé. Il y a désormais dans ce maintien rigoureux qui fige sa posture, une tension palpable et une pesanteur en suspension. Son port de tête, la raideur du corps, ses lèvres serrées, tout indique une concentration d'artisan ; l'esprit vole. « Mon enfant est en train de devenir adulte », devine le père un peu affolé. Pendant ce temps, le crayon raye, ajoute en marge un terme, revient en arrière, comme autonome ou aidé par une force supérieure. La discipline est de mise et tout son être indique qu'il est inutile de venir la déranger, et même qu'il serait du dernier goût de le faire.

Pourquoi ce changement ? Otto tente de se remémorer. Une énième querelle avec sa mère ? Rien de plus ni de moins que l'habitude. Avec M$^{me}$ Van Pels ? Non plus. Et puis, soudain, une voix lui revient, une voix radiophonique qu'ils ont tous écoutée il y a quelques semaines, penchés sur le petit poste, la voix de leur ministre, réfugié en Angleterre qui a demandé des témoignages sur les souffrances endurées par les Néerlandais sous l'occupation allemande. « Oui c'est à ce moment-là ! », comprend le père en pensant aux yeux grands ouverts de sa fille à l'écoute du discours.

Il comprend : désormais elle travaille. Anna a découvert sa vocation, et c'est avec toute l'attention, la ferveur et la dévotion d'un écrivain qu'elle œuvre à transformer son journal en quelque chose d'autre, quelque chose d'ample et de solennel. Otto parvient à peine à masquer son émotion devant cette éclosion soudaine, cette pulsion de vie dans une époque de mort. Il regarde ce petit visage rendu encore plus sublime désormais qu'il se drape de gravité. À cet instant, il aime sa fille à l'infini.

Tous l'admireront, il n'en doute pas. Ses livres connaîtront de belles trajectoires, construiront sa légende, réenchanteront le monde. Peut-être même deviendra-t-elle un écrivain respecté. Et le voici qui rêve pour elle d'une carrière internationale, d'un salut en Amérique. Les Juifs n'y sont pas maltraités, paraît-il. Alors il s'approche et, à la grande surprise de sa fille, il pose un baiser inhabituel sur son front puis sort de la pièce.

Anne le regarde qui s'éloigne, troublée. Puis elle se reproche cet instant perdu alors que son journal exige toute son attention. Elle sent qu'il se passe quelque chose qui la dépasse dans ces mots qui sortent autant de son esprit que de son corps. Elle est aussi fréquemment traversée par un sentiment d'urgence, comme si le destin lui signifiait de se hâter, d'achever son œuvre avant qu'il soit trop tard. Elle ne sait pas encore que des soldats viendront bientôt l'arrêter, l'enverront dans un camp de concentration où, après sept mois de malnutrition et de mauvais traitement, Anne Frank mourra avant d'avoir eu seize ans.

## L'inspiration

Certains proclament aujourd'hui la mort du travail. Le mot « carrière » est devenu parfois si péjoratif qu'on parle de « carriéristes » pour désigner des individus qui ne pensent qu'à leur avancement dans la hiérarchie. Étymologiquement, la carrière (comme le mot de *curriculum*) évoque d'abord un *char* en latin. Le carriériste se croit dans une course de chars ou dans une bruyante arène romaine, où l'on a le choix entre se battre ou se faire tuer. Le pseudo-carriériste tourne en rond en essayant de gagner des prix, parfois sans foi ni loi, c'est-à-dire sans rapport à la vérité. Il n'a pas au fond l'amour de sa carrière, qui devrait être un sacerdoce, soit un rapport à une sphère sacrée, une pratique commune de *hiéropoiesis* (création de sacralité, du Grec *poiesis*, *produire* et hiéros, *sacré*).
Sans doute faut-il un peu d'esprit de provocation pour rappeler que l'idée de carrière, avant de suggérer l'opportunisme ou le nombrilisme, peut renvoyer à la persévérance de servir une grande idée ou le bien-être de ses concitoyens. Quand on dit qu'il n'y a pas que la carrière dans la vie, on a raison mais on oublie l'aspect mystique du travail. Non plus la course de chars, mais le char de labour, celui qui permet les belles récoltes, ou encore le chariot astrologique de la Grande Ourse qui voyage loin sans perdre le cap. La belle carrière est le fruit d'une vocation ; elle a moins besoin d'un plan que d'un appel sacré, d'une intuition dévouée.

Vouloir faire carrière dans l'enseignement par exemple est aujourd'hui une forme de courage.
Il fut un temps où les corps de métiers permettaient de développer un savoir-faire qui forgeait la personnalité de leurs membres, leur esprit, un sens de l'honneur du travail bien fait, un devoir de finition et de fidélité à l'*éthos* du groupe. On ne changeait pas toutes les semaines de « talent ». On ne peut vouloir attirer des miracles sans soin de la *praxis*, l'acte de persévérance, le souci manifeste de bien œuvrer. En réalité, comme le philosophe Hegel l'a montré, et Marx dans sa mouvance, il n'y a rien de plus magique que le travail. Pratiqué chaque jour, le labeur fait des miracles. C'est en grande partie l'Histoire de l'humanité que celle des effets inouïs du travail. Il n'y a presque pas de limites à ce que peut une carrière lorsqu'elle est canalisée par une discipline tenace au fil des décennies, et cet instinct qui repère l'infiniment grand dans l'infiniment petit. Il ne s'agit pas de la gesticulation fébrile qui mène au burn out, mais d'une croissance naturelle, lente et inspirée.
Si la popularité, l'argent, et le succès récompensent parfois la belle vocation, c'est lentement et secondairement, presque par hasard au fond. Il n'y a aucune règle qui dit que la vocation et la beauté du geste persévérant doivent être récompensées par la société. Ce qui importe, c'est de suivre le char brûlant de sa propre destinée. Notre société devrait avoir pour mission de permettre à ceux qui ont une passion d'en faire une patiente carrière.

Quelqu'un qui aime son travail parce qu'il fait sens n'est jamais seul ; il participe de la création d'un univers articulé au reste du monde, dans une communauté sacrée. Ce sont alors des dizaines de correspondances qui sont libérées, où tout conspire et semble lié dans un réseau, un esprit de corps alchimique, notre constellation créalectique[1]. Alors, comment faire une belle carrière ? Boileau suggéra au Grand Siècle français :

*Hâtez-vous lentement, et sans perdre courage*
*Vingt fois sur le métier remettez votre ouvrage*
*Polissez-le sans cesse, et le repolissez*
*Ajoutez quelquefois, et souvent effacez.*[2]

la constellation de

## Anne Frank

**carrière**, **action** (lire page 13), **âme** (lire page 37), **élévation** (lire page 121), **générosité** (lire page 153), **gré** (lire page 161), **intellect** (lire page 195), **pressentir** (lire page 285), **vérité** (lire page 389), **zéro** (lire page 415).

1. Une pensée *analytique* divise le réel en parties connues ; une pensée *dialectique* observe les antagonismes et contradictions du réel ; une pensée *créalectique* contemple la façon dont le réel se crée à partir du Créel, c'est-à-dire à partir d'une infinité de possibles.
2. Nicolas Boileau, *L'Art poétique*, 1674.

# chevaleresque

Il est plus facile de comprendre le sacré à présent que les églises ont perdu leur monopole. Il est plus facile de comprendre le chevaleresque à présent que nous ne circulons plus à dos de cheval. Les élans d'âme qui transforment le monde sont indépendants de la technique qui les supporte. Le chevaleresque est un don de ce qui nous fait vibrer, sans peur de perdre. C'est une expansion de soi qui enchante le monde au nom de vertus éternelles : vérité, amour, connaissance, justice, croissance naturelle. Nous sommes tous assis devant la Table ronde de la cocréation, et notre Graal-Créel est à portée de nos mains, pourvu qu'elles soient ouvertes.

Ils sont tapis au fond de la grotte, silencieux, protégés par la nuit sombre. Ils jettent régulièrement un coup d'œil inquiet vers Miguel. Ils ont confiance en lui, ils croient savoir qui il est : sa main paralysée témoigne de sa bravoure lors de la bataille navale de Lépante contre les Turcs. On raconte que, jeune homme, il a dû fuir l'Espagne quelques mois après un duel. Calme, leur chef semble maîtriser les événements, ne pas éprouver la crainte que le bateau ne vienne pas les délivrer. C'est un homme d'honneur ; d'ailleurs, lors de sa dernière tentative d'évasion, il a couvert avec courage ses complices et a subi seul tortures et châtiments.

Bien entendu, il traîne une étrangeté obscure. On le surprend souvent à prendre des notes, isolé, à parler ou à rire seul, comme une âme égarée. Il répète souvent que pour saisir la vérité, il faut se moquer de tout, de soi, du monde, et la regarder sous tous les angles. Les soldats arrachés à leur nation ne comprennent pas toujours cet original mais ils le respectent, notamment pour son acharnement à forger des plans de fuite depuis plusieurs mois. Cette fois, ils y sont, le rendez-vous a été fixé, ils sont cachés dans la grotte de Belouizdad. Avant la fin de la nuit, le navire qui les ramènera chez eux apparaîtra dans la baie.

Soudain, ils perçoivent des cris, Miguel se précipite à l'extérieur, et découvre à près de trois cents mètres de la plage une galère espagnole qui tente de s'approcher du rivage. Mais, à l'autre extrémité de la plage, des gardes musulmans courent déjà pour venir la bloquer. « Mes amis ! Vite ! Tentons notre chance, maintenant ! », hurle Miguel. Les voici qui se précipitent vers la plage et tentent de rejoindre le bateau qui n'est plus qu'à une centaine de mètres. Mais plus ils approchent de la mer, plus ils observent avec appréhension les militaires qui eux aussi courent pour leur barrer le passage. Ils ont un peu d'avance. Sur le pont du bateau, on s'agite, et les ordres pleuvent en espagnol. La galère fonce en ligne droite vers le rivage, toutes voiles ouvertes.

« Ils viennent nous sauver ! », crie l'un des prisonniers, les jambes dans l'eau, prêt à nager.

Miguel se fige. Son œil marin a décelé la vitesse excessive et la mauvaise appréciation des distances : la galère va s'échouer. « Ou bien elle pourrait voguer sur les dunes et cueillir mes camarades avant de reprendre la mer », songe-t-il un instant en visualisant presque la scène. Puis il se reprend, constatant avec dépit que les gardes ennemis entrent déjà dans l'eau pour intercepter le bateau qui se livre stupidement à eux. Miguel éclate d'un rire tonitruant : « Ils ne viennent pas nous sauver, ces braves viennent nous rejoindre ! Ha ha ha ! Ils viennent nous rejoindre en prison ! » Cette fois, la plage grouille de soldats et un demi-tour tardif n'empêche pas la galère de se faire harponner et ses occupants de se faire arrêter. Ce jour, ils rejoindront les milliers de captifs chrétiens d'Alger.

À nouveau, Miguel assumera l'entière responsabilité de cette tentative d'évasion pour protéger ses amis. Des années plus tard, l'or achètera sa liberté, et des siècles plus tard, cette grotte portera son nom, le nom de Cervantès.

Libéré, il voudra vouer son existence à peindre la folie de Dieu et des hommes avec des mots ; il n'est pas le plus brillant des commandants : son destin sera celui d'un romancier.

## L'inspiration

Le chevaleresque semble avoir été définitivement ridiculisé ou du moins complexifié depuis 1615 par Cervantès et son *Don Quichotte*. Lutter contre des moulins inoffensifs qu'on prend pour des géants, quelle idée loufoque en apparence ! Mais on a oublié par exemple que les moulins de l'époque pouvaient être perçus comme l'équivalent des multinationales technologiques d'aujourd'hui. Leur expansion semblait annoncer la fin d'un monde, celui de l'artisanat et de l'agriculture rurale et locale. Les moulins ouvraient grand leurs bras de géants pour anticiper une autre ère, celle de la surproduction à venir et de l'épuisement de la terre par la technologie.

Don Quichotte, s'il paraît avoir un grain, s'attaque sagement à l'un des premiers symboles du productivisme mercantile, un mode de production où les valeurs chevaleresques, les vertus héroïques, le sublime, sont souvent perçues comme un frein au gain. Avec les moulins, l'humain a fait un pas de plus vers la domestication de la vie. Le maître de Sancho Pança a peut-être perdu le combat d'avance et quelque chose en nous de libre se sent blessé avec lui, tragi-comiquement. Personne ne peut être chevaleresque à ma place. Comme le suggère Nietzsche dans *Par-delà le bien et le mal*, être lâche est un double crime : contre soi et contre ceux, minoritaires mais responsables, qui devront alors être encore plus courageux pour que le monde ne s'effondre pas. L'héroïsme du chevalier – homme ou femme – est un combat de chaque jour pour rester digne et fidèle à des valeurs de vérité, d'exigence, d'élégance et de respect de nos plus hautes potentialités, celles qui nous rapprochent de notre haut destin. Beaucoup se contentent de rester un brouillon d'eux-mêmes, et de vastes réseaux de brouillons vivants s'autocomplimentent chaque jour pour saturer le terrain de la gratification sociale.

Chacun peut être chevaleresque s'il privilégie le respect de la vie au sens d'un devenir créateur sacré et immanent. L'idéal du chevalier est d'atteindre à ce que les alchimistes appelaient le corps de lumière, c'est-à-dire à une transfiguration où, par une discipline quotidienne de l'âme et de la volonté, nous accédons au meilleur de nous-mêmes, par-delà l'indolence et le somnambulisme. Chevaux, épées et batailles : tout ceci est métaphorique, comme le savaient les auteurs du Moyen Âge, à commencer par la poétesse Marie de France au XIIe siècle, dont on peut relire les lais[1] entre les lignes ; le cheval symbolise la fierté et la dignité. L'épée symbolise une attitude active : être toujours en mode vigilant et actif pour transformer le monde et défendre le juste. L'or de la coupe du Graal-Créel symbolisait le succès spirituel, l'héroïsme de ne pas céder au relativisme de la médiocrité qui dit « c'est comme ça, on n'y peut rien, et c'est très bien », ou encore : « L'ordinateur dit non. »

1. Un lai est un conte poétique, souvent teinté de merveilleux.

Être chevaleresque, c'est vouloir le dépassement de l'ombre reptilienne qui nous transforme en automates. La vie est une aventure, non pas une quête du Graal seulement, mais une danse aussi avec ses semblables autour des concepts de création et d'identité, de liberté et de don. Une force spirituelle généreuse qui, si on sait l'écouter, vous offre de petits miracles chaque jour, parfois cryptés, dont vous êtes le coauteur et que vous avez à déchiffrer en détective de votre propre existence : car une fois que vous êtes un chevalier du Créel, ce qui vous arrive est le reflet de votre âme. Être chevaleresque, c'est écrire sa vie comme une épopée sublime, un livre de grâce et d'amour, un espace solennel.

Songeons encore aux chevaliers de la Table ronde. Il faut débarrasser les légendes de leurs pellicules scolaires pour se souvenir que le mythe du Graal est d'abord païen et métaphorique : il se réfère au chaudron celtique, à la coupe d'abondance qu'est la source créative et constamment renouvelée de l'univers. Les chevaliers de la Table ronde sont tous égaux devant le Graal-Créel et défendent un idéal spirituel d'aristocratie pour tous. Nul besoin d'être spectaculaire pour être noble, il suffit de respecter le sacré en soi, en respectant sa constellation philosophique.

la constellation de

## Miguel de Cervantès

**chevaleresque**, **audace** (lire page 45), **création** (lire page 89), **honneur** (lire page 169), **joie** (lire page 203), **kaléidoscopique** (lire page 219), **œuvre** (lire page 267), **quête** (lire page 301).

# CONTEMPLATION

Nos maîtres d'école devraient respecter la rêverie, car être dans les nuages de temps en temps est une écologie de la conscience. Par l'acte de contempler, notre regard se fait enchanteur tout en acceptant d'être touché par le flottement solennel de la grâce du monde. Regardez cette flamme de bougie et laissez votre imagination reconnaître l'étrangeté et la grâce du familier. En questionnant tranquillement nos habitudes, mécaniques de pensée et notre asservissement à l'utile, contempler libère en profondeur. « La Nature est un temple où de vivants piliers laissent parfois sortir de confuses paroles… » Le fameux poème de Baudelaire est un hymne à la contemplation, la vision du temple magique qui nous encercle pourvu que nous y prêtions attention.

Le jour n'est pas encore levé sur Milan. L'homme descend prudemment les escaliers sombres qui mènent aux nombreuses salles au sous-sol de sa demeure. Rien ne laisse apparaître son excitation et pourtant une pensée obsédante jaillit dans son esprit : « Ce matin, je vais peut-être savoir où se situe l'esprit de l'homme, savoir où se situe son âme ! La voir ! »

Il sourit à cette folie. Il se sent infiniment jeune. À 55 ans, il a pourtant déjà vécu plusieurs vies, celle d'ingénieur, de peintre, de sculpteur, d'architecte, de botaniste, appliquant toujours la même méthode : observer pour comprendre, découper chaque problème en petits défis et les résoudre un à un pour dominer le tout. Mais aucun des princes avec lesquels il fait affaire ne mesure la profondeur de ses travaux. Ils ne louent que sa capacité à construire des canons plus puissants et plus efficaces que ceux de leurs ennemis, et Léonard serait abandonné à sa misère s'il ne proposait que de la recherche fondamentale. Il lui faut sans cesse composer, ne pas se dévoiler trop vite, de crainte que l'Église ne freine ses ardeurs. Rome pourrait s'offusquer de sa volonté de rendre le monde compréhensible sans verser dans la fabulation. Il sait bien que le pape Jacques II récuserait, voire condamnerait gravement l'expérience qu'il va mener dans quelques instants.

Le voici qui parvient dans la vaste cave qu'il a choisie pour sa fraîcheur conservatrice. Il espère que son fidèle apprenti a parfaitement respecté ses instructions et que tout est prêt pour l'observation. Dans sa main gauche, il tient les feuilles de dessin sur lesquelles il va reproduire ses découvertes. Immédiatement l'odeur de putréfaction l'envahit. Une puissante envie de vomir le saisit qu'il réfrène en se saisissant d'un mouchoir imbibé de parfum de Florence qu'il porte au visage. Puis il lève le regard. Le cadavre repose comme prévu sur la table en bois, les côtes ont été sciées convenablement et écartées afin de permettre l'étude de l'intérieur du buste. L'apprenti a ôté les viscères qui empêchaient une vue dégagée sur les organes internes. D'un regard, le maître lui indique sa satisfaction.

D'ailleurs, il ouvre aussi ce corps par intérêt personnel, car depuis qu'il a passé la cinquantaine, de brutales douleurs du ventre le torturent certaines nuits, des feux qui le dévorent et l'empêchent de dormir. Et il y a aussi ces poumons qui se bloquent parfois et sifflent à l'étouffer. Alors il faut comprendre, comprendre si on veut sauver ou tout au moins soulager ; dès qu'on décrypte le mécanisme, on entrevoit la solution, plutôt que de subir les errances et nuisances des médecins de cour.

Le maître se penche. Un sentiment de déception le traverse devant cet affreux entremêlement d'organes, se superposant ici et là, entouré d'un réseau anarchique de veines et d'artères. « Si l'âme se cache ici, c'est un écrin d'une grande laideur », se dit-il décontenancé. Mais il n'est pas homme à reculer et à se laisser abattre par une première impression. Il se met rapidement au travail. Deux heures plus tard, il croit avoir compris les liens qui relient l'estomac aux intestins jusqu'à l'anus, le cœur aux réseaux de veines et d'artères, et les autres organes tels le foie et les poumons. Il a esquissé les premiers croquis, et, dans le silence de l'aube naissante, croyant saisir peu à peu la forme qui relie la nécessité de chaque partie pour que le tout fonctionne, il s'émerveille à voix haute : « Mon Dieu comme tout cela est beau, intelligent, si parfaitement agencé. Quelle merveille de la création ! »

Il ne voit plus son apprenti qui tient en transpirant les hautes torches pour éclairer le corps et qui devra attendre une heure de plus avant d'entendre les mots qui le libéreront : « Voilà, on en a fini pour ce matin. Vois-tu mon bon apprenti, je ne sais pas où se terre notre âme mais je peux te dire qu'il y a du génie à avoir conçu une telle machine où les humeurs, les aliments, les chairs, les muscles et les liquides s'articulent si bien ensemble. Trouve-moi un autre cadavre pour la nuit prochaine, nous verrons bien s'il possède le même nombre d'organes et s'ils sont agencés de la même manière. »

L'apprenti opine. Il ferait tout pour Léonard de Vinci.

### L'inspiration

La contemplation traduit une capacité à sortir de son moi pour admirer un mystère universel et sublime. Regarder, mais non en spectateur somnambule. Regarder en détective existentiel, avec l'étonnement du premier matin du monde. Contempler activement et questionner le cosmos avec les yeux, les mains, la tête, le cœur, la raison. Ceux qui obéissent aveuglément à l'autorité du moment nous mettent parfois des bâtons dans les roues :

ils n'ont ni la ferveur ni l'imagination qui permette d'aller au-delà des phénomènes en embrassant le présent dans son étrangeté infinitésimale.
Les cyniques ou les nihilistes sont souvent incapables de contempler. Quelqu'un qui contemple c'est quelqu'un qui délie et déplie son âme, disait Deleuze, qui en fait une constellation féconde plutôt qu'un point concentré de rumination et de frustration. L'âme qui s'épanche en ramifications prospectives se jette dans le fleuve du monde avec la joie de l'artiste qui entreprend de reconstruire pour mieux comprendre, c'est-à-dire pour mieux aimer. Winston Churchill était un peintre contemplatif, à ces heures qu'à tort on dit « perdues ». *A contrario*, Hitler était un peintre pressé, distrait, soucieux du regard des autres, ne voyant que son visage de Narcisse dans le reflet pâle des aquarelles.
Si vous ne savez pas contempler, si vous ne savez pas déplier votre âme devant la sacralité des êtres, vous risquez de fixer vos idées sur un unique fétiche mortifère comme Gollum dans *Le Seigneur des anneaux*. Aussi précieux que soit votre propriété, votre talent, votre métier, il est recommandé de lâcher prise de temps en temps et de s'émerveiller face au sublime d'une forêt, d'une énigme, d'une rangée de livres, d'un geste, d'un silence. Contempler, c'est communiquer secrètement avec la solitude des forces qui soutiennent le monde ou qui en souffrent. Nous ne sommes pas seuls à voir la mer abondante là où d'autres voient des mouettes en querelle pour une miette de pain.

Faut-il que la contemplation soit désintéressée ? Disons plutôt qu'il faut bien comprendre où est son intérêt propre. Le sens des priorités n'est pas forcément celui des réalités. La réalité dit : « C'est comme ça. » La contemplation observe, stupéfaite, et murmure : « Comment est-ce possible ? » Contempler suppose une altérité, un au-delà de la conscience familière, mais aussi une fraternité avec tout ce qui existe. Plus encore, contempler, comme l'étymologie l'indique, c'est aussi être capable d'entrer dans un *temple* commun, c'est-à-dire l'espace du sacré – c'est une écoute des possibles qui prépare et anticipe la cocréation de quelque chose d'important et de partagé, où l'infiniment petit dialogue avec l'infiniment vaste. Faire un pas de côté pour trouver hors de soi quelque chose de plus grand que le moi domestique.

« Contempler, c'est travailler. Penser, c'est faire », écrit Victor Hugo dans *Les Misérables*. Et si la contemplation se fait à deux, voire à plusieurs, alors c'est parfois un nouveau monde qui se profile. C'est un instinct qui ouvre notre pensée au possible en produisant un savoir partagé. La belle contemplation devient alors un acte de foi, mais peut aussi, à force, basculer en son contraire : le dogme, la pensée qui tourne en rond, mesmérisée par sa propre transe. Sans doute faut-il être un peu enfant, car au fond contemplation et curiosité, c'est un peu la même chose. Contempler, c'est laisser le sublime agir à travers soi, et ressentir la beauté créatrice qui connecte les phénomènes entre eux. La vie est souvent vénérable et touchante, si l'on réduit la vitesse de nos observations ; alors nous devenons nous-mêmes vénérables et touchants.

la constellation de

## Léonard de Vinci

**contemplation**, **admiration** (lire page 21), **audace** (lire page 45), **bâtir** (lire page 51), **kaléidoscopique** (lire page 219), **précision** (lire page 275), **quête** (lire page 301), **réaliser** (lire page 309), **vérité** (lire page 389).

# CRÉATION

La créativité est un concept usé et même dangereux tant que l'on s'imagine que c'est le privilège de quelques élus de la race humaine, quelques excentriques qui font vendre en combinant deux ou trois idées surprenantes. Il est temps de retrouver le contact charnel avec la vraie création, celle naturelle, qui jaillit sans cesse tout autour de nous de mille volcans invisibles, celle qui croît lentement comme une rosée de possibles lorsque notre attention se suspend et se laisse surprendre. Nous devenons nous-mêmes ces volcans de joie et de surabondance dès que nous cessons de fétichiser nos habitudes et nos craintes. Créer est d'abord une écoute de la profusion naturelle.

Malgré un temps magnifique, Mary Hunt marche d'un pas pressé dans les rues de Peoria. Elle profite de sa pause-déjeuner pour faire ses courses. Depuis des mois, elle lutte tant qu'elle peut pour gagner du temps ; elle a réduit ses heures de sommeil, évacué les loisirs et les futilités de l'existence. Elle ignore les sollicitations de ses amis et consacre ses week-ends au travail. Il s'agit de se rendre disponible et de faire gagner du temps aux trois hommes à qui elle voue depuis quelques mois son existence. Sauver des vies, non pas des centaines ni des milliers de vies, mais des millions de vies ; elle en a saisi l'enjeu lorsque les événements politiques ont mis le feu en Europe, projetant les jeunesses de nationalités différentes les unes contre les autres.

Ce midi, elle parcourt rapidement les allées du marché, observe d'un coup d'œil avec sa précision de laborantine l'état des fruits et légumes, remplit agilement son sac. Autour d'elle des enfants courent, des rires fusent, comme si personne n'avait conscience des événements dramatiques en marche, là-bas en Europe. Ernst Chain, l'un de ses patrons, un jeune Juif, lui a décrit la montée du nazisme, les lois raciales, le début des persécutions, la fuite comme seule issue. Pourtant, à cent kilomètres de Chicago, dans cette petite ville de l'Illinois, le calme et la douceur de vivre règnent.

« La guerre nous oblige à aller plus vite », insiste Ernst dans ses lettres. Pour garder espoir, souvent il raconte à Mary l'histoire du docteur Fleming qui, de retour de vacances, constata qu'une de ses cultures bactériennes avait été contaminée par des colonies de moisissures d'un blanc verdâtre. Le hasard ou la sérendipité ont permis la découverte des propriétés de ce champignon microscopique, le *Penicillium Notatum* – sans doute un moyen extraordinaire pour éradiquer définitivement la tuberculose, la peste, la lèpre, le typhus, les fièvres typhoïdes, et la syphilis. Mais la difficulté à produire des quantités importantes de ce champignon interdit pour l'instant toute idée d'en faire un médicament.

Norman, lui, un autre chercheur de l'équipe, multiplie les contacts un peu partout. Il voudrait trouver une autre souche, plus dynamique, un ingrédient qui leur permette de produire en masse. Sans résultat pour l'instant.

« Mes Fruits, ils sont beaux mes fruits ! » Mary s'approche et se pince le nez, dégoûtée mais intriguée par l'odeur forte qui se dégage de l'étal. Sur la droite, elle remarque deux melons aux couleurs étranges. Elle se rapproche et ses yeux scintillent d'une étrange intuition.

« Je prends ces deux-là.

– Ceux-là ! Mais, attendez, non, je suis désolé, je n'avais pas vu, ceux-là sont… ils ne sont plus bons !

– Si, je prends ces deux-là, précisément. »

La voilà qui repart en trottinant, pressant le pas jusqu'à courir presque à travers les rues qui la ramènent au laboratoire. Mary est bien placée pour savoir qu'ils n'ont jamais essayé cette souche-là. Devant l'étal, elle a été impressionnée par la surface de la moisissure qui s'est probablement développée depuis le début de la matinée seulement. Le vendeur n'aurait pas sciemment laissé ce fruit en l'état à l'ouverture du marché. Est-ce la virulence de ce champignon qui a provoqué cette coloration sur la peau du melon ?

Mary Hunt ne sait pas encore que ses trois patrons lui donneront bientôt, par affection et reconnaissance, le surnom de « Moldy Mary », Mary La Moisissure, pour cette découverte imprévue du très virulent *Penicillium Chrysogenum* qui permettra enfin la distribution en masse de la pénicilline. Deux melons, plus l'intuition de Mary, ont offert à l'humanité un gain de dix ans d'espérance de vie.

## L'inspiration

Des idées parfois se voilent parce que les mots changent de sens et s'appauvrissent sans disparaître. Création est de ces mots évolutifs qui semblent épouser la couleur du siècle qui les remixe. Aujourd'hui, on parle volontiers de *créativité* comme d'une technique de production de choses tangibles et vendables, un remix attractif de choses connues.

L'idée que tout doit avoir un résultat pratique paraît aller de soi aujourd'hui, mais elle a émergé assez récemment en Occident, aux États-Unis, il y a environ un siècle, sous la désignation de pragmatisme ou doctrine de l'efficacité. Pour les romantiques par exemple, on pouvait être créatif sans produire aucune œuvre, simplement en communiant avec le sublime des phénomènes, en contemplant les forces de la nature et de l'univers, en touchant de l'esprit l'inouï, en somme en cultivant une réelle – et inutile – ouverture d'esprit. De nouvelles trouvailles, même en science, n'ont rien de mécanique : la créativité est un moment de *kairos*, c'est-à-dire une opportunité bien précise à saisir dans le feu de l'action, en écoutant son intuition. Pour aboutir à la pénicilline, par exemple, il a fallu une série de coïncidences heureuses, de celles qui restent invisibles aux esprits bornés par l'efficacité à court terme et les protocoles reçus. L'errance est plus créatrice que l'obsession pourvu qu'on ait un horizon.

La création fut longtemps le privilège de Dieu dans toutes les religions – mais relisons par exemple l'Ancien Testament ; la parole du Créateur à ses créatures, dans la Genèse, était déjà : « Soyez fructueux et multipliez. » Bien plus qu'un simple conseil propice à la procréation, c'était une injonction à être créatif à l'image du divin : ne soyez pas nihilistes, faites que vos actes soient féconds dans la longue durée, et que votre identité se développe dans tout ce que vous faites et touchez. La création est un acte continu, une écoute active qui porte loin comme les branches d'un arbre à fruits, comme les millions de ramifications d'une forêt de neurones.

Après la mort de Dieu annoncée par Nietzsche, la création cosmologique, chassée par la grande porte de l'anticléricalisme, est revenue par la fenêtre de la philosophie : des penseurs majeurs comme Bergson et Whitehead ont redécouvert que l'univers était un flux créateur, comme un courant de possibilités infinies dont seulement une infime part s'actualise sous forme de réalité. Ce n'est plus un Dieu qui, à partir de rien, créerait quelque chose une fois pour toutes. Ce n'est plus seulement l'humain sans Dieu qui, pour survivre et imposer sa domination, doit sans cesse surproduire de nouveaux objets à partir d'un stock de matière première limité. À l'origine des modes d'être, il y a une surabondance infinitésimale, et cette surabondance métamorphique se recrée sans cesse, sans jamais s'épuiser, le Réel étant en fait un flux de création continuée, invisible à l'œil trop réaliste ou excessivement analytique.

Il s'agit de nous connecter émotionnellement à cette surabondance, à cette multiplicité, de l'accueillir au creux de notre expérience puis de tailler amoureusement cette *créalité* comme on épure un arbre : épurer le chaos vivant. Ce qui veut dire que créer, c'est en réalité faire du moins avec du plus plutôt que du plus avec du moins. Comprendre ce paradoxe, c'est le premier pas vers une vie et une société plus saines, car plus simples, ancrées sur la diversité naturelle, plutôt qu'obsédées par le manque, un vide ou une pauvreté de moyens qui ne sont que le reflet de nos peurs et que l'on voudra combler artificiellement. Le nihilisme conduit à la surproduction de beaucoup de choses inutiles et nuisibles. La *créalectique*, qui serait comme un art du jardin des possibles, comme le suggérait Voltaire dans *Candide*, est un minimalisme intense et intègre : à partir de possibilités infinies, avoir le courage de ne pas tout vouloir et la lucidité de vouloir ce qui est bon pour le plus haut concept de ce que nous avons à être. Cocréer un monde à l'image de ce que nous admirons.

Être *fructueux et multiplier*, ce n'est pas exploser dans tous les sens et tout vouloir contrôler – c'est se forger

L une tonalité, une musique, un style, un territoire enroulé autour d'une gratitude et d'une intuition. On ne crée jamais rien au fond, mais on enfante et éduque ses rêves, devenus vivants et décents.

la constellation de

## Mary Hunt

**création** (lire page 89), **audace** (lire page 45), **bienveillance** (lire page 59), **devoir** (lire page 105), **gré** (lire page 161), **humilité** (lire page 177), **justesse** (lire page 211), **vérité** (lire page 389), **zéro** (lire page 415).

# décence

Notre monde récompense souvent une forme d'indécence qui n'est que le masque de la duperie, un désordre d'arriviste ou de nihiliste. Il est facile de se faire remarquer en choquant les attentes, mais il est triste d'y arriver en trahissant sa cohérence intime. Sans doute est-on toujours l'indécent d'un autre, sans le vouloir, mais rester conscient de l'altérité, de la diversité du monde tout en étant fidèle à notre philosophie personnelle, voilà l'art de la décence. Pour faire ce qui est juste, il faut sans cesse interroger ses sens et sa conscience en visant la décence vis-à-vis de soi-même. Être décent, ce n'est pas seulement faire ce qui convient par bienséance sociale, mais plutôt par fidélité à notre intuition la plus profonde de ce qui est sain.

Simone le nourrissait, l'habillait et le déshabillait chaque jour. Bien entendu, il était aussi nécessaire de nettoyer sa chambre qui s'imprégnait rapidement d'une odeur désagréable. Au début, elle avait anticipé avec terreur qu'il mourrait bientôt, mais désormais elle craignait que cette longue chute dans le vide se poursuive trop longtemps – ce qui la peinait, non pas tant pour elle, mais en raison du spectacle de la dégénérescence mentale d'Emil, dont lui-même prenait parfois conscience.

L'évidence s'était imposée : elle ne le laisserait jamais sombrer à l'intérieur d'une institution médicale. Cela relèverait de la trahison. La convenance imposait qu'il finisse son existence comme il l'avait toujours menée, là, dans leur petit logement du cinquième arrondissement. Lorsque la journée commençait, il fallait tout lui rappeler, qui elle était, qui il était lui-même, et ce qu'il allait faire : la toilette, le petit déjeuner, la promenade au jardin du Luxembourg, le déjeuner, la sieste, un peu de lecture puis un dîner léger. Ensuite, elle se réfugierait dans le petit salon pour y déplier un lit et se reposer de lui. Souvent, en le regardant, elle songeait alors qu'au fond cet être sans volonté avait été dépendant d'elle depuis des décennies, financièrement et artistiquement. Sans elle, comment aurait-il pu écrire son œuvre ? Comment aurait-il pu comprendre les subtilités de la langue française ? Ce n'était pas uniquement en recopiant plusieurs fois Bossuet et La Bruyère qu'il avait pu intégrer la finesse des nuances de la langue des poètes. « On n'habite pas un pays, on habite une langue », répétait-il les premières années en luttant pour maîtriser son langage d'accueil.

Désormais, tandis que son aura internationale grandissait avec une constance presque irréelle, l'artiste s'éteignait sans se savoir ainsi reconnu, sans prendre conscience que lui qui avait prêché l'inutilité de toute action humaine allait entrer dans la postérité des livres de poche. Ses livres étaient traduits et lus par beaucoup alors qu'il n'était plus que l'ombre de l'auteur. Quelques rares connaissances, des vieillards pour la plupart, passaient le temps d'un thé et parlaient à voix basse avec lui, par politesse ou bien par fidélité à leur amitié. En les raccompagnant, Simone accueillait le regard compatissant de l'ami touché devant le naufrage de l'écrivain. Puis la voyant revenir, le malade prononçait de manière décousue quelques mots cocasses : « Vous y croyez-vous à Dieu ? Et d'ailleurs, qui êtes-vous ? Vous venez pour faire le ménage ? Ça n'a pas d'importance, rien n'en a d'ailleurs… » Alors Simone, patiemment, expliquait de nouveau.

La journée progressant, ils échangeaient quelques phrases plus familières. Le patient semblait s'éveiller par la seule présence de cette inconnue dont il se sentait proche. Ils partagèrent même un fou rire lorsqu'un jour de grande conscience, par dérision, il se mit à jouer au fou et qu'elle le crut quelques instants. Plus souvent, elle lui faisait lecture, il commentait certains passages de Nietzsche ou Dostoïevski. Parfois, il lui chuchotait qu'il aurait pu lui aussi devenir un grand écrivain mais qu'il ne fallait surtout pas l'espérer. Elle acquiesçait, se rappelant le jour où elle avait dactylographié cette phrase sous sa dictée : « Espérer, c'est démentir l'avenir. »

Après la lecture, elle lui mettait de la musique, du Bach de préférence, et dès les premières notes il souriait, les yeux accrochés aux reflets de la fenêtre. Simone mesurait l'affection profonde qu'elle éprouvait pour cet homme. Avant de se coucher, comme si sa mémoire, la journée passée, lui revenait par bribes, il lui disait souvent : « Demain matin, je commencerai une nouvelle journée avec vous, ce n'est déjà pas si mal. Recommencer chaque jour comme le premier jour, c'est une juste punition pour le nihilisme que j'ai professé toute ma vie. »

Puis un matin, le corps fut recouvert d'un drap, à l'exception du visage pétrifié, exposé aux rayons tièdes du mois d'avril. On sollicita Simone : un collectif d'amis serait ravi de l'avoir assise au premier rang dans l'église pour l'enterrement, qu'elle dise un mot, que le monde sache tout ce qu'elle avait été pour lui, depuis le début. Elle ne répondit pas, promettant d'y songer, convaincue qu'elle resterait discrète, comme elle l'avait toujours été, non pour lui, mais par fidélité à ses propres choix de femme, d'être humain, de personne. Elle savait où elle désirait sa place, certainement pas à parader comme un paon. Son dernier devoir, elle le connaissait ; ce qui lui restait à vivre, elle le consacrerait à veiller sur l'œuvre d'Emil Cioran. Et seule, le soir, Simone Boué rirait aux aphorismes capricieux du célèbre écrivain, heureuse de ce temps intime partagé par-delà la mort avec le compagnon de toute une vie.

## L'inspiration

À mi-chemin entre la retenue et la dignité vibre ce mot que certains n'imaginent plus prononcé que par une vieille dame agitant son parapluie en pestant contre l'indécence des adolescents. Protestation vaine d'ailleurs, car une certaine indécence, vestimentaire ou psychologique, est devenue un style culturel depuis que la contre-culture a été absorbée par l'impératif du cool, de l'impertinence ou de l'indolence. Dans l'Histoire humaine elle-même, l'indécence, c'est-à-dire l'arrivisme qui brise les règles, est souvent récompensée : c'est Napoléon brisant toutes les normes de bonne conduite guerrière pour gagner ses batailles par surprise, c'est tel écrivain célèbre disant systématiquement tout le contraire de ce qu'il croit pour faire vendre. Il y a une indécence active et une indécence passive. L'indécence active, c'est la gesticulation de celui ou celle qui est prêt à presque tout pour assurer son profit : chaque jour, la retenue recule et l'impudence cache le mur inévitable où l'on finira par se heurter, consciemment ou pas. L'indécence passive, c'est l'esquisse de la banalité du mal dont parlait la philosophe Hannah Arendt, la complicité avec les mesquineries puis les outrages du quotidien : cela finit parfois par le fascisme, mais cela commence par exemple lorsqu'un employé vous fait payer un simple verre d'eau en se réfugiant derrière les règles de la compagnie qui l'emploie.

George Orwell, l'auteur de *1984*, était un défenseur de la décence commune. Cette forme de dignité civique et d'humilité existentielle était pour lui le ciment de la civilisation, plutôt que les lois écrites ou les règles du marché. Une élégance de l'âme collective en situation, le soutien alerte et constant d'un monde souhaité, dans lequel la solidarité primerait et tout ne serait pas exploitable. Il pleut et vous trouvez un parapluie posé contre une porte, dehors. La décence vous pousse à continuer de marcher, trempé, plutôt que de vous saisir du parapluie, car la personne qui l'a oublié là va peut-être venir le récupérer. Ou bien cette personne a-t-elle laissé là son parapluie en offrande pour quelqu'un comme vous ?

Il y a peut-être une bonne raison de ne pas toujours être décent, lorsqu'on perçoit un conformisme aliénant dont on ne voit pas le sens. Il n'est pas toujours indécent de faire tomber les voiles pour se distancer d'un dogmatisme et montrer que le roi est nu. Au fond, ce qui est décent, c'est que nos actes soient cohérents avec nos valeurs et nos convictions, surtout lorsque celles-ci sont écrites. Enlever le voile d'un conformisme peut signifier une idée de libre détermination, lorsque le voile représente une idéologie. L'écrivain Cioran disait que « la lâcheté rend subtil ». Comme souvent avec ses aphorismes, il avait à moitié tort. Certes les coupeurs de cheveux en quatre cachent souvent leur peur d'agir, mais l'extrême courage et dévotion peut aussi rendre subtil, nuancé, délicat.

Prenons l'exemple de ce qu'on appelle encore aujourd'hui des « salaires indécents ». Seriez-vous prêt à refuser un salaire indécent si on vous le proposait ? Et avez-vous pensé en lisant cette question à un salaire trop élevé, ou bien avez-vous pensé à un salaire trop bas ? La plus profonde des indécences, c'est peut-être la paresse de ne pas interroger les valeurs derrière nos comportements ou réactions les plus apparemment nécessaires ou pratiques. L'indécence, c'est de fonctionner en pilotage automatique, sans conscience de l'environnement que nous influençons et des codes qui nous influencent. La décence, c'est donc penser ce qui nous meut, ce qui nous émeut, et de pouvoir expliquer nos actes conformément à notre idéal, à notre sens du devoir ou de la cohérence de notre style personnel.

Est-ce à dire que le seuil de l'indécence est toujours relatif à telle ou telle situation ou culture? Parfois, la décence, c'est tout simplement de faire à Rome comme les Romains, une forme de civilité, mais à condition que ce ne soit pas une excuse pour devenir amnésique de soi, et recommencer chaque jour la comédie humaine. Y a-t-il un critère moral intime absolu qui permet de juger de l'indécence? C'est sans doute une dynamique de la pensée en acte: ce qui est décent, c'est de chercher ce critère éthique pour soi-même, dans un questionnement alerte de notre structure propre. Mon expérience du monde dévoile ma philosophie personnelle, et ma philosophie détermine mon expérience du monde. Mes actes indécents ou décents dévoilent une philosophie: est-elle choisie ou subie? Suis-je en phase avec la plus haute idée de moi-même à travers ce que je montre au monde? Il ne s'agit pas d'être un saint, mais d'être sain.

la constellation de

## Simone Boué

**décence**, **admiration** (lire page 21), **âme** (lire page 37), **bienveillance** (lire page 59), **devoir** (lire page 105), **gré** (lire page 161), **humilité** (lire page 177), **tact** (lire page 355).

# devoir

Le devoir est un équilibre difficile entre les habitudes sociales et la liberté. Il y a le devoir qu'on s'impose et celui qu'un système social, moral ou politique nous impose. Il ne s'agit pas de privilégier toujours l'ordre et la discipline, ni le sacrifice de soi. Mais parfois le devoir demande de nier sa créativité à court terme au profit d'une liberté à plus longue vue. À d'autres moments, le devoir nous commande d'accepter qu'un monde s'effondre, de renoncer à notre confort au nom de la liberté d'autrui. Comment choisir ? À quoi renoncer et que défendre ? Nous avons à être les agents d'une cocréation saine et du triomphe optimal des formes de vies qui nous entourent. Ce qui signifie parfois vivre et laisser vivre, parfois vivre et laisser muter.

« Non, je vous l'ai déjà dit, je ne lui donnerai pas mon autorisation pour tirer sur la foule. L'Histoire est en marche, Général – croyez-vous une seconde que des balles vont la stopper ? Je vous ordonne de bien tenir vos homologues. Je vous tiendrai pour responsable s'ils se croient autorisés à envoyer leurs chars ou leurs soldats. Est-ce clair ? »
Il raccroche sans attendre de réponse. Sa main tremble, mais il doit se montrer fort, inflexible, donner le change

virilement, cacher sa fragilité. Combien sont-ils parmi les plus puissants du régime à l'avoir appelé cet après-midi pour qu'il donne son feu vert à une action militaire ? Ils ont usé de tous les arguments, ceux de la raison, ceux de la peur, ceux de la domination. Et encore, il s'agissait de ses amis politiques ! Il n'ose imaginer la rage de ses ennemis de l'intérieur qui regardent à la télévision les prémices d'une inévitable désagrégation de l'Empire. Sa propre vie est peut-être en danger.

Peut-être que tout cela va un peu trop vite ? Pourtant, la répression féroce des policiers, il y a un mois, n'a rien enrayé. Les manifestations ont redoublé. Alors quoi ? Tirer sur la foule ? Affréter des trains pour la Sibérie comme au temps de Staline ? Une image lui revient : l'arrestation de son grand-père paternel en pleine nuit par la police politique, ces semaines d'angoisse tandis qu'on le savait sous la torture, le retour en grâce inespéré, la vie reprenant ses droits tant bien que mal. Mais il se souvient aussi du regard de cet homme qu'il admirait et chérissait, pendant les premiers jours de son retour en ville : un regard inexpressif, vide, glacial, comme si tout élan vital l'avait déserté, comme si l'humanité de cet être qui l'avait fait rire et chanter s'était noyée ailleurs.

Son grand-père maternel avait lui aussi connu les travaux forcés pour avoir refusé la collectivisation. Ces deux hommes avaient été brisés, et ces humiliations s'étaient inscrites à jamais dans l'esprit de Mikhaïl. Au fond, il avait toujours rêvé secrètement de sortir l'URSS de l'arbitraire et du communisme et son rêve devenait réalité sous ses yeux. Il lui avait fallu agir de l'intérieur, en stratège. Il avait joué une intense et tortueuse partie d'échecs, durant de longues années, gravissant les échelons un à un, masquant son jeu y compris parfois à ses propres yeux, louvoyant pour se positionner en réformateur prudent, tissant mille liens pour être capable de conquérir le pouvoir tout en le sapant. Son but atteint, il avait remplacé les deux tiers du Parlement. Le destin lui montrait à présent son devoir, plus clairement que jamais.

Les motifs réels de son ambition apparaissent désormais au grand jour : sur les écrans du monde entier, pierre après pierre, un peuple en liesse démonte le mur qui les sépare et la suite n'est pas difficile à deviner. L'Allemagne va se réunifier. « Ai-je bien fait ?, songe le premier secrétaire. Sans doute Honecker va-t-il m'appeler encore pour que je lui autorise l'usage de la force… »

Il se sent seul, désemparé, et une curieuse tristesse l'envahit. Une boule d'angoisse au creux du ventre, une envie de pleurer aussi, un état de faiblesse le saisissent brusquement, comme s'il perdait un être cher. Il se dit que cela ressemble aux sentiments qui envahissent tout père lorsque sa fille quitte la maison familiale. Oui, c'est bien une douleur de père imprimée au niveau de chaque cellule dans son corps, une déchirure ressentie dans toutes les profondeurs de son être. Pourtant il le sait, c'est le seul destin possible : offrir la liberté aux enfants de l'URSS. Au fond, la douleur se mêle à la gratitude. « J'ai aussi le droit à la souffrance », songe-t-il.

Il se lève, éteint la télévision, se sert un verre et se pose dans le fauteuil en cuir.

Personne ne le dérangera. Mikhaïl Gorbatchev s'autorise une heure de mélancolie, une heure pour être seul, seul avec pour unique allié le vent de l'Histoire qui souffle là-bas, à Berlin.

## L'inspiration

« Que dois-je faire ? » La plupart des textes philosophiques sur le devoir commencent par citer cette interrogation morale de Kant. Est-ce un devoir de citer Kant lorsqu'on philosophe sur le devoir ? Dans un certain discours académique, oui. Car le devoir est d'abord affaire de rituel au sein d'une communauté de pratique et d'appartenance. Si vous faites partie par exemple d'un groupe pratiquant un art martial, votre devoir est de vous entraîner plusieurs fois par mois. C'est une question d'identité et d'esprit de corps. Mais est-ce à dire que l'individu isolé n'a pas de devoirs vis-à-vis de lui-même ? Ne sommes-nous que des animaux collectifs ? N'est-ce pas contredire le sens du devoir que de le faire dépendre d'autrui ?

Que dire alors d'un devoir qui contredirait notre contrat de travail ou notre appartenance communautaire, un devoir de dire non, un appel plus impérieux que celui de l'habitude et de l'obéissance ? Étymologiquement, le devoir, c'est une dette, un transfert d'appartenance. Comment peut-on avoir une dette vis-à-vis de soi-même ? La réponse semble aisée et est elle-même endettée d'appartenir à la littérature sur l'éthique personnelle, les engagements moraux, les bonnes résolutions, la volonté, l'autodiscipline : si je me fixe par la raison autonome une valeur que je considère comme universellement admirable – « la loi morale dans mon for intérieur », disait justement Kant[1] –, je dois tenter de m'y conformer, même s'il m'en coûte.

Un Gorbatchev par exemple ne croyait sans doute pas au capitalisme, mais à la liberté sociale favorisant l'autodétermination des individus plutôt qu'au joug d'un pouvoir tyrannique. Il savait bien, suivant Tocqueville, que la liberté d'expression mène à l'idiotie de beaucoup et à la grandeur de quelques-uns. C'était le projet des Lumières : instaurer la démocratie même si l'on sait que les humains sont infantiles et que devenir réellement adulte est un art. Mais la liberté de grandir et de se dépasser doit être universelle. Les citoyens ont le devoir de devenir adultes et penser par eux-mêmes.

Un esprit retors pourrait demander si le philosophe, en bon moraliste, n'a pas lui-même le devoir professionnel

1. Emmanuel Kant, *Fondements de la métaphysique des mœurs*, 1785.

et un peu mécanique, l'obligation de conseiller l'autonomie, de parler de devoir vis-à-vis de soi-même, de respect de ses engagements et de ses plus hautes vertus. On ne s'attend pas à ce qu'un penseur exhorte à l'absence de responsabilité, à la lâcheté du jouisseur, au lent suicide, à l'inconséquence, à l'immaturité. Le devoir est ainsi souvent associé à une forme de prévisibilité, de confiance, de moralisme. On s'attend à ce que le philosophe moralise comme à ce qu'un chauffeur conduise son bus en respectant les stations et les horaires plutôt que de soudain embarquer tout le monde dans un ravin ou dans un voyage improvisé. Certes, le devoir, c'est parfois le courage de faire ce qui n'est pas apparemment créatif : répéter, défendre, préserver, résister.

Mais considérons maintenant une idée plus taboue que le devoir vis-à-vis de soi. Imaginons un empereur tyran qui considère que tous lui doivent quelque chose. Tous auraient le devoir de lui vouer leur travail et une partie de leur vie, de leur temps, ou de leur corps. Une telle situation sort le devoir du champ lyrique (*je me dois*) et le replace dans le champ politique de la domination. Si ce tyran est un État, c'est alors une nation entière qui est rappelée à l'ordre. Ce sont là les deux impasses de notre modernité. L'individu-roi échoue le plus souvent à vivre comme être de pur devoir vis-à-vis de lui-même, c'est-à-dire de pure intégrité, car le lyrisme, le *je*, est une position qui ne peut que difficilement effacer le désir de jouissance. D'un autre côté, le citoyen échoue à être un parfait sujet de l'État, car la « servitude volontaire », pour reprendre une expression de La Boétie, n'est pas tenable pour un être conscient. Mais elle est possible pour un sujet inconscient, et c'est pourquoi les exploiteurs de big data arrivent à se servir de nous, car nous n'avons pas bien pris conscience de notre servitude électronique. Comment sortir dialectiquement, ou plutôt *créalectiquement*, de la dualité entre le lyrisme du devoir et le sacrifice du collectivisme ? Peut-être par une vertu que notre modernisme a oubliée ou reléguée à la fiction hollywoodienne : le devoir épique. Être épique, c'est un moyen terme cocréatif entre le lyrisme de l'*ego trip* compromis créatif qui conjugue création, élévation et servitude volontaire consciente. Les Grecs plaçaient dans l'épopée le plus haut degré d'humanité, comme si le groupe épique était un superindividu composé d'individus qui eux-mêmes ne cèdent pas sur leur destin. Gorbatchev en 1989 tremble mais il sait aussi qu'il n'est pas seul. Il obéit à une force plus grande que lui et plus grande que le régime communiste, un mélange d'aspiration à la liberté universelle et de supériorité néolibérale, deux maîtres différents mais puissants. Les visionnaires ont le devoir de voir le meilleur comme le pire. Chez les personnages qui tissent la trame du livre que vous tenez entre les mains, devoir et désir se fondent en une intégrité qui fait Histoire. Avoir la chance de faire événement, cela n'arrive que si l'on a le courage d'agir, mais aussi de penser à long terme. L'action de devoir commence par la réflexion sur les idées qui nous meuvent. Car c'est toujours à des concepts, des notions, des idées, des valeurs que nous obéissons – autant que celles-ci, ainsi que leurs relations, soient claires.

la constellation de

## Mikhaïl Gorbatchev

**devoir**, **action** (lire page 13), **audace** (lire page 45), **équanimité** (lire page 129), **intellect** (lire page 195), **liberté** (lire page 235), **nuance** (lire page 259), **structure** (lire page 345), **universel** (lire page 381).

# égotisme

*Je pense, donc je suis*: sans doute l'idée française la plus puissante de tous les temps, et le comble de l'égotisme, cette fierté du sujet qui transforme son style personnel en manière d'être. Contrairement à l'égoïste, l'égotiste pense, car il voudrait se faire idée. Il admire en lui-même la puissante d'être, celle qui conjugue intégrité et souci de soi. Il y a un narcissisme de l'ego qui n'a que peu de panache: c'est la jouissance infantile ou inconsciente qui souvent stagne dans les cercles émotionnels de l'affirmation et la négation de soi. Il y a en revanche une transcendance de soi qui reste fidèle à la première personne du *je*, comme un pari cosmique. Le pari d'être soi, comme un pinceau tendu sur la toile du monde, pour peindre un désir d'élégance, un espoir d'harmonie, un élan de dignité.

Il s'est isolé dans l'attente des résultats, assis derrière son bureau avec pour seul compagnon un roman de Malraux qu'il feuillette distraitement. Ses soutiens ont affiché des mines inquiétantes toute la journée. Et pourtant, c'est une occasion historique, celle de réconcilier deux mondes: celui du travail et celui du profit. Réconcilier… Charles aura passé la plus longue partie de sa vie à cette belle tâche. Ce peuple inconstant, dissipé et tragiquement passionné privilégie l'invective par essence. Il faut lui livrer les mots de la grandeur et les actes de la réconciliation pour l'élever au-dessus de ses passions tristes.

Mais ses soutiens ont raison, les pronostics ne sont pas très bons. Ce diable de Mitterrand a bien saccagé sur sa gauche, et sur sa droite, il y a tous ces capitaines d'industrie qui n'aiment pas partager leurs comptes, et les bourgeois, qui ont peur. Le mot *participation* les irrite. Quant aux députés de son parti, ils ne se sont pas montrés très actifs dans leur soutien.

Mais quoi ! Ils n'oseront tout de même pas ! Il a mis sa démission dans la balance, et c'est peut-être ce que beaucoup attendent…

Il se lève avec lourdeur. Son corps lui rappelle le naufrage de cette vieillesse qui l'accable, la lenteur de ses membres, ces longs bras qui dodelinent plus que jamais, presque impuissants. Il se place devant la fenêtre de l'Élysée. Il ressemble de plus en plus à ces caricatures que les journaux s'amusent à décliner sous mille formats. Alors, demain, oui, peut-être il faudra quitter les affaires, se séparer de la France. Elle le lâcherait maintenant, à l'aube de sa plus grande réforme, une réforme qu'il aurait dû conduire plus tôt, quand l'énergie irriguait ses artères d'une passion puissante.

« Gardons espoir », songe-t-il, les Français se montrent toujours plus sages que ce petit microcosme parisien qui s'ébroue dans son marécage. La France est sa passion et

Charles sait qu'il possède ce destin indéfectible de celui qui l'a sauvée du déshonneur.

Quelques jours plus tard, le vieil homme peine à marcher contre le vent glacial sur la colline à proximité de son hôtel. Les éléments se liguent pour lui interdire cette promenade improvisée. La pluie gifle son visage pour le punir, le froid s'insinue sous son loden épais, et déjà l'humidité a pénétré ses bottes de militaire qui en ont pourtant vu d'autres. Il a fui sa patrie et le regrette déjà. Elle lui manque. Il se rappelle Londres, ces années de guerre durant lesquelles elle et lui n'ont fait qu'un. Mais voilà, en cette année 1969, la France vient de le congédier, définitivement, après onze ans de vie commune. Il a résisté longtemps mais ils ont fini par le vaincre. On l'a dit prétentieux, ivre de soi, alors qu'il n'a fait toute sa vie qu'appliquer un précepte voltairien : *Si la France n'existait pas, il faudrait l'inventer.*

Le tonnerre se fait subitement entendre. Charles regarde vers le ciel et songe à la puissance des oscillations entre le hasard et la nécessité. Au fond, il n'est rien, une poussière dans les étoiles, un grain de sable dans l'Histoire de l'humanité. Comment peut-il imaginer qu'elle ne puisse poursuivre son glorieux destin sans lui ? Le voici empli de honte. Charles de Gaulle s'est cru Idée mais il n'est plus qu'homme ; il n'a plus le pouvoir d'agir.

Il se tourne et croise le regard inquiet de sa compagne qui le suit à quelques mètres. Elle a presque tout accepté depuis leur mariage. Yvonne et lui ne vieilliront pas longtemps ensemble. C'est ainsi, il faut savoir sortir de scène, s'oublier et s'éteindre dans l'ombre. Il a fait son devoir et accompli son destin, à la manière française, c'est-à-dire avec style.

Soudain, au loin, il perçoit la silhouette d'un photographe qui immortalise ce voyage solitaire en Irlande. Il sourit amèrement : ces gens-là ne s'arrêtent donc jamais !

## L'inspiration

L'écrivain Stendhal, au XIXe siècle, a popularisé le mot *égotisme* pour noter que l'introspection et la quête d'un style personnel étaient plus dignes que la mesquinerie de l'égoïsme. Mais sa tentative pour donner au moi quelque grandeur désintéressée n'a pas été universellement comprise. L'ego est, depuis les romantiques, l'une des grandes ambivalences modernes.

De plus en plus d'humains, depuis l'avènement des cultures de masse, s'adonnent à l'*ego trip* : ils vivent comme s'ils étaient le nombril du monde et se fantasment mille talents que ceux qui les entourent parfois encouragent en un commun délire. Mais d'autres humains sont volontiers des bêtes sacrificielles, toujours prêts à donner trop d'eux-mêmes à des causes qui les consument, passant des années à s'autodétruire au service de quelque valeur imposée, la famille, le travail, la société, l'humanisme, la nation. Finalement, *ego trip* et sacrifice se ressemblent par leur conformisme.

L'égotisme semble différent : c'est une plongée dans ce qui en soi est à la fois universel et singulier, le mystère du Soi, la quête d'une conviction. En un sens, Descartes avait déjà projeté un peu de lumière dans ce mystère avec son *cogito, ergo sum* : penser par soi-même, donc être selon son style propre, c'est s'élever à la possibilité de penser avec cohérence.

Dix ans après Stendhal, le philosophe allemand Max Stirner a posé dans *L'Unique et sa propriété* que seul un soi robuste et fier peut être libre, une doctrine de l'autonomie individuelle que Marx et Engels ont passé beaucoup de temps à tenter de réfuter, et qui influença les anarchistes. Car le moi est aussi une entité politique en puissance : c'est la force qui peut nous pousser à refuser les tyrannies et les asservissements, pourvu que l'égotisme de l'individu soit le corrélat d'un sentiment de dignité, d'une estime de soi accrochée à une ou deux vertus nobles, loin du narcissisme.

L'égotisme est une aventure de la connaissance. À force de se chercher un style autonome et authentique, conforme à un idéal plutôt qu'à une pose artificielle, on devient un conquérant de l'esprit – même si c'est une épopée sans épée, une simple asymptote de la jugeote. Il est si facile de se laisser aller à être un automate : on croit savoir qui ou quoi aimer, quand sourire et que dire, on ne prend jamais au sérieux la responsabilité de tenter d'être soi-même (autrement qu'en singeant la dernière mode).

Mais l'égotiste, demandera-t-on, n'est-il pas une forme snob de l'*ego trip* ? Un tel se croit différent mais n'est que taraudé par la volonté de distinction. Le monde ne serait-il pas meilleur si certains ne se croyaient pas au-dessus de la masse? La question est mal posée. La noblesse de l'égotiste est plus éclatante lorsqu'il se compare à une grande idée plutôt qu'à la foule. Son vrai combat est contre lui-même. Il porte en lui un impératif qui brûle comme une flamme, celui d'évoluer par rapport à soi, contre soi et vers soi à la fois.

Une majorité d'êtres humains restent à peu près la même personne toute leur vie, et ce à leurs dépens. On a beau leur dire, leur enseigner ceci ou cela, la vie a beau leur présenter mille opportunités de grandir, mille épreuves, leur moi têtu reprend toujours sa position initiale, peut-être celle d'un traumatisme d'enfance, ou comme une indolence de l'âme. Les égotistes rêvent d'évoluer tout en devenant soi-même. C'est leur destin que de devenir soi-même, d'apprendre, de tomber sept fois et de se relever huit. L'égotisme est une belle valeur si elle pousse à conquérir son destin en augmentant l'espace des possibles, pour les autres qui observent comme pour le soi qui risque, au fil d'une commune élévation, celle de l'exemple donné, du style admiré, de l'élégance qui s'accomplit.

la constellation de

## Charles de Gaulle

**égotisme**, **action** (lire page 13), **adunation** (lire page 29), **audace** (lire page 45), **carrière** (lire page 67), **devoir** (lire page 105), **france** (lire page 145), **honneur** (lire page 169), **intellect** (lire page 195).

# élévation

Aller plus haut ! Prendre de la hauteur : ce ne doit pas être une simple fuite, comme lorsqu'on s'envole dans ses rêves, poursuivis par nos peurs, mais une sublimation qui triomphe des obstacles sans renoncer à la responsabilité des combats vitaux. La vie est difficile, car les situations ne se présentent pas avec une étiquette : ici est le haut, ici est le bas. La véritable élévation est enracinée, c'est l'arbre aux fondations multiples et aux branches diverses. Profusion souterraine, richesse créatrice qui se distribue généreusement, et entre les deux le tronc épique de l'adulte qui garde le cap sur la croissance idéale tout en traversant l'adversité en héros. S'élever, c'est comprendre que tout est connaissance, mais aussi se faire guérisseur, de soi, des autres, des forces de vie.

Le vent souffle et la pluie frappe les vitres avec insolence. L'humidité tente de pénétrer la demeure, mais la femme qui griffonne nerveusement sur des feuilles éparpillées sur la table de la cuisine ne semble pas s'en soucier. Les enfants et son mari dorment ; ce soir, elle qui leur consacre si souvent tout son amour et toute son attention se voue au combat de sa destinée, celui de changer le cours de l'Histoire des femmes.

Soudain, des cris percent le silence. Elle comprend que son soûlard de voisin est rentré du pub, comme souvent en début de mois. Les cris c'est elle, sa femme. Elle lève le regard vers la Croix du Christ placée au-dessus de la cheminée et se remet au travail : « La paix, la voie de la paix, Oui, Mon Dieu, c'est là le chemin… »

Malgré cette belle intention, elle ne peut s'empêcher de détester ce John qui bat sa femme et qu'elle sermonne régulièrement comme elle devrait le faire maintenant. Mais ce soir, elle n'en a pas le temps et puis le bruit a cessé. Non, elle n'a pas le temps car demain, il faudra les convaincre toutes qu'elle choisit la voie la plus réaliste. Les plus vindicatives lui reprocheront sa diplomatie. Pour nourrir leur pamphlet, certaines ont proposé des mentions brutales, agressives contre les hommes, évoquant leur brutalité, leur alcoolisme, leur incapacité à refréner les pulsions et les tentations du diable. Ils sont souvent faibles, mais faut-il les humilier pour autant ? Est-ce ainsi qu'on obtiendra cette révolution que toutes les femmes membres de la congrégation désirent depuis des années ? Non, il faut se montrer plus fines, plus subtiles, car au fond, tant que les droits ne sont pas égaux, c'est par la tactique et la retenue, voire la ruse, que les femmes peuvent espérer obtenir quelque chose de substantiel.

Demain le vote décisif entérinera les dix articles de la pétition qui doit mener au droit de vote des femmes en

Nouvelle-Zélande, une première dans le monde. Oui, ce sera du bout du monde que naîtra cette lueur, une espérance pour toutes les femmes, toutes les mères du globe. Le droit de vote sera la première pierre vers l'égalité. Kate l'a compris ; ce premier pas amènera d'autres progrès, d'autres émancipations. Il est crucial que les hommes leur accordent ce droit sans en dramatiser l'impact, sans forcément en comprendre toute la portée à long terme. Il faut qu'ils le leur accordent avec mansuétude, de bonne grâce, comme on donne une friandise à un enfant obéissant. Tout est dans les mots.

Non, elle n'écrira pas que la femme vaut l'homme, mais que les femmes ne peuvent tout de même pas avoir le même niveau de droits que celui des fous ou des condamnés. On ne peut considérer que leur intelligence ne vaut pas plus que celle de leurs enfants. Elles peuvent apporter plus à la communauté et doivent pouvoir être tenues pour responsables si elles font une erreur.

On n'évoquera pas l'alcoolisme des hommes mais on insistera sur l'aspiration à la sécurité des familles, que les mères assurent et garantiront par des propositions futures. On ne dira pas que les hommes, parce qu'impulsifs, ne savent pas toujours légiférer avec sagesse ; on mettra en avant la faiblesse physique des femmes pour justifier de leur penchant à préserver la paix. Oui, tout est dans la forme et la manière. Ces dix articles ne doivent pas heurter les hommes mais leur donner envie d'accorder ce droit avec grâce, sous le regard de Dieu.

Cette déclaration mobilisera les femmes et amènera les hommes vers plus de neutralité. Dans chaque foyer, chaque mère œuvrera pour convaincre son mari. Elle pressent que cette pétition ne suffira pas, bien sûr, il faudra influencer, mobiliser les réseaux chrétiens qui comprennent la vérité de l'égalité et de l'humilité. Recommencer, encore et encore, labourer, année après année contre la prétendue loi naturelle qui voudrait que la femme doive se soumettre depuis l'erreur d'Ève. Mais peut-être qu'en cette année 1882 quelque chose bougera tout de même.

Elle a prié ; elle a la conviction chevillée au corps. Tant de luttes ! Mais pas la guerre, non pas la guerre ! Ce n'est pas l'enseignement de Jésus. Tendre la joue et tenir d'une main ferme la rampe du progrès, sans faillir.

Kate Sheppard lève les yeux à nouveau vers la Croix. L'espérance l'emplit, elle se met à rêver d'un vaste mouvement : elles, « les suffragettes », songe-t-elle amusée, elles envahiront le monde.

Un cri l'interrompt. Kate a fini son texte, elle se lève, sort de la maison comme en flottant sur un nuage et frappe à la porte du voisin.

## L'inspiration

Quel être humain ne désire pas voler, pour voir ? Qui ne désire pas se sublimer ? L'étymologie latine du mot élévation suggère à la fois une montée et une manifestation, une extériorisation. L'élévation suprême peut-être une extase, voire une transcendance du moi, une *réalisation* de potentiel. Sans doute est-ce ainsi que de nombreuses femmes, par exemple, ont dû se sentir avant d'avoir les mêmes droits que les hommes, comme des potentiels contraints, des puissances en désir d'actualisation, trop confinées dans leur intériorité. On dit que les femmes sont plus émotives que les hommes, mais c'est sans doute aussi le résultat d'une histoire de contrainte : celle qui ne peut dire ou faire qu'une infime partie de ce qu'elle désire développera forcément une « intériorité », créée par le monologue silencieux de son empêchement. C'est aussi valable pour les hommes : la frustration raffine la perception et la rumination de la petite voix intérieure se nourrit d'injustices ou de ressentiments. Sans mission transcendante, sans vocation sublime, sans idéal et engagement sociopolitique, nous tendons à devenir des animaux domestiques obsédés par leur vie intime, comme l'explique Hannah Arendt[1]. L'élévation humaine a souvent été perçue comme une libération du corps, de ses lourdeurs et de ses peines : qui n'a pas rêvé d'être un pur esprit, ne serait-ce qu'une nuit, léger comme une Fontaine de Jouvence, bercé

1. Hannah Arendt, *La Condition de l'homme moderne*, 1958.

par les vents comme une plume de lumière. Chaque nuit, en rêve, notre esprit se libère des routines du réel pour donner libre cours à sa plasticité. Nous rêvons en position allongée comme pour nous libérer de la gravité ; et alors il n'y a plus de haut ni de bas, mais simplement la liberté créatrice de l'imagination, un monde de possibles encore indompté, un océan dans lequel nous pouvons plonger comme des poissons volants. Et puis, au réveil, la formule universelle de Newton reprend ses droits et notre tête s'élève au-dessus de notre corps, nos épaules se tiennent plus ou moins droites, notre estomac retombe un peu et nous marchons tantôt en traînant les pieds, tantôt en bondissant vers nos ambitions sociales, digérant plus ou moins bien le passé et les peurs d'avenir. Celles et ceux qui restent fidèles à un de leurs rêves les plus chers tout en acceptant noblement le drame d'être adulte sont capables d'édification.
Pour désigner le passage de l'animalité pulsionnelle à l'humanité créatrice, Freud proposa une métaphore : la sublimation, qui évoque le passage d'un état solide, terrestre, à un état gazeux, céleste. L'idée que le haut est supérieur au bas est un trope culturel, religieux, et social. D'un enfant, on dit qu'il est bien *élevé* lorsqu'il se comporte de manière civilisée. L'Histoire est-elle pour autant une élévation constante vers davantage de civilisation ? Rien n'est moins sûr – mais certainement on entendra peu de petits-fils d'esclaves se plaindre que le commerce des hommes soit un peu moins barbare aujourd'hui comparé au passé, à moins que la barbarie

s'universalise sous une forme plus subtile, par exemple en nous infantilisant. Les esclaves d'hier, les libérés d'aujourd'hui, sont vite repris par la loi de la gravité ou de la fuite des responsabilités. Ils se croyaient albatros, ils se découvrent Sisyphe, traînant leur rocher tout en haut de la colline, pour le voir rouler vers le bas de nouveau, ou bien encore plume au vent, incapables de se maîtriser, incapables de grands projets. L'ivresse d'une libération ponctuelle ne dure qu'un temps, car la liberté doit sans cesse se reconquérir, se transformer en œuvre, sans mauvaise foi, individuellement mais sans ignorer la peine d'autrui, leur soif de grandir parfois masquée en régression. Chaque jour l'âme doit pratiquer l'art martial de l'élévation tout en gardant les pieds sur terre : c'est ainsi que l'on prend de la hauteur. La prochaine fois que vous serez en haut de la colline avec votre fardeau de pierre ou votre insoutenable légèreté, en éphémère suspension, songez à ce moment infinitésimal où vous n'êtes déjà plus en montée mais pas encore en descente. À ce moment impossible qui ne pointe plus vers le haut ni vers le bas, allongez-vous auprès de votre rocher absurde et laissez-vous aller à créer votre épopée, sans peur du négatif, mais aussi confiants dans la force du positif. L'élévation doit être action, au milieu du chaos du monde : elle pétrit la pâte du temps et édifie la structure multicolore du réel comme un architecte s'attaquerait à des matériaux en apparence incompatibles, avec la joie de la grande santé et la solennité de la profonde orientation.

Observons la nature : la gravité y est souvent défiée par des formations réticulaires. C'est le flux des possibles qui explose en tous lieux à une vitesse supraliminale : une façon de ralentir et de faire corps, c'est de former des réseaux en capitaine, des racines à la manière d'un arbre, des poussées de désir ordonné qui se ramifie dans le sens de notre vocation et qui parfois, sous la main du fervent ou de la persistante, deviennent les couloirs d'un temple.

la constellation de

## Kate Sheppard

**élévation**, **action** (lire page 13), **bâtir** (lire page 51), **foi** (lire page 137), **justesse** (lire page 211), **liberté** (lire page 235), **mœurs** (lire page 251), **récompense** (lire page 319), **tact** (lire page 355), **universel** (lire page 381).

# équanimité

Un affront, et la voici qui monte, la colère. Vous vous étiez pourtant promis de rester calme. L'émotion et le doute ont pris le dessus. Prenons du recul : il y a beaucoup moins d'affronts réels pour l'esprit qui observe, cherche à comprendre tout en restant animé par une forte confiance dans l'univers des possibles. Équanimité est un mot étrange qui semble désigner une technique, mais qui en fait veut dire simplement égalité d'âme, calme profond au cœur de la tempête. L'esprit équanime se tient en équilibre entre les passions aveuglantes et une certitude : la conviction que sans maîtrise de soi, sans canalisation du chaos et sans foi en quelque valeur noble, le sol tremble et la flèche rate sa cible.

La nuit commence à se dissiper. Sambo accélère, il doit faire vite. Par ce meurtre, il veut entrer dans la légende, et toucher sa prime. Tel un chat, il se glisse le long de l'étroit sentier, évoluant lentement sur quatre pattes pour que son ombre furtive se mêle à l'aurore naissante. Il espère que les gardes sont endormis.

Il comprend maintenant pourquoi tous ces régiments d'Anglais bruyants et brutaux n'ont jamais pu passer ce col étroit pour atteindre les terres libres des Marrons. Mille soldats pourraient y mourir les uns après les autres en enfilade. Les régiments devront être vigilants quand, dans quelques heures, ils emprunteront à leur tour le sentier pour en finir avec la rébellion. Cette fois ils sont prévenus, ils savent ce qui les attend, et il y aura l'effet de surprise que lui, Sambo, va créer.

Au bout du sentier, il identifie les quatre gardes assoupis, les contourne puis s'engage dans la piste qui s'ouvre petit à petit sur ce haut plateau des montagnes. « Voici donc ce qu'on appelle le monde libre des Noirs », songe-t-il, réprimant son admiration. Le vaste village s'ouvre à lui et dans les jardins il devine les poteries, les outils de bois pour travailler la terre, des gris-gris accrochés çà et là. Tous les esclaves qui vivent ici ont été arrachés à la même terre d'Afrique, de l'autre côté du monde : le Royaume d'Asante. Sambo a connu lui aussi le terrible labeur des champs, les privations, les supplices. Désormais, soldat reconnu par les Anglais, affranchi, il s'est vu confier la tâche illustre de tuer celle qui donne des ailes aux esclaves.

« Combien sont-ils ici ? » Selon les Anglais, tout au plus deux ou trois dizaines de maisons, mais en réalité des centaines ! Ce n'est pas un village, mais un nouveau Royaume. Combien d'esclaves Nanny et ses frères, Accompong, Cudjoe, Johnny et Quao ont-ils fait libérer en descendant dans les terres des colons pour les arracher à la captivité ? Chaque jour, dans les champs, on choisit l'aventure et cherche à rejoindre le monde de Nanny, sans savoir réellement si c'est une légende ou une réalité. Des esclaves grimpent, chutent, se noient, sont tués tels des lapins, beaucoup meurent. Mais certains atteignent ce paradis, bien plus que les Anglais ne l'admettent.

« Pourquoi ai-je accepté d'assassiner la bienfaitrice des miens ? Allez, tu es le capitaine Sambo, fais ton devoir ! » Il consulte son plan acheté à prix d'or. Le voici devant la maison de celle qui a donné son nom à Nannytown. Il dégaine son arme, avance lentement, quand soudain une forme se détache de la porte d'entrée et fait un pas vers lui. Elle se tient là, majestueuse, dominante, droite, les bras sur les hanches et le fixe avec une intensité fiévreuse comme si toute la nuit elle avait attendu sa venue.

On la dit sorcière, guérisseuse, et certains prétendent qu'un jour elle a invité des soldats anglais à lui tirer dessus et que les balles ne l'ont pas touchée. « Peut-être, peut-être qu'elle va faire agir à nouveau ce sortilège », se demande Sambo en appuyant sur la gâchette, sans savoir s'il agit par frayeur ou devoir. Elle s'écroule sans un bruit. Tandis qu'il devrait fuir, il ne peut s'empêcher de s'approcher et de s'accroupir. Sans effort apparent, elle lui tend la main pour se saisir de la sienne, et comme une mère pardonnant à son enfant qui vient de fauter, pose son autre main sur la joue de Sambo avec délicatesse, comme pour le rassurer.

Le guerrier comprend, terrifié ; elle le rassure, lui offre son pardon, et c'est là le dernier geste de son existence, comme un testament offert au monde ; le testament de Nanny, reine des Marrons, femme libre de Jamaïque.

## L'inspiration

Rester imperturbable sans être indifférent lorsque frappe l'adversité, qui en est capable et comment ? On est parfois trop inconscient dans son bonheur et parfois aveugle dans la souffrance. L'équanimité est cette altière sérénité de l'âme de celles et ceux qui ont triomphé de leurs peurs parce qu'ils ont accompli l'essentiel de leur mission sur terre, ou bien parce qu'ils font désormais un avec la terre et la nature créatrice. Les âmes équanimes perçoivent le déséquilibre de la plupart des humains, et l'accueillent comme on accueille le climat : tantôt il pleut, tantôt le soleil brille, et souvent le temps est entre deux eaux, indéfini – qu'y puis-je ? Je peux déjà rester concentré sur le sens de ma vie, une orientation profonde, par exemple la liberté d'un peuple, la fin d'un esclavage ou tout simplement une connaissance neuve ou la santé philosophique.

Avec persévérance, la confiance déplace des montagnes. Les philosophes de la Grèce antique, notamment les stoïciens, se firent les champions de cette forme suprême de maîtrise de soi par le détachement. Suspendre son jugement, méditer par anticipation de ce qui compte pour soi, comme un art martial de la perception et de l'émotion : l'égalité d'âme prend sa source dans un devenir spirituel (inspirez…) et naturel à la fois (expirez…), cette profonde respiration, si difficile dans une société artificielle où pollution atmosphérique et mentale se conjuguent. « Dieu, c'est la Nature », disait aussi Spinoza, pour qui la philosophie était une préparation à la joie suprême d'être et de comprendre à quel point tout se tient en équilibre. L'équanime est porté par un souci de soi comme des autres, en une attention régénératrice.

L'équanimité n'est pas l'indifférence de ceux qui ruminent leur vie au lieu de la prendre à bras-le-corps, cachant leur joie comme un crime, c'est plutôt une tension d'athlète qui sait s'ouvrir à la gratitude des seconds souffles. Où séjourne la sérénité des êtres équanimes ? Moins dans une modération contrainte que dans la compréhension : voir les choses comme elles sont est un art qui me demande d'être enraciné en terre saine, reconnaissant des rythmes vitaux, lecteur des lignes de vie qui s'agitent devant moi. L'équanimité vient de la confiance dans une constellation conceptuelle transcendante qui permet d'éviter la multiplication des erreurs que la panique engendre. Je pense, mais je suis distinct de ce à quoi je pense.

Le légendaire Lao-tseu fut, dit-on, un esprit équanime à qui l'on attribue la formule suivante : « Si quelqu'un t'a offensé, ne cherche pas à te venger. Assieds-toi au bord de la rivière et bientôt tu verras passer son cadavre. »

Il s'agissait moins pour lui de faire l'éloge de la passivité et de l'acceptation des injustices que de chanter la persévérance patiente et une fidélité fluide à ses convictions. La rivière est mobile en chacune de ses parties, tout comme la connaissance chez la personne d'action. Ce n'est sans doute pas un cadavre réel qui passera en flottant mais le deuil de notre ressentiment lorsque nous comprendrons l'agitation aveugle qui sous-tend beaucoup d'offenses.

« Chaque âme est et devient ce qu'elle contemple », disait Plotin. C'est là le secret de l'équanimité : la contemplation intérieure du fait que la vie est un fleuve de création autant que de connaissance et de croyance. Être, c'est concevoir, dans les deux sens de concevoir : comprendre et engendrer. Finalement, l'équanimité sait qu'il y a toujours plus de poissons dans le fleuve de l'avenir que ce que les inquiets espèrent. Mais ces poissons demandent que l'on se fasse héron : laisser venir en confiance. Car les grandes synthèses ne se font pas entre deux opposés ou deux extrêmes, violemment, mais à partir d'une multiplicité, une profusion sauvage et dansante que quelques-uns savent canaliser en accrochant quelques étoiles.

la constellation de

## Nanny, reine des Marrons

**équanimité**, **action** (lire page 13), **audace** (lire page 45), **foi** (lire page 137), **honneur** (lire page 169), **intégrité** (lire page 187), **légitimité** (lire page 227), **souveraineté** (lire page 337), **ubiquité** (lire page 371), **xénophilie** (lire page 405).

# foi

---

Aucune discipline humaine, pas même les mathématiques, ne s'édifie sans actes de foi, qui au fond révèlent un désir d'harmonie entre des forces contraires ou multiples qui trop souvent s'entrechoquent. On disait jadis des êtres dangereux qu'ils étaient sans foi ni loi. Aujourd'hui, on estime parfois que la liberté, cette valeur dominante, peut se passer de foi, que ne croire en rien est un atout. En réalité, ne croire en rien est impossible, et il importe de connaître ses convictions profondes plutôt que de se laisser manipuler par des idéologies qui nous téléguident malgré nous. La foi intime en une constellation de valeurs, loin des rites d'appartenance et du dogmatisme, est un signe de santé philosophique.

---

Sous un soleil assassin, les prisonniers creusent un trou de cent quatre-vingts centimètres de profondeur et d'un mètre de large. Tout autour d'eux semble trembler ou gémir sous l'effet de la brûlante chaleur. Rien ne bouge si ce n'est leurs corps harassés qui, lentement, coup de pelle après coup de pelle, achèvent leur labeur. Au fond de cette espèce de cercueil, ils transpirent abondamment, langues pendues, le souffle court. Ne pas penser, ne pas réagir.

Ils finissent enfin, épuisés, et sourdement enragés : ils savent que le pire est à venir. Bientôt, du haut de l'ouvrage, les gardiens vont baisser leur braguette et leur pisser dessus. Ils riront, leurs flasques appendices à l'air qu'ils dirigeront comme des lances pour tenter d'atteindre les visages, saluant d'un cri celui qui fera mouche le premier. Puis ils les feront sortir, reboucher le trou et regagner leur cellule sans avoir le droit à une douche. Le même rituel, chaque semaine.

Mais aujourd'hui, le matricule 46 664 a décidé d'agir. Il va tenter de briser le supplice par la seule parole. Il mesure l'importance du risque pris, mais il a désormais foi en la méthode de lutte qu'il a mûrie depuis des années. Changer le paradigme, comprendre l'adversaire, voire l'aimer. Juste avant que le premier garde ne passe à l'acte, subitement, dans l'afrikaans des oppresseurs, il lui crie, d'une voie forte mais calme : « Alors, jeune homme, pensez-vous vraiment que votre mère serait fière de vous ? Et que direz-vous au pasteur à confession ? Que répondrez-vous à votre enfant lorsqu'il vous demandera si vous êtes un homme de bien ? »

Le garde tétanisé ne bouge plus, le regard fixé sur le prisonnier, comme s'il découvrait son existence. Il remonte sa braguette d'un geste mécanique, lui crache dessus en râlant et lui ordonne de sortir et de reboucher. Il s'éloigne et les deux autres gardiens font de même. Le matricule 46 664 exulte intérieurement. En parlant sa langue, il s'est brutalement et soudainement « civilisé » aux yeux du gardien.

Depuis des mois, dans sa minuscule cellule, il a durement travaillé pour assimiler ce dialecte ardu et brutal. Une langue venue du Nord, terriblement ordonnée, aux arêtes coupantes. L'inverse du langage tout en rondeur et en délicatesse qui a bercé toute son enfance. Mais après tout, toute langue a sa beauté dès lors qu'elle permet le contact entre deux personnes.

Ils ont fini de reboucher et désormais marchent pesamment pour regagner leur cellule. 46 664 observe l'orgueil retrouvé dans le regard de ses codétenus. Il sait désormais le chemin à suivre. C'est une conviction. Il faudra dominer totalement leur langue ainsi que l'anglais, s'armer intellectuellement pour vaincre dans la durée, écrire, mobiliser toutes les consciences. Ici, dans cette prison de Robben Island, il va créer une université pour instruire ses troupes.

Il songe à sa culture ubuntu sans laquelle il aurait cédé à la facilité, celle de haïr ces hommes-là, celle de laisser son âme s'emplir de rage et de brutalité, celle d'oublier que derrière leurs uniformes, ces gamins de vingt ans ne sont que des enfants. Il faut une force surhumaine pour ne pas haïr l'imbécillité perverse. Et cela aussi, il faudra l'expliquer, le faire accepter, de ses amis, de ses frères de combats qui n'auront que la vengeance en tête. Un vaste combat sur deux fronts, tel sera son destin.

« Ces gardiens sont des Africains eux aussi maintenant », lui a susurré un jour le vieil esprit des savanes. Tout est limpide désormais : il devra tenir cette ligne ténue, fine, vulnérable qui se situe entre les deux parties en conflit, pour maintenir la peur en laisse, pour rejeter les incendiaires des deux camps, pour museler de force les haines et les ressentiments. Tous ont peur, les opprimés qu'il représente, mais aussi ceux parmi les oppresseurs qui craignent le grand retour de balancier, la persécution à rebours, voire l'expulsion.

« Oui, il faudra pardonner et protéger les droits des Blancs dès lors qu'un homme vaudra une voix et que nous aurons repris le pouvoir », songe Nelson. Ce sera long, mais il peut gagner ce combat. « Nous sommes tous liés et mon humanité est inextricablement liée à celle de ce jeune gardien », songe-t-il. À cet instant, le matricule 46664 sourit. Il perçoit les pas des officiers qui s'éloignent de sa minuscule cellule après l'avoir verrouillée. Nelson Mandela a décidé de se battre pour tous, même pour eux.

## L'inspiration

La foi a parfois mauvaise presse car on l'associe à tort à la seule religion. Mais au fond, qui peut exister sans foi ? Combien de personnes sont capables de glisser de jour en jour, de circuler d'activité en activité, sans aucune sorte de croyance, ni foi dans leur choix de vie, ni foi dans les autres, ni foi parfois dans leur foi officielle, fût-elle une église, une vision du monde ou un régime politique comme la démocratie. La question de la foi ne concerne pas fondamentalement l'athéisme ou une religion organisée, mais la conviction, en quelque sorte un élan vital conscient, une relation avec une idée ou une personne, une orientation persistante. En somme, une grande confiance.

Hegel disait que rien de grand ne se fait sans passion. Sans fidélité à des principes, peu s'édifie. Et, à l'inverse, lorsque la foi est trop forte, elle est proche de s'autodétruire, trop ardente pour être durable ou pour faire monde. La foi est un pari patient, comme le suggérait Pascal au XVIIe siècle. Presque une décision, elle n'exclut jamais le doute, car il faut un peu douter pour continuer à penser, mais elle exclut le nihilisme qui nous transforme en machines perverses ou inconscientes.

Le paradoxe de la foi est que lorsque celle-ci se fait rare, elle ne disparaît pas pour autant : elle devient plutôt *mauvaise*, dirait le philosophe Jean-Paul Sartre.

La mauvaise foi, c'est la lâcheté de celui ou celle qui se réfugie derrière une sorte de fatalisme existentiel – une enfance malheureuse, l'injustice structurelle du monde, la loi du plus fort, la bêtise ou l'enfer des autres, la corruption – pour expliquer son acceptation de l'ordre établi ou de l'ordre des choses, et sa lâcheté vis-à-vis de la responsabilité envers ses propres actes. «Je suis impuissant car les dominants m'ont souvent humilié» ; il y a dans une telle affirmation une foi dans le pouvoir castrateur du passé, une adhésion presque fétichiste au reflux du ressentiment, une croyance dans la solidité de la réalité et la causalité déterministe du passé. Les postures nihilistes sont sans espoir et sans liberté. D'un autre côté, celui qui a besoin de maints signes extérieurs de croyance, de cent rituels, de commandements, de menaces et de puritanisme, de miracles quotidiens, est sans doute une personne qui doute infiniment : elle trouve nécessaire de se museler pour croire, ou de s'entourer de fétiches et de preuves tremblantes. La foi est un monologue intérieur, celui de tous les hommes dans leurs diverses prisons sociales. Sans foi en quelque admirable horizon, nous vivrions dans l'angoisse ou l'ennui.

Le président Mitterrand, conseillé par le publicitaire Séguéla, avait trouvé ce slogan efficace : « La Force tranquille ». Il faudrait privilégier en chacun une *foi tranquille en la vie et ses pouvoirs régénérateurs*, quelque chose comme un sourire de Joconde qui point trop n'en fait, mais qui ose s'éveiller à l'esprit et à l'action. La foi tranquille, c'est une demi-folie, l'envie que la réalité ne soit pas si différente des rêves personnels. La foi tranquille, ce serait aussi le résultat d'un dialogue avec son destin : l'âme a pris des risques mais elle n'est pas morte, elle mûrit plutôt, apprend à rire de soi sans perdre pied.

Mais s'il y a une foi tranquille, peut-il y avoir aujourd'hui une grande foi, quelque chose comme une nouvelle religion sans figure du père, sans naïveté anthropomorphique, sans breloques menaçantes ni mascarade humide ? Le postmodernisme nous a fait croire que nous pourrions vivre ensemble sans croire et sans être d'accord : le résultat c'est par exemple le relatif pouvoir pris aujourd'hui par des églises lointaines ou ésotériques. Le sommeil de la spiritualité engendre des monstres, sans doute autant que l'excès de spiritualité sans questionnement philosophique. La foi est cet état qui n'a pas besoin de surproduire pour combler le vide et l'angoisse. Elle sait laisser venir à soi, portée par son pouvoir créateur au pied du mur de nos prisons réalistes. Cette foi-pari dans le principe de création, les enfants l'appellent magie, les artistes imagination. Mozart lui-même, pourtant un génie de la technique musicale, ne se sentait heureux que lorsque la créativité lui échappait tout en s'accroissant, comme prise en charge par une force supérieure. On l'a compris, la foi et la croyance sont ubiquitaires, sans doute plus sacrées que ce qu'elles produisent, car notre désir de croire en un principe unificateur est impérissable.

À moins que ce ne soit le contraire, que loin de ce besoin universel, la foi suprême soit une ouverture au singulier, à l'infinitésimal, à la différence du maintenant, cette profusion étrange de formes de vie dont nous rêvons la cohabitation et l'harmonie.

la constellation de

## Nelson Mandela

**foi**, **bienveillance** (lire page 59), **intégrité** (lire page 187), **légitimité** (lire page 227), **œuvre** (lire page 267), **ténacité** (lire page 363), **xénophilie** (lire page 405).

# France

La France est-elle une valeur ? Les États-nations ont-ils encore une fonction dans un monde où tout se joue dans les transactions internationales ou virtuelles ? Regardons la culture française depuis quatre siècles : son utilité, c'est l'inutile, la poésie contre la loi, le détour contre l'efficacité, l'utopie au cœur de la Constitution, le panache au cœur du chaos. Certains aujourd'hui veulent faire de la France un pays efficace, une minicopie de la Chine ou des États-Unis. Il est toujours dangereux de prôner l'expérimentalisme, mais en même temps ces vieux pays qui ont dominé l'Europe et le monde semblent parfois tellement paralysés par leurs querelles intestines ou leur obsession de la modernisation que seule une joyeuse explosion de délire créatif pourrait peut-être les remettre sur le devant de la scène du théâtre de la joie de vivre.

On frappe. Une femme au tailleur strict entre sans attendre, et lui dit : « Monsieur, la salle commence à se remplir. Il faudra venir au plus tard dans trente minutes. Vous êtes prêt ? »

Il attend que la femme sorte puis noue sa cravate. Arborer un costume noir élève la solennité du moment. Il s'est installé derrière un bureau Louis XV. Il relit une dernière fois son texte, le stylo à la main. « Est-ce que le général appréciera ? », songe-t-il, non sans inquiétude.

Il ne veut pas décevoir. Le poète connaît l'exigence du grand homme. Il est conscient aussi que la teneur de son écrit doit coller aux impératifs de la nécessaire « politique d'apaisement » entre la France et l'Allemagne. On scrutera ses formules, ses raccourcis, ses ellipses. Il lui a fallu restreindre les écarts poétiques qu'il chérit mais qui ouvrent, nécessairement, une part d'interprétation ; un danger, ce danger qu'il aime et que la diplomatie abhorre.

Le doute s'installe en lui, et l'urgence de la situation se mute en une forme de panique incompréhensible. « Moi, songe-t-il, suis-je digne de ce discours officiel que je lirai au nom de la France ? » Peut-être vaudrait-il mieux qu'il abandonne cet honneur au secrétaire général de l'Académie ? Le bougre trouvera bien quelque chose à dire. Cette soudaine terreur lui rappelle celle qu'il éprouvait lorsque lycéen, en classe, un professeur lui demandait de se lever et de répondre à une question. Il sentait le regard des autres élèves prêt à se moquer du « nègre ». Très tôt, à l'école, il avait compris que pour rabattre le caquet à ses camarades condescendants, il lui faudrait maîtriser l'art de la conversation, celui de convaincre et d'inventer la formule qui fait mouche. Jeune, il avait deviné que les mots constituaient un instrument de puissance, que leur usage précis et coordonné renforçait l'impact d'un argument, et qu'un large et profond vocabulaire s'apparentait à une inépuisable réserve de munitions. « Nommer les choses, c'est leur donner vie. » Et des mots, la langue française n'en manque pas.

On frappe à la porte à nouveau. « Donnez-moi dix minutes », impose-t-il d'une voix grave, « J'arrive, qu'on ne me dérange pas. » Il se relit à nouveau, rature quelques phrases, invente une formule ici, patine l'expression là, fébrilement. Il savoure cette langue puissante, subtile. Il est, dit-on, l'un des plus grands poètes du monde vivant, il est Léopold Senghor, président du Sénégal, et il aime la France comme une mère.

Il se sent gagner par un légitime sentiment d'accomplissement. II est heureux comme un enfant. Le discours de bienvenue de Konrad Adenauer à l'Académie des sciences morales et politiques est prêt et il s'en sent plutôt fier. Il se lève et quelques minutes plus tard, au pupitre, avec calme et détermination, il entame son discours : « Monsieur Adenauer, l'étudiant sénégalais qui fréquentait la Sorbonne dans les années 1931-1935 n'aurait osé rêver pareil honneur. Car il savait, comme le sait, aujourd'hui, l'homme d'État, que l'Institut de France, dont l'Académie des sciences morales et politiques est une des classes, exprime, d'une façon remarquable, ce génie français qui a joué et continue de jouer, de par le monde, un rôle de levain spirituel. »

## L'inspiration

La France est une réalité et une idée vacillante. Sous ces deux aspects, elle a toujours évolué, et continue de le faire. On est en droit de se poser au moins deux questions : y a-t-il encore une réalité spécifiquement française, ou allemande, ou européenne ? Y a-t-il encore une idée de la nation France ?

L'assemblage de provinces désunies qui composait le pays mit du temps à devenir une nation. Il a fallu un roi absolutiste puis une révolution violente pour donner à Napoléon la possibilité d'établir l'État bureaucrate et centralisé que l'on connaît. L'apogée impérial de la France précéda de quelques décennies son chant du cygne en tant que centre culturel et politique de l'humanité. Au XIXe siècle, le nouvel État-nation eut le temps de répandre sur le monde, parfois sur un mode colonialiste, l'héritage des droits de l'homme, fruit d'une nuit d'ivresse à l'Assemblée nationale constituante. Ces droits humanistes peuvent être critiqués, mais ils sont depuis deux siècles, partout, une inspiration et le démon tutélaire de bien des libérations.

Bien entendu, en France comme ailleurs, le progrès de l'égalitarisme a fait le jeu du capitalisme, qui a aujourd'hui absorbé le communisme pour créer peu à peu un précariat global où chacun est plus ou moins dominant et dominé, mais très peu sont vraiment libres. Nombreux sont ceux qui pensent que la France, comme la plupart des pays d'Europe, n'est plus qu'une province surpeuplée du royaume global et que son esprit s'est perdu ou a raccourci à force de lavages internationaux. Pour trouver l'idée actuelle et future de la France, par-delà le discours volontariste fatigué qui est commun à toutes les vieilles nations européennes, il peut être recommandé de quitter le pays pour prendre du recul et comprendre comment le monde voit la France : d'abord comme un cliché touristique et passéiste.

Il n'y a plus de raison aujourd'hui de considérer la France comme une terre de levain spirituel plus qu'une autre. Le philosophe Hegel écrivit au XIXe siècle que chaque peuple, chaque pays, avait son apogée historique universelle, puis retombait lentement dans la pâle copie d'elle-même. Pour lui, l'apogée spirituel de la France fut symbolisé par la Révolution et Napoléon à cheval. Pour d'autres, ce fut Louis XIV ou Descartes, le Grand Siècle. Beaucoup étouffent aujourd'hui dans l'enceinte des nations européennes et leur esprit de clocher, sans être pour autant inspirés par l'Europe, qui peine à devenir une épopée politique.

Entre gesticulation désordonnée vers l'innovation mercantiliste et cliché touristique, la France vue de l'étranger peut parfois incarner les idées de la pensée comme valeur (l'intellectualisme), de la résistance comme vertu (les grèves), et de l'utopie comme nécessité (refaire le monde autour d'une bouteille de vin). La France est-elle devenue une idée impossible ? Soyons optimistes : disons plutôt une idée de l'impossible, d'une transcendance de soi ; les nations européennes deviendront des prisons cognitives si elles ne créent pas un espace philosophique commun. Au XXe siècle, ce sont les idées américaines qui sont devenues mondiales : une certaine arrogance cool et une pétulance satisfaite, une obsession de faire que tout soit commerce. Aujourd'hui, malgré cela, le monde est chinois dans ses objets, ses machines et même ses virus.

Cela dit, les plus hauts moments de la France ne sont pas forcément derrière elle. Napoléon fut peut-être aussi un voyou utilisant le désir de changement qui courait dans l'Europe pour assouvir sa soif de vengeance de colonisé corse – une haine secrète de la France déguisée en passion conquérante suicidaire. La Révolution française fut aussi la porte ouverte au laisser-faire dérégulé du capitalisme et la destruction d'un certain lien social basé sur les corporations et le respect de l'artisanat communautaire. Qu'est-ce alors que la chance de la France, sa possibilité d'influer demain sur l'esprit du temps mondial ? Elle est double : elle s'exprime d'une part toujours dans cette formule de l'*Internationale*, écrite par Eugène Pottier en 1888 : « Du passé faisons table rase ». C'est bien entendu excessif, mais l'idée est d'alléger ses entraves et de se tourner vers les possibles. Une attitude qui doit se doubler d'une vigilance, celle de ne pas oublier que pour faire table rase, il faut avoir une table. Tradition et innovation doivent se donner la main, ce que permettra peut-être demain une civilisation écologique.

Le philosophe anglais Jeremy Bentham qualifia en 1795 les droits de l'homme de la France révolutionnaire de

« *nonsense upon stilts* » : une aberration marchant sur des échasses. Mais dans un monde qui devient de plus en plus marécageux, il est parfois utile de marcher sur des échasses pour préserver sa singularité. L'idée de la France est peut-être encore fraîche et inspiratrice : c'est la philosophie descendant dans la rue avec des échasses, cette idée qu'à l'utopie nous sommes tenus. Ceux qui descendent dans la rue pour ne demander que des points retraite ne sont-ils pas en partie déjà morts et ne font que parodier ce que la France pourrait proposer au monde : le fait que la philosophie et la poésie, une fois descendues dans la rue, puissent revenir dans chaque maison, dans chaque école, dans chaque cœur, pour penser le monde de mille autres façons, sans hargne, sans méchanceté, sans jalousie. Comme le dit le poète et philosophe Jean-Claude Pinson, ce qu'il faut défendre, ce n'est pas tant le prolétariat, qui a de fait conquis le monde à partir de la Chine, mais le *poétariat*, nos âmes poétiques sans cesse humiliées. Une idée de la France, c'est aussi l'idée du Sénégal ou de l'Allemagne par exemple : « *Was ist deutsch ?* », demande Léopold Sédar Senghor dans son discours en l'honneur d'Adenauer. Et il répond : ce qui est français, ou allemand, ou chinois, c'est ce qui est humain ; le respect pour le sens de l'Histoire, cette marche non linéaire, lente, mais tenace vers un monde meilleur. Plus précisément, nous dirons, ce qui est français, ce qui est international, ce qui est humain, c'est le poème du monde, la création authentique qui vient de l'âme, une

L joie de vivre métaphysique qui ne cède pas à l'efficacité des machines. La France est morte, vive la France en tant qu'horizon personnel !

la constellation de

## Léopold Senghor

**france**, **admiration** (lire page 21), **création** (lire page 89), **universel** (lire page 381), **xénophilie** (lire page 405).

# générosité

Voici une valeur qui semble universelle. Qui oserait critiquer la générosité ? Mais on la comprend souvent comme une capacité de donner, de combler souvent par des voies matérielles, avec des objets. En réalité, la générosité est un art de recevoir. Recevoir l'inouï, l'invisible, ce dont la plupart ne semblent pas vouloir. Le généreux est voyant, il sait quels aliments spirituels lui conviennent dans le chemin de funambule qui part de soi et qui va vers l'Autre, l'idéal, le sacré, le Créel. La surabondance du Grand Autre, lorsque nous savons la recevoir, nous donne ensuite l'énergie de donner comme par ricochet, sans attendre rien d'autre en retour que la grandeur d'être fidèle à son destin. La générosité est au calcul ce que la créativité est à la technique : un débord qu'il faut savoir harmoniser.

Roman Kacew s'interroge dans son lit ; pourquoi ne croise-t-il plus Mme Murat dans l'escalier de l'immeuble ? Il l'aime bien, Mme Murat, toujours droite comme un I, habillée telle une grande dame. On raconte dans ce vieil immeuble de Vilnius qu'elle serait une ancienne comtesse, même si sa mère en rit : « Mon petit Roman, elle n'a aucune allure, comment voudrais-tu qu'elle soit comtesse ? Il faut que tu apprennes à reconnaître le rang de chacun mon garçon ! »

Roman l'aime bien quand même M^me^ Murat, elle lui fait souvent des clins d'œil en cachette lorsqu'il la croise et il trouve ça drôle. Elle râle aussi chaque matin lorsqu'il la dépasse dans l'escalier en sautant de côté pour aller à l'école : « Mais quand est-ce que tu vas faire attention, mon gamin ! » Elle se plaint, mais lui sait qu'elle lui sourit. C'est un peu leur rituel quotidien ; il attend que sa porte claque pour sortir à son tour et entamer la descente pour la rattraper au niveau du deuxième étage. Cette espièglerie lui permet d'échapper à l'attention dévorante que sa mère lui voue et dont il pressent déjà qu'elle modèle son être et corsète les contours de sa vie future. L'affection de sa voisine, c'est autre chose, une caresse délicate et retenue, et non une étreinte étouffante.

Mais voilà deux semaines que M^me^ Murat ne sort plus.

« Le froid sans doute », lui explique sa mère. Roman a entendu dire que des vieux meurent de la rudesse de l'hiver. Il s'inquiète. Ce matin, il frappe à la porte et remonte les escaliers en courant pour se réfugier chez lui. Il écoute en retenant sa respiration, mais rien, rien ne vient, pas un bruit si ce n'est son propre cœur qui bat la chamade. Il redescend au ralenti, colle son oreille contre la porte d'entrée. Il hésite encore. Mais il faut qu'il sache, il ne peut pas être peureux, lui qui est déjà capable de lire les récits sanglants de *Guerre et Paix*. « Tu crois que Napoléon hésiterait ? », songe-t-il.

Il frappe et recule. Un léger bruit de pas, et la porte s'ouvre. Mme Murat ? Mais pourquoi ses cheveux blancs pendent-ils ? Pourquoi est-elle en chemise de nuit ? Pourquoi est-elle toute courbée, comme à la dérive ?

« Ha, c'est toi ? soupire-t-elle, qu'est-ce que tu veux ?

– C'est à cause du froid ? Vous êtes toute seule ? »

Roman remarque que le regard de Mme Murat s'assombrit.

« Et quand est-ce que vous allez sortir de chez vous ?

– Tu es drôle mon gamin, tu te préoccupes de moi alors que mon fils me dit depuis deux mois qu'il a trop de travail pour venir me voir. Les vieilles comme moi, tu sais, ça ne sert plus à grand-chose… »

Roman se sent affreusement triste sans bien comprendre pourquoi. Il a envie de pleurer mais une sorte de révolte prend le dessus :

« Madame Murat, vous ne servez pas à rien ! Moi j'ai besoin de vous voir avant d'aller à l'école, ça me donne du courage quand je vous dépasse et que vous faites semblant de pas être contente !

– C'est gentil mon garçon.

– Mais non, c'est pas pour être gentil. Et puis il paraît que vous êtes une comtesse, alors comme je lis Tolstoï, vous pourrez m'expliquer la différence entre les comtes et les marquis car il y en a plein dans mon livre ? Et plein d'autres choses que je ne comprends pas mais que je n'ose pas demander ?

– D'accord mon petit. Allez, va voir ta mère maintenant », répond la vieille femme d'une voix tremblante.

En refermant sa porte, Mme Murat décide de s'habiller et d'aller faire des courses. Elle attache maintenant consciencieusement son chignon, redresse la tête et se dit que la vie est bien généreuse de lui avoir mis le petit Romain Gary sur sa route.

### L'inspiration

Les nouveau-nés viennent d'un monde extraterrestre où tout abonde de possibles. Et puis, peu à peu, tout s'étrique et ils apprennent à dire : « C'est à moi ! » ou bien : « Ceci n'est pas possible ! » Les enfants apprennent de certains adultes qu'il n'y a qu'une poignée de voies royales et de titres de noblesse, et qu'il faut sacrifier sa fantaisie aux recettes préétablies. Tu feras avocat ou ingénieur ! Tu seras mince et riche ! Bien entendu, il y a maints parents qui se veulent plus ouverts et généreux, qui laissent l'enfant pousser sans trop de discipline.

Mais les impératifs catégoriques, les idéologies, se cachent derrière les plus cool des comportements. Nul n'est si ouvert qu'il voudrait le croire.
Quand deux personnes se rencontrent, trop souvent la question sous-jacente est : « Comment cette personne peut servir mes objectifs ? » On est parfois tellement occupé à amener la personne et soi-même sur le terrain du succès standard qu'on oublie de s'interroger sur les fins elles-mêmes. Une rencontre généreuse est précisément une opportunité de redéfinir, si nécessaire, le désir, les priorités à long terme, dont certaines sont inexplorées. Être généreux, dans ce sens, ce n'est pas tant donner, boucher les trous avec des dons parfois embarrassants, mais au contraire savoir recevoir, écouter, laisser venir. À la racine du mot générosité, il y a l'idée de création : la noblesse d'âme est une spontanéité qui ne revêt pas de masque et qui assume sa propre intégrité, sa complicité avec la plénitude contagieuse de la vie. C'est le difficile don d'être soi-même tout en s'oubliant, malgré les coups que l'on prend lorsque notre enthousiasme est accueilli avec froideur, tiédeur, indifférence.
Une idée peut aussi être perdue à force d'être maltraitée et pervertie. La générosité est de ces vertus difficiles mais apparemment photogéniques dont beaucoup se sentent obligés de se réclamer en public, tels les bienfaiteurs de Hollywood. Est-il généreux de se sentir obligé de paraître généreux ? Emprunter à une société corsetée un kit d'idées fixes concernant ce qui doit être fait pour être jugé généreux ou pour que la société soit généreuse à

notre égard, n'est-ce pas en fait manquer de grandeur d'âme ? Générosité bien ordonnée commence par soi-même : elle est la sœur jumelle du courage d'être soi, d'être autre, d'accueillir les différences plutôt que de se conformer à la morale facile de la charité ambiante. Le vrai généreux surprend parfois et on ne voit pas toujours en quoi il est prodigue.

On parlait jadis d'*avoir le cœur sur la main*. Cette métaphore un peu sanglante peut prêter à confusion : la main qui donne peut ressembler à la main qui fait la quête. Trop de pseudo-généreux donnent pour mieux recevoir. Recevoir quoi ? Une quittance de bien-pensance ? Un répit ? Certains millionnaires veulent qu'on les laisse tranquilles avec leurs affaires et donnent en passant comme on achète la paix et le silence. Est-il généreux de combler son amie de compliments uniquement pour qu'elle se sente mieux ? Difficile équilibre de la tolérance et de l'amour sévère, mais qui s'avère moins compliqué lorsque l'on ne s'oublie pas soi-même au profit de la norme. La générosité, c'est bien entendu cette honnêteté qui consiste à savoir être ferme avec ceux que l'on aime, lorsque quelque chose fait couac dans l'harmonie de notre musique intime et commune. Nietzsche disait : « Protégez-moi de mes amis, je m'occupe de mes ennemis. » Il n'y a rien de pire, pour l'évolution personnelle, que d'être entouré de personnes bien intentionnées qui ne savent pas éveiller notre esprit critique ou notre lucidité par le questionnement patient plutôt que la flatterie.

Que savons-nous des destins possibles et qu'est-ce qui nous autorise à nous faire juges des formes de vie ? Observons le courage de ceux qui, partant d'une position précaire, vont vers leur risque, comme disait Char : « Impose ta chance. À te regarder, ils s'habitueront[1]. » Être généreux, c'est aussi *donner*… l'exemple. L'exemple de quoi ? Quel risque ? Celui des possibles à créer, de l'inouï. Chaque société définit ses titres de noblesse et ses prix. Ce qui est généreux, c'est d'aider l'âme libre en chacun de nous à inventer une nouvelle forme de triomphe, une nouvelle forme d'abondance, singulière et respectueuse du triomphe vital des autres, comme un hymne à la pensée multiple.

la constellation de

## Romain Gary

**générosité**, **contemplation** (lire page 81), **création** (lire page 89), **joie** (lire page 203), **kaléidoscopique** (lire page 219), **liberté** (lire page 235), **solitude** (lire page 327).

1. René Char, *Les Matinaux*, 1950.

# gré

Que faisons-nous de notre plein gré, avec une joie calme, sans attendre la motivation de la peur ou de la récompense sociale ? Comprendre ce qui nourrit durablement notre être n'est pas toujours immédiat. Le gré est un mot rare, une autre façon de dire l'amour. Nous oublions parfois d'être reconnaissants aux êtres et forces qui conspirent à nous offrir les fondations sans lesquelles nous ne pourrions rien faire de grand. La personne de bonne volonté agit de son plein gré. Que fait-elle ? Elle épouse les rythmes du monde, tente de favoriser l'harmonie des ensembles, le supplément de joie sans lequel la vie n'est qu'un château de cartes anxieux. Créer de l'agrément, c'est placer l'amour, plutôt que l'ego, entre nos gestes et notre horizon.

Mohandas marche, lentement. Il espère en chaque pas un apaisement de l'âme. Mais rien ne vient cette fois. Il a beau avoir parcouru plus d'une cinquantaine de fois l'étroit chemin qui contourne le jardin face au palais, la douleur le tient par la gorge. Le plaisir d'être enfin à l'air libre, la magnifique pelouse saupoudrée de palmiers qui tentent d'arracher au ciel quelques nuages, la douceur des senteurs d'épices qui s'échappent des cuisines, rien de cette apparente harmonie ne peut lui faire oublier le drame qui s'est joué la veille. Sans cesse le visage de sa femme à l'agonie lui revient. Il ne se souvient pas lui avoir caressé le visage ou simplement pris la main depuis des années.

À quel moment a-t-il oublié qu'elle avait besoin de tendresse ? Depuis qu'il est un personnage public, sa femme a toujours été à ses côtés, de tous les combats, de tous les sacrifices. Elle s'est tenue discrète, soutien indéfectible, fidèle, alors qu'au début de son mariage elle était rebelle et indépendante, ce qu'il n'avait pas toléré, la traitant même de « vache obtuse ». A-t-elle choisi son destin ? Au fond elle n'a pas eu le choix, il l'a sacrifiée à sa cause.

Sous le regard inquiet des gardes qui le surveillent, l'homme se fige, se met à genoux, et la tête baissée, il murmure : « Pardonne-moi Kasturba ! Pardonne-moi ! Combien de fois as-tu eu besoin de moi avec tes bronchites chroniques et tes pneumonies ? J'ai pourtant tout donné au peuple et rien à la femme qui m'aimait dans le silence. Cher Léon Tolstoï, comme j'aimerais que tu sois là pour entendre ma confession, ce poids des péchés que vous, Russes, comprenez si bien ! Tu m'as écrit que j'ai beaucoup fait pour faire avancer la liberté, par mes centaines de mobilisations politiques, des marches interminables, et ces ashrams où ma femme a épuisé sa santé, ces jeûnes à répétition où je me suis tant mis en scène. En réalité, mon ami, tout n'était peut-être qu'imposture. J'ai voulu le bonheur de tous sans être capable d'offrir de l'attention et des preuves d'amour à ma chère épouse et à mes propres enfants ! »

Il perçoit un officier anglais qui s'approche. Il se relève difficilement. « Ne rien montrer de sa faiblesse à l'occupant », songe-t-il, épuisé. Depuis qu'il a lancé « Quit India ! », en pleine Guerre mondiale, précisément à ce moment de l'Histoire où l'Empire aurait eu besoin d'eux, le sang coule partout dans le pays. Une répression sévère, le cycle de violence, œil pour œil, dent pour dent, tout ce qui lui a toujours répugné. La plupart des dirigeants du parti ont été emprisonnés, certains avec lui dans le vieux palais d'Aga Khan.

Il ressemble à ce figuier des banians devant lui, noueux et las ; il pense de nouveau à sa femme et lève les yeux en implorant. Le ciel crépusculaire délivre désormais de curieuses variances d'orange et de rouge. Mohandas observe, ému, ce spectacle, inspire et expire lentement puis reprend sa marche. Son esprit s'élève et il observe à l'horizon les milliers de villes et de villages de cet immense pays auquel il a décidé de consacrer sa vie. Il est bien trop tard pour renoncer. Tous voient en lui le roseau qui plie mais ne rompt jamais.

Pour autant, que sait-on de ses faiblesses, de ses petitesses, de ses ingratitudes, de ses désirs, de cette dureté envers ses proches que lui a imposés sa mission ? Les hommes aiment tant les légendes. Pourtant il serait bon qu'ils apprennent cette vérité, il faudra qu'il écrive tout ça, qu'il leur offre son imperfection en repentance. Gandhi soupire : « Désormais, j'ai perdu l'amour, il me reste mon combat ; l'indépendance et l'unité de l'Inde enfin réalisée. »

## L'inspiration

Le monde des valeurs n'est pas mécanique et ne se renouvelle pas en appuyant sur un bouton ; il est comme un océan de ressources rares ou comme une langue secrète à la portée des thaumaturges. Le gré se cache dans les recoins les moins « performants » de nos dictionnaires électroniques ; sans doute une majorité de nos contemporains connaît encore l'expression « de gré ou de force », qui signifie *volontairement ou par contrainte*, mais pour beaucoup, le mot *gré* semblera caduc.

Le gré est à la racine de la volonté, qu'elle soit bonne ou mauvaise : *bon gré mal gré*. Qui convient encore d'un accord « de gré à gré » sans l'appeler plutôt « à l'amiable » ? Plus rare encore : qui exprime sa gratitude en vous sachant gré de l'avoir aidé ? Qui vit *au gré des circonstances* ? Bref, un mot fossile, voire pédant, dira-t-on. Pourquoi vouloir sauver le mot *gré*, parmi d'autres, s'il en existe de plus communs qui veulent dire à peu près la même chose ? Tout d'abord parce que ce mot en compose d'autres plus courants, comme *agréable*. Dérivé du latin *gratus*, le mot exprime aussi une forme de joie volontariste, avec un air de famille avec la

gratitude. Celle-ci est nécessaire pour mener une vie bonne.
Par ailleurs, une langue ne devrait pas suivre les statistiques de popularité ni privilégier par souci d'efficacité les mots plus fréquemment usités, ce que pourtant nous tendons tous à faire au gré des jours. Une langue, est-ce un réseau ferroviaire dont on fermerait les lignes les moins rentables ou un supermarché dont chaque rayon doit être optimisé pour maximiser le flux des marchandises? Il faudrait pouvoir en faire à sa guise dans le choix des mots – autour des limites d'une grammaire ou d'un style – sans avoir peur d'être jugé dépassé ou ridicule : les mots qui en apparence ne servent à rien, et qui sonnent comme les notes d'une boîte à musique baroque, devraient pouvoir être régénérés sans stigmatisation ni obligation, pour le plaisir de la diversité littéraire. Et pourtant, dès l'école, la pression de la mode oblige les enfants à sacrifier tout un pan de leur créativité, de leur humour, de leurs possibles, faute de mots pour le dire différemment. Parallèlement, certains mots deviennent forcés, autant de signes tribaux de reconnaissance, autant d'automatismes.
La question du « plein gré » mérite plus que toujours d'être pensée au temps des automates. Aristote, dans son *Éthique à Nicomaque*, distingue les actions qui sont accomplies de plein gré et celles qui le sont contre gré. Il s'agit de déterminer la responsabilité de celui ou celle qui agit : dans quelles circonstances doit-il être récompensé, puni ou ignoré? Il y a un lien entre le gré

et la justice, mais il faut ajouter que pour les Antiques, le gré est aussi une question de vertu personnelle. Le bon gré, cette capacité de distance active vis-à-vis de ce qui nous arrive, Aristote l'appelle *prohairesis*, une forme de choix, de décision ou *sélection volontaire*, un désir rationnel gouverné par le sens du juste milieu. Pour agir de plein gré, il est préférable de sélectionner les éléments du réel que nous choisirons de privilégier, et d'abandonner ce qui ne nous mènera pas à bonne destination, malgré les atteintes que les circonstances ou d'autres humains nous infligent et qui peuvent nous affliger.

Nier la décision volontaire et ne jurer que par notre déterminisme ou telle aliénation passée, ce serait de la mauvaise foi. Nous sommes un navire qui ne doit pas flotter seulement au gré du vent qui le fouette. Ce vaisseau peut avoir un capitaine, un timonier conscient – c'est cela que l'on doit appeler le soi philosophique, un idéal de capitaine ou de pilote de la connaissance : non pas le caprice, ni la dispersion, mais la créativité du navigateur qui part à la conquête des continents inexplorés. Il sait et ne sait pas où il va tout à la fois. Il fait chanter tous les autres grés, les bonnes volontés, en les faisant conspirer au même but : atteindre une nouvelle terre, un paradis peut-être.

Bien entendu, ces libérateurs ne sont pas seulement des anges mais aussi des guerriers, ils oublient parfois de reconnaître l'amour de ceux qui les entourent, tout près, ou la grâce de ce qui les environne. Tous ne courent pas après la gloire ou le grand acte héroïque. Il y a des êtres qui veulent vivre de leur plein gré dans l'ombre attentionnée des ambitieux. Il y a des êtres qui aiment la vie et les autres sans raison, de manière inconditionnelle, parce que leur caractère aspire à l'agrément universel.

la constellation de

## Gandhi

**gré**, **action** (lire page 13), **audace** (lire page 45), **élévation** (lire page 121), **intellect** (lire page 195), **joie** (lire page 203), **légitimité** (lire page 227), **réaliser** (lire page 309).

# Honneur

Il fut un temps où l'on se provoquait en duel par sens de l'honneur bafoué. Cela nous paraît bien étrange aujourd'hui, voire peut-être ridicule. Pourtant des adolescents se suicident chaque jour parce qu'ils sentent que ce monde – ou bien eux-mêmes – manque de ce sens de l'honneur qui est si proche de l'estime de soi et du désir d'avenir. L'étymologie de l'honneur renvoie à la réputation, c'est-à-dire au fond à l'idée que nous avons de notre plus haut destin. Ne pas accepter ce qui ne nous paraît pas honorable est parfois un risque, mais aussi un soin de soi qui, à force de patience, porte ses fruits. L'honneur se verra sur notre visage avant la mort, dans ces instants de lucidité où la vérité de notre vie se dévoile à nous, fil rouge de sens au-dessus du chaos apparent.

Elle est allongée sur son lit, dans l'immense chambre baignée de soleil par les larges ouvertures creusées dans la pierre brute des murs. Les mains crispées sur sa tunique, elle se mord les lèvres. Elle sait qu'elle doit prendre sa décision au plus vite, avant que les soldats ne viennent l'arrêter. Faut-il les laisser accomplir leur besogne et se laisser enchaîner ? Va-t-elle accepter d'être exhibée telle une catin devant la plèbe ? Ou fuir par les galeries secrètes du palais ? Aspire-t-elle à un destin de martyre ou à celui d'une éternelle fugitive ?

Se livrer à eux, ce serait une humiliation, une honte pour son peuple, par sa faute à elle. Elle s'avancerait sous les huées de ceux qui ne voient dans son incroyable histoire d'amour qu'une ruse démoniaque pour prendre le pouvoir. Il n'y a pas de doute, il faut qu'elle leur échappe, et c'est aussi ce que son amant aurait voulu. Elle songe à lui, le père de ses trois enfants. Elle l'a détesté ces derniers mois : elle a haï sa faiblesse, son manque de combativité qui les a amenés à la défaite, et surtout elle n'a rien pu faire contre cette lente et irrésistible autodestruction qu'il s'est infligée par d'épaisses beuveries quotidiennes avec ses compagnons de combat, ces soirées de décadence qu'elle a fui pour ne pas avoir à subir le spectacle de son mari entouré de courtisans adipeux et pervers. « Ils l'ont pourri jusqu'à l'os. »

Marc Antoine a même tenté de la violer à l'aube au sortir de ces agapes, mais il y a quelques jours, il s'est racheté, tragiquement, et maintenant elle songe à lui avec amour, elle ne veut retenir que son meilleur visage et la dernière preuve de sa flamme ; la croyant morte, il s'est enfoncé le glaive dans le ventre, pour elle, et les heures de souffrance ont été longues avant la fin. Il s'est tué par passion et elle en ressent de la fierté. Elle a aimé ce héros, sa virilité, sa puissance, sa folie aussi. Elle a su le séduire en usant des enseignements que sa civilisation lui a transmis. Elle a enflammé chaque parcelle de sa peau, lui a appris de nouvelles manières délicates de faire l'amour, mais le piège l'a finalement enchaînée elle aussi. Ayant fait un poème de leurs ébats, elle s'est éprise de lui. Ce qui devait n'être que séduction politique, manœuvre pour faire son devoir et défendre son peuple l'a conduit au plus sublime des honneurs, celui d'être aimée. Il s'en est fallu de peu pour qu'ils dominent à eux deux le monde entier.

Mais Octave a vaincu, car Marc Antoine s'est laissé vaincre. Désormais, elle a peu de temps pour choisir ce qui protégera au mieux son peuple et ce qui est digne de son rang. Fuir pour entrer en résistance depuis les terres du Sud ? Rejoindre ces quelques sénateurs qui complotent et se cherchent des alliés ? Se rendre à Octave, et tenter de gagner la cause de son peuple ?

« Non, Octave ne cédera pas, songe-t-elle, il a eu trop peur, et il a trop sali ma réputation à Rome pour que je puisse escompter un quelconque poids politique. Il me fera défiler au Colisée, nue et souillée, pour m'humilier et pour donner au peuple le spectacle d'un pharaon déchu, une reine soumise par l'Empereur. » Résister signifierait de larges représailles dont les siens souffriraient ; des arrestations, des tortures, des privations. Elle sait maintenant où est son devoir : protéger son peuple. Elle doit sortir du jeu. Le sacrifice de son amant lui a ouvert la voie.

L'Histoire retiendra sa sortie comme l'élévation jusqu'au sublime d'une tragédie amoureuse. Il s'est suicidé pensant qu'elle était morte, elle le suivra par amour, ne pouvant imaginer vivre sans lui. Les Romains et tous les peuples de l'Empire seront surpris de comprendre que la propagande d'Octave leur masquait une passion sublime. Rien qui apparaisse politique, rien qui puisse engendrer des souffrances pour son peuple, sa disparition doit être la graine d'une légende que les amants se raconteront en s'étreignant, et ce jusqu'à la fin des siècles. Après sa mort, ses ministres auront vite fait de faire allégeance à Octave, qui est trop sage pour pousser plus loin ses pions : il rentrera à Rome pour veiller sur son pouvoir.

Le corps de Cléopâtre est détendu à présent et elle ressent un feu brûlant au creux de son ventre. « Mon suicide doit comporter la puissance d'un cérémonial grandiose. » Des images lui viennent immédiatement, la grande salle des prêtres, des paniers de fruits dont un seul abritera un crotale, l'instant de la morsure, et puis ses fidèles servantes qui se donneront également la mort pour demeurer à son service de toute éternité.

## L'inspiration

Il fut un temps, pas si lointain, où l'on se tenait prêt à mourir pour sauvegarder son honneur, c'est-à-dire pour éviter la honte. Le philosophe Nietzsche a écrit à la fin du XIXe siècle que le pire crime psychologique était de faire honte à quelqu'un, parce qu'on s'en prenait à son sens de l'honneur et de l'estime de soi. Aujourd'hui les duels sont depuis longtemps interdits, et l'honneur est l'un de ces mots jadis dignes qui ont pris un sens vaguement parodique, par exemple lorsqu'il est fait référence dans un film au « code d'honneur » d'un groupe de mafieux bedonnants.

En surface, il n'est pas tout à fait faux d'associer l'honneur à un code collectif. Il existe bien une version plus ou moins rigide de l'honneur qui renvoie à un corset social, au respect des règles d'un milieu spécifique, un esprit de corps. On peut être couvert d'honneurs si l'on se comporte comme un bon serviteur d'un système, plagiant sans cesse et feignant d'ignorer les hommes libres. Mais l'individualisme a mis à mal l'idée d'honneur en tant que vertu commune – pourquoi se sacrifier pour les autres ? D'autant plus que la société de compétition médiatique semble récompenser tous types de monstres humains pouvant être présentés comme des « gagnants », quelles que soient les enfreintes faites aux règles tacites du respect de soi et des autres pour arriver au prétendu sommet.

Que serait une forme d'honneur authentique ? L'origine latine du mot ne renvoie pas qu'aux distinctions honorifiques, mais aussi à l'idée d'élégance et d'estime interpersonnelle. Il y a un art de bien faire – et de ne pas tout faire. Ne pas tricher : c'est en ce sens que l'idée d'honneur pourrait être de nouveau utile à notre société du spectacle, dans laquelle la perversion *light*, la provocation, les retournements de veste ou la bêtise clownesque semblent devenir des exemples de réussite. L'idée d'honneur digne, que certains jugeront ridicule, peut être utile, croyons-nous, à l'accomplissement d'une vie bonne – même si peu admirée par les autres. L'honneur retrouvé, ce serait la force de ne pas rechercher l'approbation d'une société toxique, de n'attendre aucune autre gloire que l'estime de soi et la joie profonde de triompher de son histoire propre, selon notre sens intime de la vérité. *Amor fati* : aime ton destin ! Crée ton destin noblement.

Au milieu du désordre ordinaire se terre l'oubli du sublime, servi chaque jour par les médias comme ersatz chaotique de la beauté : si le monde est monstrueux, pourquoi rester élégant ? L'authentique honneur ou respect de soi est pourtant une stabilité salutaire, qui vient de l'art de conformer son esprit à ce qui serait universellement admirable, un triomphe de la volonté sur la facilité. Une personne d'honneur est une personne qui tient parole et à qui l'on peut faire confiance sans qu'elle soit liée par un contrat écrit. Cela suppose d'abord de se faire confiance à soi-même. L'idée d'intégrité est proche de cette idée de l'honneur : être intègre, c'est être entier, cohérent, patient, digne et alerte. Parler à une personne d'honneur, c'est parler à quelqu'un sans se demander s'il ou elle est double, hypocrite, ou si demain elle va encore changer d'avis, inventer une histoire, disparaître ou se changer en souris verte. La vie serait bien plus simple et, en fait, peut-être plus

drôle bien que probablement plus risquée, si nous avions majoritairement le courage de l'honneur. Cette grâce existentielle, pourvu qu'elle tienne bon, augmente finalement notre puissance d'être, d'aimer et d'être aimé en stabilisant l'âme autour d'un centre de gravité intangible, la patience de la vérité.
Aujourd'hui, des centaines d'humains meurent à petit feu de dépression parce qu'ils sentent que le monde n'est plus honorable. Et pourtant, souvent, ils y collaborent encore, hantés par la peur d'être mis au ban, de ne pas être « normal ». Le grand honneur est une vigilance de samouraï qui aurait renoncé à servir tout autre maître que son idée du Bien, non par orgueil mais par humilité, et au fond par amour du juste.

la constellation de

## Cléopâtre

**honneur**, **bâtir** (lire page 51), **égotisme** (lire page 113), **intégrité** (lire page 187), **souveraineté** (lire page 337), **ubiquité** (lire page 371).

# HUMILITÉ

---

Tu es poussière terrestre et redeviendras poussière organique, nous suggère le Livre de la Genèse. Mais au cœur de cet *humus* poussent bien des racines, et entre autres la racine étymologique de l'*humilité*. Oui, nous finirons sous terre avant d'avoir accompli ne serait-ce qu'une infime partie des possibles dont nous nous sentons plus ou moins capables. Mais l'humble ne confond pas son désir avec la vérité. Son humilité n'est pas renoncement non plus – car alors elle serait lâcheté. Petit à petit, l'oiseau fait son nid, et pour lui ce petit logis se fera palace si le volatile y a contribué corps et âme. Mais pour l'arbre, le nid n'est qu'une démangeaison, et pour la forêt, un point.

---

Pour la première fois de son existence, elle veut abandonner, écœurée. Quitter l'école de médecine, retrouver la paix et l'anonymat. Elle observe la minuscule chambre d'étudiante où, des heures durant, elle a tant aimé se plonger dans les livres de médecine pour comprendre les mystères du corps humain. « Ma chambre, ce paradis », songe-t-elle. Et il faudrait partir ? Les laisser gagner, alors que tout son être est en résonance avec ces matières. Elle se remémore le concours d'entrée où ses connaissances en botanique, en physique, en chimie et en zoologie lui ont valu les meilleures notes. Sa mère a été si fière, elle qui a toujours su l'encourager.

Mais des soucis d'argent ont freiné un temps ses convictions ; Matilde a dû travailler dès l'âge de seize ans, comme sage-femme, une pratique aussi épuisante qu'utile. Elle a été de tous les sacrifices ; horaires, nuits, week-ends, elle a montré une résilience sans faille. Certains l'ont félicitée, mais elle n'a pas toujours compris leur admiration. Ils ne réalisaient pas qu'elle aimait travailler, que lorsqu'elle enfilait sa blouse d'infirmière elle entrait en parfaite osmose avec le monde et avec elle-même. Elle était là où elle avait à être, le monde hospitalier. Son travail l'élevait et transformait les efforts en or. Durant toutes ces années de pratique, elle avait fait preuve d'une curiosité insatiable pour chaque instrument, chaque opération, chaque pathologie. Elle s'était formée au contact des malades, des plaies et des humeurs.

Quand enfin, à vingt-trois ans, elle a pu postuler à l'école de médecine de Puebla, elle n'a pas compris la polémique : certains médecins ont écrit des pamphlets de plusieurs pages contre son admission, certaines personnes influentes mais qu'elle-même ne connaissait pas et qui ne la connaissaient pas ont tenté d'interdire son entrée, tout cela sous prétexte qu'aucune femme n'avait encore été médecin et que le sexe féminin avait mieux à faire. Une femme, disaient-ils, ne saurait en aucune manière maîtriser la sécheresse du vocabulaire médical et la rudesse des pratiques. Une femme manquait de jugement et de maîtrise de soi dans les moments cruciaux. Elles ne pourraient devenir que de dangereuses praticiennes !

Mais ses notes brillantes en avaient décidé autrement. Admise, elle n'avait ensuite pas compris l'hostilité des autres élèves, une hostilité masculine croissante à mesure que ses dispositions en médecine, chirurgie et bien entendu en obstétrique, s'étaient avérées du plus haut niveau. D'après sa mère, la jalousie s'était alliée aux préjugés.

Avec le temps, Matilde avait compris : on avait finalement accepté qu'elle intègre l'école de médecine dans l'espoir de la voir échouer aux examens finaux. Tous avaient pensé sincèrement qu'une femme se montrerait incapable d'embrasser l'étendue aride des savoirs médicaux et le niveau technique nécessaire. Aucun ne comprenait qu'elle était comme un poisson dans l'eau, ou comme une mystique dans l'océan de l'absolu : la médecine était pour elle aussi nécessaire que de respirer.

Depuis ses seize ans, elle se savait destinée et, en silence, elle traçait sa voie. Mais alors que son rêve allait prendre forme, l'hostilité et la haine des hommes lui avaient à nouveau explosé au visage. À quelques semaines de la remise du diplôme, les forces ennemies s'étaient déchaînées dans un ultime raout. Désormais effrayés par cette échéance que rien ne semblait pouvoir repousser, et sans doute aussi déçus par le corps professoral qui, impressionné par les compétences de Matilde, avait pris fait et cause pour la jeune femme, ses ennemis avaient multiplié les agressions. Ce matin, un nouveau pamphlet distribué dans toute l'école et dans certains quartiers de la ville insinuait qu'elle ne devait sa réussite et ses notes qu'à un sombre trafic d'influence, qu'elle possédait des liens puissants au cœur de la franc-maçonnerie de Mexico, et pire, que son catholicisme n'était qu'une couverture pour masquer un protestantisme militant. Un autre trac avait été distribué dans la foulée indiquant que la laisser devenir médecin serait un précédent fâcheux car il ouvrirait la porte à d'autres femmes et qu'ainsi la qualité générale de la médecine nationale chuterait.

À présent elle se sentait malade, épuisée, sur le point de fuir aussi loin que possible. Ne pouvait-on la laisser en paix ? Elle aspirait à la paix, à ne plus être ni cible ni symbole. Renoncer serait peut-être comme une libération. Elle pourrait toujours être sage-femme à vie, ou infirmière, travailler en sérénité sans être le souffre-douleur de la meute irrationnelle qui lui reprochait d'être une femme.

Sur le point d'abandonner, elle a songé à sa mère qui avait tant sacrifié pour elle. Son buste s'est redressé. Elle n'avait pas le choix.

Lorsque deux mois plus tard, le président Diaz vient féliciter Matilde Montoya, devenue la première femme mexicaine diplômée de l'école de médecine, elle se rappelle avec un frisson de frayeur ce jour où le mal a failli triompher en la poussant à abandonner son destin. Elle prend alors la décision de ne plus jamais douter et de rester fidèle à son lent et patient travail, dans la discrétion, afin de se montrer digne d'elle-même, de la confiance de certains de ses pairs comme du président du Mexique, et pour honorer le regard silencieux de sa mère comme des milliers de jeunes filles qui auront un jour, à force de labeur et de talent, le droit d'en faire autant.

## L'inspiration

Imaginons un point. En voici un autre. Et un autre. En voilà trois... Diriez-vous qu'un point à la fin d'une phrase est humble ? Probablement pas, à moins d'être poète. Regardez votre chien ou chat, si chien ou chat vous possédez : sans doute est-il plus ou moins attaché à vous, mais par innocence plutôt que par humilité. Car le premier caractère de l'humilité, c'est que le mot à la même racine que l'humain. Racine ici est un terme qui convient doublement, car *humus*, en latin, c'est la terre. L'humble est un être humain souterrain, comme le rhizome ; il veut bien être racine mais pas bouton de rose, ou alors comme si de rien n'était. Si ce paragraphe était un collectif humain, les humbles se feraient trois petits points, pour passer inaperçus tout en continuant leur office...

On sait l'importance des points, mine de rien. En grammaire, ils donnent le rythme et charpentent le

sens, discrètement. En mathématiques, ils sont à la fois infiniment petits et infiniment grands, car par un point, il passe une infinité de droites, de cercles, de courbes. En somme, l'humilité n'est pas à confondre avec la timidité. Ce sont même parfois des émotions opposées. Les timides peuvent être très égocentriques, ramenant tout à eux comme une menace, trop conscients d'eux-mêmes. L'humble se sait agissant ; les autres le savent parfois important, mais l'humilité dicte de passer à autre chose, de ne pas s'attarder à la louange qui peut paralyser autant que la critique. Qu'importe ce que les autres pensent ! L'humble est un personnage philosophique intéressant d'autant plus qu'il se libère peu à peu socialement, qu'il jongle de mieux en mieux avec l'ambition, l'humour parfois et une certaine désinvolture têtue. L'humble peut avoir la foi, moins en soi qu'en une idée : il ou elle a alors la force de la conviction, qui ne nécessite pas de grands mouvements de bras pour avancer vers sa ligne d'horizon, à petits pas.
L'humilité est parfois aussi une attention au je-ne-sais-quoi et au presque rien, à ce qui gronde en sourdine, une écoute vitale. L'humble personne est ambitieuse sans gloriole et peut-être un peu misanthrope sur les bords : elle sent ce qui compte pour une vie à peu près réussie et ne se fait pas d'illusions ; il n'y a jamais de perfection sur terre, seulement des êtres bien imparfaits qui peuvent, s'ils en ont le courage, persister lentement, comme Sisyphe. L'humilité ne fait pas grand compte des compliments humains mais veut appartenir avec

ferveur à quelque chose de plus grand, quelque chose de beau.
On dit parfois : « Ce sont des gens humbles », pour parler de personnes pauvres mais discrètes, voire respectables. Inversons un peu les valeurs : pourquoi ne pas appeler *pauvres* ceux qui gesticulent à longueur de journée pour attirer l'attention des médiocres ou recevoir des bons points convertibles en oubli de l'essentiel ? Pourquoi ne pas appeler *pauvres* les *selfie-made men*, ces miroirs numériques en trompe-l'œil ? Certes, les choses se compliquent en haut de la pyramide médiatique : la première consigne que donnent les conseillers en image des stars hollywoodiennes, c'est d'apparaître humble et normal, de pratiquer l'autodérision en interview. L'*humilitas* comme masque de l'*hubris*. La *sprezzatura* d'hier est devenue le cool d'aujourd'hui, qui ne s'embarrasse même plus de réel talent ni de technique. Mais l'humble qui nous intéresse n'est pas identifiable en termes de positionnement ; il ou elle fait œuvre en sourdine, sans contradiction entre vanité et pose.
La vacuité des moines ou des mystiques peut devenir un abandon aux flux créateurs, à cette Fontaine de Jouvence spirituelle dont on ne se juge pas l'auteur, mais dont on se fait le disciple courageux. L'humilité appartient alors à celles et ceux qui se rapprochent de l'innocence absolue d'un univers qui sans cesse se recrée, qui est si peu énamouré de soi qu'il se remplace à chaque milliseconde, particule par particule. L'humilité absolue, c'est alors la possibilité absolue. Mais l'humble

voue aussi un amour secret à l'unité des choses, des faits, des sentiments, sous l'apparence désinvolte qui veut que tout passe, que tout lasse, que tout casse. L'humble est celui ou celle qui sait compter jusqu'à un, mais qui ne confond jamais aucun humain avec cet *un*, surtout pas soi-même. Nous ne sommes jamais finis. Nous ne sommes au fond même pas Sisyphe, mais plutôt son rocher, lourds et toujours prêts à rouler au fond de la vallée si l'effort se relâche.

Contrairement à ce que croient les stars, on ne peut pas se faire humble consciemment, à force de communiqués ou d'interviews. L'humilité vient à ceux qui n'ont plus le temps d'être grandiloquents, parce qu'ils servent une cause sans tricher et aussi parce qu'ils restent lucides. La grande âme humble est allée dans l'espace, portée par son sens du sublime, s'est retournée, a regardé la Terre, et a fait l'expérience de l'effet de surplomb, ce transport cognitif et émotif qui est la prise de conscience de notre infinie et touchante petitesse dans l'univers des possibles. Puis elle a regardé au cœur de l'espace et a vu quelques points familiers, les étoiles qu'elle a accrochées par son audace et sa ferveur : sa constellation philosophique personnelle.

la constellation de

## Matilde Montoya

**humilité**, **carrière** (lire page 67), **élévation** (lire page 121), **intellect** (lire page 195), **mérite** (lire page 243), **précision** (lire page 275), **ténacité** (lire page 363).

# intégrité

Devenir un, unique peut-être, mais surtout cohérent, et le cœur tranquille. Savoir quoi faire, c'est-à-dire avoir le goût et le jugement certains, par la force d'une conviction. La personne intègre a fait des choix, elle a taillé dans sa profusion sauvage intérieure pour décider d'une orientation profonde. Agir avec intégrité, ce n'est pas obéir à un code de conduite extérieur, mais plutôt à une définition propre du juste, de l'équilibre, de ce qui compte. Sans vertus personnelles, pas d'intégrité. Et sans intégrité, les profits à court terme ne tiendront pas sur la longueur, car on ne saura même plus demain ce qu'hier on jugeait valable. L'intégrité n'est pas une virginité fantasmée ou une simplicité innée rêvée, c'est plutôt une conquête faite sur le chaos des possibles, ici et maintenant, et pour toujours.

Son corps tressaille, ses bras tremblent, mais elle sait qu'elle doit continuer : c'est vital pour son salut. Il faut que le couteau soit bien enfoncé dans le cou de l'homme, que le sang gicle des deux côtés de son cou épais comme celui d'un porc. Il faut le maintenir, ce violeur, cet incestueux, cet escroc, et pour cela, elles ne sont pas trop de deux, l'une pour le coincer appuyant de tout son poids, une jambe contre le corps de l'homme allongé sur le matelas, et l'autre femme, debout, de côté, qui lui tranche la gorge d'une main sûre, tout en lui maintenant la tête vers le bas en tirant sa chevelure.

L'homme aux yeux exorbités dont la tête tournée vers le sol semble fuir le regard des deux femmes porte déjà des ombres définitives sur ses traits. La laideur de son âme s'est comme ancrée à jamais sur son visage. Rien ne prête à la pitié, tout au dégoût. Il ne peut échapper à la sentence des deux femmes. Et il ne s'agit pas là seulement de la vengeance de la femme qu'il a violée, mais bien celle de toutes les femmes qui subissent la brutalité de tels hommes, et qui doivent se plier à leurs instincts bestiaux.

Artemisia ajoute sur la toile des gouttes à droite et à gauche et finalise le visage. Oui, malgré l'aspect déjà cadavérique, on le reconnaît encore, c'est bien lui, Tassi, et non Holopherne comme il se devrait. Il lui a fallu du courage et des larmes pour parvenir à le dessiner, à l'exorciser ainsi en prenant le pouvoir par l'image, en se saisissant de cet être qu'elle craignait, pour le dominer, en bravant par l'art sa peur et sa répugnance pour celui qui a sali ses dix-huit ans et mis fin à sa joie de vivre. C'est lui qui a coupé son âme en deux, mais par cette œuvre elle se sent redevenir une et forte, comme par une seconde innocence.

Elle songe à ce soir où il l'a jetée au bord du lit en la frappant sur la poitrine avec une main. Il a mis un genou entre ses cuisses, ôté ses vêtements, mis une main à la gorge, un mouchoir dans la bouche pour ensuite la pénétrer de force. Lui, son précepteur qu'elle respectait. Depuis des mois, Artemisia travaille à le rendre immortel, à le salir à jamais, pour que chacun le découvrant décapité sur la toile sache pourquoi il a été exécuté de la sorte : Tassi le violeur.

Le long chemin qui mène à la libération a été déjà un supplice. Il y a un an, il a fallu convaincre les juges, et pour cela subir un humiliant examen gynécologique et le supplice d'un archaïque détecteur de mensonges : ils ont serré la corde placée entre ses doigts, presque jusqu'à lui briser les os. Elle n'a pas cédé, elle a tenu, pour que le monde sache que ce Tassi l'a violée, qu'il en violerait d'autres si on ne l'arrêtait pas. Ils l'ont condamné, mais si peu au fond comparé à sa peine à elle. Voilà pourquoi il faut qu'il soit condamné pour l'éternité, par elle, par son art qui est aussi sa voie. Cette toile sera l'étendard indigné de l'une des premières femmes peintres d'Italie.

Elle ajoute encore quelques traces de sang et par mégarde une goutte de peinture se pose sur la robe bleue de l'une des vengeresses. Artemisia Gentileschi l'ôte immédiatement : les deux femmes sur la toile doivent rester immaculées dans leur belle robe, leur corps en retrait, naturellement écœurées, tenant la bête à distance.

## L'inspiration

L'intégrité est la vertu de celle ou celui qui a fait et continue à faire l'effort d'être cohérent. Comment? En harmonisant ses tendances et son monde en un tout dont la stabilité se rapproche de ce que Nietzsche appelait *le soi comme œuvre d'art*: une fondation personnelle. La racine latine du mot *intègre* suggère une personne ou une chose qui n'a pas été altérée, qui est restée intacte, pure. En réalité, la véritable intégrité humaine n'est pas un acquis, c'est une conquête. Nous ne naissons pas *un*, mais *multiple*. Et la plupart d'entre nous, leur vie durant, continuent de manifester divers traits de caractère, souvent contradictoires ou en tous cas disparates, mal unifiés, épars, et ce jusqu'à la mort, cette désintégration finale.

Parfois on parle d'une personne intègre comme de quelqu'un d'un peu rigide et privilégiant l'éthique, voire la morale, au prix de son plaisir personnel ou d'une prise de risque. Il y a, croit-on parfois, quelque chose du psychorigide chez l'individu intègre. Ce soupçon de sérieux entraîne une difficulté de la plupart des jouisseurs à s'imaginer intègres. Mais la véritable intégrité ne suit pas une morale puritaine imposée de l'extérieur: c'est plutôt un respect de soi et un désir d'unité, une dynamique vers une plus haute version de nous-mêmes, indépendante des modes, fidèle à soi-même dans le temps, et idéalement plus joyeuse et plus puissante, jusqu'à atteindre la cohérence finale, si tant est qu'elle puisse exister. L'âme ressent un profond soulagement à s'être maintenue intègre au cœur d'une tempête existentielle.

L'intègre et l'adulte devraient avoir beaucoup en commun, si l'on accepte le fait qu'être adulte n'est pas qu'une affaire d'âge mais un héroïsme plus rare que le mot « adulte » ne le suggère, créateur de libertés comme de responsabilités, un destin. Pour devenir unifié et sain, il peut être nécessaire de renoncer à certains aspects de nous-mêmes que nous avions un jour identifiés comme personnels. S'abandonner en partie pour mieux se retrouver totalement. Faire un pacte intransigeant avec l'avenir, par estime de soi.

La plupart des humains laissent croître en eux trop de tendances contradictoires sans privilégier une conviction dominante. Devenir intègre sans devenir terne est un art de la virtuosité qui passe sans doute par une certaine idée du paradis sur terre. Et puis qu'importe que les autres nous trouvent moins rigolos qu'un clown : lorsque vient la solitude de la nuit, c'est le clown qui pleure tandis que nous dormons du sommeil du juste. On ne devient pas intègre en une nuit.

Il est important cependant de ne pas se sentir trop coupable de nos contradictions, de nos erreurs de parcours, ni de chercher à les dépasser trop vite ou violemment : elles sont naturelles – après tout nous sommes les créatures du multiple et des possibles –, et l'errance peut être une forme de quête. Mais il est profitable d'écarter peu à peu les forces de la contradiction, les effluves du nihilisme, les vapeurs du doute morbide. La question est alors la suivante : quelle facette de mon expérience personnelle devrais-je choisir pour me rendre intègre ? Non pas *qui suis-je ?* Mais : *qui ai-je à être ?* Être intègre permet aussi de ne pas se définir en éternelle victime.

Trop de personnes, sans renoncer à l'intégrité, tendent à repousser au lendemain leur devenir unique, par peur de jeter le bébé des possibles avec l'eau du bain des confusions. Ils voudraient bien être plus cohérents, plus fidèles à leur vérité, mais n'ont aucune idée du principe devant guider ce Soi supérieur. Devenir soi, c'est chaque jour découvrir un territoire qui s'étend, peuplé de signes bienveillants pour qui sait les écouter ou les voir, c'est-à-dire pour qui sait rester idéaliste dans une société passablement nihiliste, où le viol symbolique, le choc cognitif, est ubiquitaire.

L'intégrité est un réseau de valeurs, comme un livre avec au centre une pièce maîtresse, insérée au cœur d'une page pour le lecteur vigilant. Il est rare qu'on trouve en un instant le principe des principes qui gouvernerait la plus haute version de soi. Mais on peut en ébaucher la figure petit à petit, en regardant la structure de notre existence, cette démonstration de notre âme. L'intégrité est une géométrie intime, un espace conceptuel. Elle n'est pas seulement difficile à atteindre parce qu'on n'a pas assez de pièces pour constituer le puzzle : elle est complexe parce qu'il y a trop de pièces, mille puzzles en un, et qu'on passe trop de temps à tenter mollement

de faire sens avec des lettres ou des mots qui sont une perte de temps comme d'espace.
Souvenons-nous du message de Voltaire dans *Candide* : cultive ton jardin ! Créer, c'est éliminer. La richesse reviendra toujours par la fenêtre, plus persistante, plus inouïe, plus intense, après une phase de frugalité volontaire.

la constellation de

## Artemisia Gentileschi

**intégrité**, **décence** (lire page 97), **élévation** (lire page 121), **zéro** (lire page 415), **vérité** (lire page 389).

# intellect

L'intellect, faculté cognitive en constante croissance, est un art de penser par soi-même qui nous rend subtil et virtuose, tout en visant l'universel. On le comprend, l'intellectuel honnête mérite d'être protégé plutôt que moqué. Pourquoi notre monde est-il si anti-intellectuel ? Parce que de nombreux pouvoirs en place veulent nous maintenir en captivité, obnubilés par nos appétits immédiats. Pour l'intellectuel amoureux de la vie, le monde est fait de motifs invisibles qui obéissent à une logique plus ou moins cachée. Un esprit entraîné peut se guider dans la vie à force de concentration. L'intellect, déjà par son étymologie, veut unifier le chaos du monde, malgré le parfum de l'irréconciliable.

« Monsieur, vous avez l'air bien méditatif ! », dit-elle avec une douce ironie.

L'homme lève les yeux tandis que Helena pose le plateau sur le coin droit de son bureau. Il y a là du lait chaud, un peu de pain et un pot de cette confiture de coings qu'il aime tant. Elle pense à tout pour lui. Toujours dans son lit bien que la matinée s'achève, René cogite sur ce qui définit l'âme, mais il ne parvient pas à construire une position claire et distincte. Une chose s'avère certaine : les corps qu'il dissèque ne recèlent aucune sorte d'âme matérielle, sauf peut-être dans la glande pinéale ou les esprits animaux qui animent le corps, hélas invisibles après la mort. Le corps humain semble régi par un ordonnancement merveilleux de causes et d'effets, mécaniques ou chimiques, comme un automate.

Helena s'affaire : « Cela manque passablement de lumière ici, j'écarte les rideaux ! Même pour un savant comme vous, il faut de l'air frais et quelque lumière naturelle ! », continue la servante en clignant de l'œil.

L'homme sourit. Son regard se perd à travers la fenêtre dans le ciel bas et gris. Là aussi, rien n'est clair. Un savant, lui ? Il a bien offert au monde quelques lois mathématiques ou optiques. Il aurait pu en produire bien davantage, mais il aurait fallu qu'il se limite à ce domaine. Au contraire, il a pris un malin plaisir à se consacrer aussi à la philosophie. Année après année, il s'est étonné du charme inépuisable de la pensée métaphysique. Ceux qui croient triompher en poussant des armées les unes contre les autres, en bâtissant des empires de paille, en conspirant pour obtenir toujours plus de pouvoir, ils sont insensés. L'art et la joie de penser élèvent l'homme bien au-dessus de ces enfantillages.

« Mangez donc, Monsieur ! Il faut se nourrir pour éclairer le monde ! »

Il rit avec elle. Puis une pensée lui vient : combien sommes-nous à tenir une petite bougie fragile, vulnérable, dans cette nuit obscure de l'ignorance ? Une centaine en Europe ? Nous ne sommes que des éclaireurs, mais bientôt la pensée, la connaissance seront des armes bien plus puissantes que les épées des rois et les soutanes de Rome; elles transformeront le monde à mesure que la raison guidera les choix et la maîtrise ordonnée de la nature. Oui, c'est inéluctable, songe-t-il avec fierté.

Toutes ces heures de labeur, ces nuits sans sommeil consacrées à vérifier ses travaux, ces après-midi à étudier les recherches des autres comme on se pare d'échasses pour entrevoir l'horizon, tous ces pas construisent l'œuvre d'une vie. Comme avec le polder de Beemster, près de là, au nord d'Amsterdam, où la terre a gagné sur la mer, il s'agira de bâtir de génération en génération une science robuste. Bien sûr, se dit-il, il y a eu maints sacrifices, mais quelle joie aujourd'hui de savoir que son *Discours de la méthode* est lu et discuté de par le monde. Pierre de Fermat, Jean de Beaugrand, les critiques ont tous échoué à le faire chuter, ou à faire pointer le glaive de l'Église pour le faire taire.

Une main se pose sur son bras. Elle s'assoit au bord du lit: « Monsieur, vous avez l'air joyeux, voulez-vous que je vous fasse la lecture d'un de nos contes favoris ? »

Oui, peut-être lui faudrait-il s'autoriser ce moment de repos. Il regarde cette compagne discrète, cette silhouette fine qui organise son quotidien. Il aime ce visage calme et délicat qui le détend. Il a bien remarqué qu'elle passe plus de temps que nécessaire pour rendre sa vie confortable et anticiper ses besoins. Mon Dieu, quelle est cette émotion qu'il ressent ? De la gratitude, de l'humilité aussi ! Une pensée le traverse : le voici qui s'imagine père ! Un mouvement de plus et sa main touche le bras de Helena Van der Strom… Strom signifie *courant*, et c'est en effet comme un flux d'esprits animaux qui soudain parcourt son corps. Descartes se sent reconnaissant. Descartes se sent vivre !

## L'inspiration

Le véritable intellectuel nous rappelle que penser est aussi essentiel que respirer, marcher ou aimer. S'extirper des automatismes mortifères et des habitudes mimétiques qui rendent la vie morose ou violente, c'est le projet : un art mental de la liaison, de la vision des relations de sens entre les choses, et des modes d'être.

On parle parfois d'intellectuel *public* pour désigner une figure qui est invitée à penser le monde dans les médias. Mais l'adjectif public est ici redondant. Il est impossible d'être un intellectuel privé comme on serait un détective privé. Car tandis que le détective privé cherche à résoudre des cas domestiques, l'intellectuel ne peut se dire penseur s'il n'a affaire qu'à des pensées domestiques. La philosophie ne peut pas être une affaire intestine ou logistique sous peine d'autodestruction ni une simple affaire de logique, loin du monde et de notre vie commune sur terre. La philosophie est le souci du Tout ; elle est le soin des passerelles invisibles mais réelles qui relient les diverses expériences du monde.

User de son intellect, ce ne peut être se contenter de maximes moralistes empruntées ici et là, du type « l'homme est un loup pour l'homme », ou bien « ma liberté se termine là où commence celle d'autrui. » Penser sérieusement, c'est penser sa propre vie au milieu du chaos apparent des êtres, des formes, des possibles. C'est pourquoi la faculté intellectuelle en nous sait que pour comprendre le monde, il faut penser au-delà des affaires privées, au-delà du scientisme arithmétique, et au-delà du moralisme : nous sommes des êtres physiques, psychologiques, sociaux et philosophiques, et seul l'équilibre de ces quatre aspects fait l'harmonie d'un destin libre. Comme il y a une santé physique et une santé psychologique, il y a quelque chose comme une *santé philosophique*, dont l'élégance intellectuelle serait la gardienne : il s'agit de tenter de penser d'une manière saine, de conformer nos actes avec nos valeurs. L'âme intellectuelle est celle qui articule et manifeste l'invisible : magie des mots, des histoires ou des théories, noblesse des actes conséquents. Nous vivons dans un monde qui exagère l'importance de l'émotion et du psychologisme de l'ego au détriment de l'intellect et de son amour pour l'universel. *Intellectuel* est même devenu parfois une insulte. On jette le philosophe dans l'arène publique, on le provoque à dire n'importe quoi, on lui fait pondre des outrances réactives, puis on se moque

de lui comme la foule se moquait de Zarathoustra parce qu'il ne savait pas faire le clown funambule.
Plus généralement, la panique médiatisée joue avec la chimie de notre cerveau, avec nos automatismes, pour nous empêcher de comprendre nos aliénations et pour nous rendre comme impuissants face à l'attraction croissante de nos systèmes de communication. Sans le jeu honnête, créateur et critique de la fonction intellectuelle de notre âme, la régression nous guette, comme une terre non cultivée qui se remplirait de mauvaises herbes. Notre anti-intellectualisme contemporain va de pair avec la surproduction du divertissement, mais la lueur de la bougie de Descartes continue de briller, même si c'est sous la forme d'un écran d'ordinateur.
Il est temps de dire à nos enfants qu'intellectuel n'est pas une insulte ni une maladie, mais un art de la conversation, et l'une des sources de l'action et de la joie. Penser est une fête de tout le corps, et l'esprit métaphysique une émotion créatrice de possibles. La véritable personne intellectuelle ne tombe pas dans le puits par distraction vis-à-vis du réel : elle plonge volontairement dans le tunnel des mystères qu'elle admire, car elle sait qu'au fond de ce puits il y a une source plurielle, que nous devons réapprendre à voir, à sentir, à raconter. L'intellect est une araignée virtuelle, sécrétant ses idées en solitaire en pensant par soi-même, mais entourée lorsqu'elle se comprend membre de la toile cognitive humaine. Il n'y a pas au fond de conflit

L entre émotion et intellect, pourvu que l'on comprenne que penser, c'est savourer le monde.

la constellation de

## René Descartes

**intellect**, **admiration** (lire page 21), **nuance** (lire page 259), **zéro** (lire page 415), **universel** (lire page 381), **vérité** (lire page 389).

# joie

La joie est une faim spirituelle qui se satisfait elle-même. C'est un élan de conscience plutôt qu'une ivresse aveugle. On se sait faire un avec le meilleur du monde ; la croissance harmonieuse de nos possibles nous paraît à portée de main, pourvu que notre fierté, notre amour-propre, ne nous fasse pas lâcher prise. La joie est ce moment éternel qui passe parfois comme un éclair, mais qui, si on le saisit par ses cheveux d'or, peut durer mille ans. Au nom d'un grand amour, d'un vaste idéal, on rêve des formes qui dansent devant nous et qui, si nous avons la patience curieuse de les contempler avec le regard de la connaissance, se feront réalité habitable et sereine. La joie est le chant de l'âme saine, lorsque ses racines s'étendent en une déflagration d'être : il n'y a plus ni de haut ni de bas – seulement notre présence d'esprit pendue aux branches de la vie.

Il est assis contre l'arbre, dans la douce chaleur du crépuscule. Immobile, les yeux fermés. Il sait qu'il ne doit pas ouvrir les yeux. Depuis qu'elles sont apparues, son corps s'est quelque peu tendu. Depuis combien de temps dansent-elles lentement autour de lui ? Combien de fois leurs étoffes légères l'ont frôlé, comme autant de caresses brûlantes.

Sensible à leurs mouvements, il perçoit la grâce fervente de cette danse, devine ces hanches qui scandent des hymnes à la douceur et à la sensualité. Il imagine les longs cheveux bruns chutant sur le haut du corps pour masquer le galbe des seins agités par la musique. Leurs jambes ensorceleuses prétendent abriter en leur intersection le secret de l'extase et de la vie, le piège et le miracle de tout, petite mort et renaissance des forces cosmiques. Et si c'était vrai ? Il a connu ces jouissances ; il a été riche, puissant, il a aimé les plaisirs de ce monde, les plats délicats et les parures luxueuses, les palais s'étendant à l'infini, la surenchère des caprices du cœur. Mais il a renoncé à tout cela. Il s'est enfui. Il ne doit pas céder, ne pas ouvrir les yeux. Éviter le désir, regarder en lui-même, c'est plus raisonnable pour l'instant que de vaincre l'illusion, les yeux dans les yeux.

Peut-être conscientes de sa détermination, les danseuses accélèrent le rythme, et par tous les pores de sa peau, l'homme respire leurs trajectoires serpentant autour de son arbre, une spirale de folie où il est près de se perdre. Il accueille leurs souffles charnels, affreusement proches de son visage. Sa propre respiration s'est modifiée, comme si son contrôle lui échappait, comme si son corps lui sommait de se mettre au diapason de ces nymphes en orbite autour de lui, comme si toutes ses cellules, son sang, ses humeurs lui rappelaient qu'il n'est qu'un homme et qu'il est temps qu'il fasse la paix avec la réalité, qu'il ouvre les yeux, qu'il se félicite que les plaisirs du monde s'offrent à lui. Le désir n'est-il pas le langage de l'univers ? Dieu n'est-il pas pure jouissance ? Il va bientôt s'offrir à ce puissant appel d'air et d'amour. Il gémit : « Non, non ! Tu n'as pas quitté ta femme et ton enfant pour cela, lui ordonne une voix intérieure puissante. »

Il entre en lui-même et fige son corps d'autorité. Il matera cette rébellion ici et maintenant, comme il a maté la faim et la soif depuis des semaines. Plus rien ne bouge autour de lui : ont-elles abandonné le combat ? Va-t-il pouvoir retrouver la paix ?

Mais sans crier gare, ces sens s'affolent à nouveau. Quelque chose agit à son insu, et il comprend ; elles sont là, à quelques centimètres et le harponnent à travers l'incroyable puissance de leur sensualité, désormais immobiles comme lui, en miroir. L'odeur de leurs peaux se diffuse en lui comme un poison. Il croit deviner ces milliers de particules que leurs corps projettent dans le sien pour l'affoler. Ces démones l'appellent à la révolte, à la luxure, aux lèvres qui dévorent la peau, à l'union sacrée des fluides, à la transcendance des orgasmes partagés, au corps-à-corps. La charge puissante le fait trembler, il ne peut résister, entrouvre les yeux, et les referme aussitôt, ébloui par l'infinie beauté de ce qu'il a perçu.

Il n'aurait pas dû regarder : il va rendre les armes, se parjurer, renoncer à cette vie d'ascèse qu'il a conquise depuis des mois. « Non ! Non !, lui ordonne la voix intérieure. Sous cet arbre, tu as vaincu les démons que Mara, le dieu de la mort, t'a envoyés ! »

Les images terribles de ces nuits durant lesquelles, assailli, agressé, il a lutté de tout son esprit lui reviennent : la frayeur, l'horreur, la pitié de soi, une angoisse sans fond devant ces monstres hideux, aux formes et aux sons indescriptibles. Il a connu la peur ultime et l'a vaincue en lui. S'il s'est extrait du monde des hommes, ce n'est pas pour lui-même, ce n'est pas par vanité, c'est pour servir. Il va enseigner la vérité, toute la vérité, la vérité seule, et s'en réjouir.

À cette pensée, brutalement, son futur lui est dévoilé par quelques images. Il sait comprend que lui, Gautama, deviendra l'Illuminé. Il se sent empli d'une félicité parfaite, d'un bonheur humble et lucide, qu'il pressent inépuisable, une aura qui désormais le traverse, tel un prisme d'innocence. Il ne résiste plus, il laisse venir. Il n'y a plus ces femmes devant lui. Il est devenu ces femmes, et l'arbre, et la danse, et la constellation du monde. Ce qu'il ressent est mille fois plus puissant et sublime qu'un orgasme.

Les danseuses ont disparu. Un enfant qui passe voit Bouddha qui, les yeux ouverts, sourit à l'aube.

## L'inspiration

Les mots ne sont pas que des valises, ce sont aussi des corsets. Dans beaucoup de langues, l'équivalent du mot *joie* a été lentement remplacé ces dernières décennies par trois lettres issues du langage universel standard : *fun*. Lorsqu'un mot est inséré dans le réseau de la communication globale, il advient parfois qu'il s'étrique et exprime une version générique et formatée de sentiments plus complexes, plus singuliers et locaux, qui eux perdent de leur réalité faute d'être nommés. Les mots sont des outils de contrôle social. Les humains mondialisés ont des moments « fun » parfois au détriment de la richesse de la joie comme expérience singulière, étrange, invendable. D'ailleurs, en Latin, *funus*, c'est la mort, les funérailles. Le *fun* est réactif, sectaire, produit en série, comme une exclusion égocentrique de plusieurs pans de la réalité vivante, tandis que la joie affirme le monde ici et maintenant, et l'anticipe généreusement, en cocréant son contexte. *Joyer* devrait être un verbe actif et direct.

Il y a plusieurs formes de joie : enfantine, religieuse ou mystique, amoureuse, intellectuelle, amicale, folle. Le mot source latin, *gaudia*, était d'ailleurs un pluriel, signifiant quelque chose comme *réjouissances*, formé à partir du verbe *gaudeo*, se réjouir, lui-même formé sur une racine indo-européenne apparentée au mot *admiration*. La joie est une expérience physique et spirituelle d'admiration sans objet : peut-être est-elle l'expérience humaine qui exprime le fait que le spirituel et le physique sont, de temps en temps, en symbiose, le corps exprimant les vibrations de l'esprit et l'esprit célébrant sa participation triomphante à l'expérience d'être ou de devenir, comme on nage dans l'océan du devenir créatif, du Créel, ce que les psychologues appellent parfois le *flow* (autre mot de l'anglais globalisé). Se perdre pour mieux se trouver, sans avidité : joie du mystique, joie des amoureux, joie des enfants qui jouent, joie du penseur qui plonge dans la mer des idées virtuelles, possibles ou impossibles. La joie est une jouissance qui a renoncé, du moins momentanément, à la matérialité, qui comporte en elle une part angélique et un peu absurde : elle est le pressentiment qu'au-delà du réalisme soucieux, nous développons parfois d'amples ailes blanches qui nous rendent capables de voler. Est-ce bien raisonnable ? Non, mais ce n'est pas bête pour autant.

La joie nous relie au monde et aux autres en nous séparant des mesquines choses et des grands machins ; elle nous rend disert, elle nous pousse à pardonner en se moquant, à comprendre sans expliquer, à faire avec fierté. Comme elle n'est pas que jouissance avide ou *fun* standardisé de Luna Park, elle nous rend aussi plus responsables de nous-mêmes et prêts à combattre pour l'harmonie qu'elle nous fait ouïr – ouïr : un verbe dont, en français, *j'ois* est la conjugaison à la première personne du présent simple.

L'archange saint Michel n'a pas que des ailes et des oreilles sensibles, il a aussi une épée. « Il y a des joies qui sont une source intarissable de force pour l'âme », ajouta la romancière Laure Conan. Tandis que le divertissement peut nous rendre indifférents à tous ceux – voire cruels vis-à-vis de ceux – qui ne sont pas dans notre petit cercle de jouissance, la joie nous interroge :

comment se fait-il que notre terre ne soit pas un royaume d'harmonie commune ? En ce sens, la joie porte en elle des germes de politique et d'inclusion.
La joie est une connexion directe à la richesse du réel créateur : c'est l'histoire d'amour cosmique et le jeu de trictrac, disait le philosophe Héraclite, entre le Multiple et l'Un. Toute multiplicité suppose par son envers une unité : la joie profonde, c'est à la fois l'appréhension de notre richesse disparate et de notre unique biographie. Quelqu'un qui est en joie est à la fois hors de soi et en soi. Au fond, la joie est toujours mystique, comme l'indice d'une admiration pour la totalité et l'infini et pour son écho en chacun de nous. La joie nous révèle l'âme du monde, et notre participation à son destin.
Mais elle doit aussi savoir dire non, plutôt qu'encore et encore. Non, je ne suis rien de tout cela, je ne suis que la consolante et guérissante pression du tronc d'arbre contre ton corps lorsque tu pleures, assis au pied de cet arbre qui est le lien entre la terre et le ciel et qui vient de se fondre avec ta colonne vertébrale. La joie est un triomphe humble, mais comment faire pour y arriver lorsqu'on n'est pas tombé dedans lorsqu'on était petit ? La joie n'est pas une potion magique, c'est une constellation (é)mouvante, une lutte choisie, un idéal ressenti, un aliment dans lequel on mord : notre vérité propre.

la constellation de

## Bouddha

**joie**, **âme** (lire page 37), **élévation** (lire page 121), **équanimité** (lire page 129), **liberté** (lire page 235), **solitude** (lire page 327), **vérité** (lire page 389).

# justesse

On parle parfois du « sommeil des justes », mais à vrai dire les êtres épris de justesse ne se reposent pas outre mesure. Leur rôle est d'harmoniser localement, patiemment, la cacophonie naturelle du monde. La personne qui s'arme de justesse est musicienne, tantôt laissant émerger l'ordre naturel et la voix propres des choses, tantôt leur imposant une seconde nature, plus équilibrée, plus respectueuse de pluralité. Face au chaos qui selon la perspective peut détruire ou construire, être juste c'est ne jamais se laisser emporter par la déflagration de l'être, mais tenir le dragon des possibles par le cou.

---

Il a achevé le troisième mouvement de la Symphonie fantastique de Berlioz et se retourne pour deviner si son public est en immersion. Mais il ne parvient toujours pas à distinguer quoi que ce soit dans les regards fixes de ces quelque trois cents femmes. Elles forment sur la quinzaine de rangées un bloc compact coloré du gris de leurs blouses. À l'arrière quelques journalistes sourient à distance, sans doute sarcastiquement. Ils sont nombreux à l'avoir écorché dans la presse réactionnaire. Donner un concert symphonique dans une usine ! Il le sait, certains s'attendent à ce qu'il chute.

Pourtant, il aimerait bien que cette tentative soit une réussite, qu'elle devienne un symbole et pourquoi pas une habitude. La musique lui a sauvé la vie ! Il désire rendre plus accessible cette puissance évocatrice, ce paradis sur terre. Il lui faut sortir de ces espaces confinés où la bourgeoisie s'achète une stature le samedi soir pour venir voir le « grand maestro ». De toutes les formes d'art, se dit-il, la musique classique est celle qui doit toucher l'âme de tous les humains avec la plus sublime des énergies.

La symphonie de Berlioz est sous-titrée *Épisode de la vie d'un artiste* ; ce soir, Claudio sait qu'il écrit un chapitre important de son existence. Mais dans cette usine humide de la petite ville de Reggio Emilia, le public reste froid et comme distant. Les mains calleuses, les corps qu'il sent endurcis sous les vêtements, les visages sévères et burinés, tout demeure comme figé. Il sent quelques regards suspicieux, ou est-ce sa susceptibilité d'artiste ? L'époque n'est pas à la confiance entre le patronat et le monde ouvrier. Un concert classique et gratuit ne pourrait-il cacher autre chose, une manœuvre de la Direction, un cadeau empoisonné, une manipulation des bons sentiments ? Claudio a eu les plus grandes peines à obtenir l'autorisation du responsable de l'usine.

« Il s'agit d'offrir les merveilles de l'art à tous », répète-t-il comme un mantra à tous ceux qui s'étonnent de son initiative. Pour montrer qu'il a raison, il doit percer les carapaces de ces femmes, élever le niveau de l'interprétation à la perfection dans une grâce simple et généreuse. Il attend encore quelques secondes avant d'entamer le quatrième mouvement, au titre inquiétant : *La Marche au supplice*. Il cherche à se mettre en condition afin d'être un bon passeur, pour que s'installe en quelques notes le règne sans artifice de l'émotion, comme lui a conseillé Herbert von Karajan lors de leurs dernières discussions à Berlin.

Il ouvre les yeux, et avec gravité il convoque du regard ses musiciens. Puis doucement, très doucement – car cette fois, il en est convaincu, c'est avec une lenteur de procession funéraire qu'il faut entamer ce quatrième mouvement – il lance son orchestre. Le flot monte peu à peu, enveloppant le vaste atelier, résonnant contre les machines de montage en acier, transformant peu à peu le décor industriel en scène tragique. Claudio est en sueur. Il perçoit derrière lui des mouvements de jambes, des chaises qui bruissent sur le sol, quelques toux qui n'ont d'autres buts que de desserrer des gorges nouées ; cela est bon signe, les corps réagissent, échappent au contrôle de la discipline. Les notes se lient aux souvenirs douloureux ou aux espérances de ces vies ardues ; cette mère pense à son fils mort en couche, une autre à son frère tué lors de la Seconde Guerre mondiale, et celle-là à ses parents qu'elle vient d'enterrer. Face à l'orchestre, dans les yeux de ses musiciens, il comprend qu'il se passe quelque chose, qu'un lien puissant les aimante à présent à ce public. La magie opère précisément au moment où le mouvement s'élève vers le tragique dans le chaos des cors et des trompettes, tandis que les violons ratissent le temps comme un champ qu'on retourne. Il devine chez les ouvrières des émotions trop longtemps contenues, et cette musique qui s'élève devient une ode tragique qui entre en vibration avec chaque cellule de leurs corps. Chacune de ces femmes, à cet instant précis, abrite en elle une mélodie éphémère.

Mais il faut se concentrer, pour ne pas rater le cinquième et dernier mouvement, celui du retour de la joie et de l'esprit de fantaisie. Avec ses clarinettes et ses ophicléides, Berlioz nous conduit vers le pays des sorcières et des fées, vers la terre du fantastique et du possible, l'imagination créatrice qui guérit. Lorsqu'il achève la dernière note et se retourne en saluant le public, comme un coup de tonnerre, les applaudissements se mettent à raisonner dans le vaste atelier. Debout, certaines femmes sourient, en pleurs, d'autres lèvent les yeux vers le ciel, toutes exultent comme gonflées d'une énergie vitale. Quelques-unes se serrent les unes contre les autres, d'autres se tiennent la main. Claudio Abbado s'incline vers le sol pour cacher ses propres larmes, au terme de ce qu'il jugera toute sa vie avoir été son plus beau concert.

### L'inspiration

Une interprétation musicale *juste* ne veut pas seulement dire qu'on ne fait pas de fausses notes, ce qui ne serait que *correct*. La justesse désigne un sens de l'harmonie, mais aussi une intuition de vérité, un sixième sens qui dit : c'est ainsi, c'est ici, cela vit. Voire : *ainsi soit-il* ou *amor fati*, dirait le philosophe Nietzsche : *l'amour du destin* non par résignation mais parce qu'on anticipe ce qui se réalise avec la confiance de l'artiste qui fait œuvre.

Il y a dans la racine latine *justus* un écho entre le droit au sens légal (*jus, juris*) et le juste au sens moral ou esthétique. La justice dérive de la justesse, et parfois elle la pervertit. Nous avons inventé les lois parce que certains êtres, certaines réalités nous ont transmis le sens de l'intégrité, parce que nous avions un sens collectif de ce qui est droit et sain. Mais sans cesse le groupe oublie son équilibre, et doit se tourner vers l'individu pour reprendre courage. Le juste est une figure éthique et esthétique, c'est-à-dire qu'elle représente un style moral et personnel, un rappel à la vérité pour les masses oublieuses.

Agir ou parler avec justesse est une qualité que l'on peut sans doute apprendre et cultiver, mais qui doit finalement se sublimer en seconde nature et en destin. Lorsque l'attention et la vigilance vis-à-vis de la qualité de son jugement ou de ses actes deviennent aussi confiantes que notre symphonie intérieure, alors on est juste même si on peut encore, çà et là, trébucher sur l'hostilité ou le chaos destructeur du monde. Tenons bon et une part de la bêtise fondra comme neige au soleil. La beauté et la santé sont un concert de moines guerriers : lorsque le concert s'achève, la destruction regagnera du territoire, et il faut un nombre infini de concerts et de luttes pour cultiver la flamme de la justesse.

Une symphonie ne se compose pas en un jour. Chacun sait que l'on ne respire pas de la même façon dans une forêt de pins et dans une ville, qu'on ne joue pas de la même façon d'un piano désaccordé et d'un clavier bien tempéré. Est-il possible de cultiver patiemment sa propre justesse dans un environnement déséquilibré, robotique, stéréotypé, violent, ou imbécile ? La justesse est délicate autant qu'elle est têtue. Elle se masque parfois en classicisme digne, et peut paraître vieux jeu aux agités. Peut-on être juste, précis, puissant, vivant et bienveillant à la fois ? Comment régénérer sa justesse au milieu de la cacophonie et de l'injustice du monde ? Précisément en n'oubliant pas que la cacophonie a toujours été l'ordre des choses. L'artiste de la justesse lance un S.O.S. qui sauve : un Système, une Œuvre, un Style. Ces trois piliers font l'intégrité de celui ou celle qui a fait de ses admirations une manière de penser et d'être, une santé philosophique.

On dit parfois que quelque chose s'accomplit « de justesse », c'est-à-dire in extremis. Comme si la justesse ici signifiait une imperfection, désignant une fragile solution de continuité entre le non-achevé et le but atteint. Mais la vraie justesse est fille d'abondance plutôt que du manque, elle est un bond qualitatif plus proche de ce que l'on entendait par « juste milieu » lorsqu'on n'employait pas l'expression ironiquement et lorsqu'on lisait Aristote. Le milieu doré des philosophes grecs n'est pas le compromis ni la médiocrité ; la justesse n'est pas une moyenne quantitative, mais une intégrité, un équilibre de haut vol.

L'harmonie n'est pas donnée d'avance aux êtres séculiers et le sens du sacré est un acte que l'on reconquiert chaque jour, à chaque instant : être juste c'est composer à partir du chaos, agencer le désordre, devenir l'aimant d'une attraction étrange qui peu à peu accueille comme un foyer et un refuge. Notre fidélité à notre système personnel ou collectif choisi, à notre œuvre et à notre style écarte lentement la trahison, l'indifférence, la bêtise, l'apparence du mal et l'injustice : on se lève chaque jour en combattant et en magicien pour faire mieux que Sisyphe et son rocher. Sans victoires, pas de paix.

L'écrivain Camus disait qu'il fallait « imaginer Sisyphe heureux ». Il s'agit d'une fidélité à soi, au Soi, à notre constellation de vertus compossibles. Prenons un corps : c'est un composé de chair et d'organes, mais aussi une conscience du monde, une sensibilité. Prenons un livre : des lettres collées les unes aux autres comme des mouches empaillées, mais aussi un message et parfois une vision du monde. Prenons un poème ou un morceau de musique : quelques sons contingents et pourtant une possibilité d'ivresse et d'ordre un peu fou. Prenons l'amour : deux êtres surgis de l'inconnu, improbablement compatibles, et pourtant l'univers au coin des lèvres. Corps, livre, musique, amour : rien

L n'atteint le ton juste sans conquête, de soi et d'une partition du monde.

la constellation de

## Claudio Abbado

**justesse**, **admiration** (lire page 21), **contemplation** (lire page 81), **générosité** (lire page 153), **précision** (lire page 275), **structure** (lire page 345).

# kaléidoscopique

Les bébés arrivent dans le monde par un tube qui à son origine est un kaléidoscope de possibilités infinies, mais qui débouche à son extrémité sociale dans cette image réductrice et limitée qu'on appelle la réalité. Il y aurait de quoi pleurer longtemps, voire de demeurer plus ou moins inconsolable toute sa vie. Les âmes créatrices pourtant tentent de reprendre le contrôle du kaléidoscope, de revenir à la source en donnant au monde les formes, les couleurs et les agencements que la ferveur espère. Trop souvent les impératifs monotones de la société nous fouettent le visage en nous interdisant l'accès au rêve. La diversité est un combat nouveau, pas celle, superficielle, qui s'attache à la couleur de la peau ou aux variations génitales : le monde a surtout besoin de diversité cognitive, d'une explosion de couleurs philosophiques et d'une palette généreuse de manières de faire.

---

La sensation brute et glacée de l'arme la surprend ; une matière inhumaine. Ce ne sont que quelques millimètres collés à sa tempe et cependant d'une densité effrayante. À cet endroit précis, elle sent que son pouls s'affole. Son cœur s'est déplacé – pour la prévenir et la protéger, peut-être. Mais est-il encore temps ?

Elle tremble, se penche en avant, le bras toujours tendu, puis se redresse difficilement. Elle a tellement aimé cet homme, ce Dieu, ce démon. Que faire ? Retarder le moment inéluctable ? Pourquoi ? Pour ouvrir une autre bouteille de vin, puis encore une autre ? Revisiter son œuvre, s'émouvoir du sublime, célébrer le génie qui a rendu lisibles les mille facettes des êtres et des choses ? Et s'effondrer à petit feu en pleurant sa disparition ?

Ses pensées vacillent et plus rien n'est vrai ou faux. Elle voudrait trouver des remèdes simples à sa douleur. Mais tout se tord en elle en une contradiction insoluble ; se savoir immortelle grâce aux œuvres du grand peintre augmente la douleur de constater que sa beauté s'est envolée. Comment faire pour que les photos de leur couple sur l'armoire ne la torturent pas ? Vieillir, déchue ; sur le miroir du salon, elle observe sur son visage les désordres que l'alcool a creusés depuis des années. Tout s'est affaissé sans le regard de son mari qui l'élevait au-delà du réel. À moins que ce soit la proximité de ce brasier humain qui ait brûlé son âme.

Les magazines aiment répéter leur histoire : elle avait vingt-sept ans quand ils se sont unis et lui soixante-douze ; il lui a juré qu'elle représentait la beauté absolue qu'il avait cherchée toute sa vie et qu'ils allaient faire de grandes choses ensemble. Après six mois de résistance, elle a cédé. Tout s'est illuminé d'abord, puis lentement échoué en désordre dans un lent et inéluctable naufrage. Cependant, on l'envie parfois d'avoir été la dernière, celle qui a pansé les plaies du demi-dieu, celle qui a accompagné son agonie. Une part d'elle regrette d'avoir sacrifié ses plus belles années à cet homme ? Combien de muses a-t-il brûlées successivement comme des chandelles pour l'accomplissement de l'Artiste ? Une part d'elle ne sait plus, ne comprend plus, comme une palette de couleurs sans toile.

Elle songe à Fernande, cette première passion qui avait arraché le peintre aux bordels de Paris. Ensuite il y eut Eva, puis la jolie Gaby qu'il a « aimée de toutes les couleurs », ou encore Olga dont il a eu un fils. Ensuite il a séduit Marie-Thérèse dont sont nées Maya et Dora. Il n'a jamais su s'arrêter : à soixante-trois ans, il a conquis Françoise Gilot, vingt et un ans ; deux enfants sont nés de leur union. Toute sa vie il aura enchaîné les jeunes muses comme un ogre avide de chair fraîche. Mais il a été vrai et entier dans ses amours, on ne peut lui refuser cette candeur vitale ou peut-être animale. Au fond, sa seule réelle passion a été l'art et la beauté. Il a donné au beau tant de facettes, par une combustion du réel.

Involontairement, il aura semé le malheur. Un de ses fils est mort d'alcoolisme, Dora n'est jamais sortie de sa dépression et Marie-Thérèse s'est pendue. Ce soir, prêt de treize ans après sa mort, c'est maintenant elle, la dernière, Jacqueline, tel un bateau ivre, qui se tient là, déterminée à en finir avant d'avoir soixante ans, avant d'être veille, elle qui devait incarner la jeunesse éternelle. Elle a veillé consciencieusement et jalousement sur son œuvre, cette immortalité en expansion composée de plus de cinquante mille œuvres dont près de deux mille tableaux, plus de mille sculptures et trente mille estampes. Comment ignorer ce devoir ? Il suffirait de baisser cette arme et d'accepter le rôle posthume de servir le génie. Les larmes s'écouleront toujours, mais comment vivre sans joie, sans cet enfant-homme qu'elle a tant aimé ? Elle a l'impression que son âme à elle s'est peu à peu transférée dans les tableaux et qu'il ne reste plus rien de vivant en elle. Elle était la femme de Pablo Picasso, elle est désormais celle de Dorian Gray.

Après quelques minutes, Jacqueline Picasso repose l'arme. Elle s'offre un compromis ; elle attendra le lever du jour, lorsque sur ces pentes du Var les myriades de couleurs apparaissent comme un tableau naturel, puis envahissent avec délicatesse ce paysage indifférent aux souffrances humaines. À ce moment, tout sera achevé. Elle le rejoindra, enfin.

## L'inspiration

Le kaléidoscope est une invention bicentenaire due au chercheur en optique écossais David Brewster qui en 1816 écrivit le premier traité kaléidoscopique, près de deux cents pages dédiées à la polarisation de la lumière et au nombre idéal de fragments de verre coloré nécessaires à la meilleure variété de structures (vingt-quatre !). Ce n'est que quelques décennies plus tard que l'objet scientifique devint un jouet pour enfants, et une métaphore pour adultes. Une réalité kaléidoscopique, selon la racine grecque qui parle de beauté et de formes, c'est une harmonie composée d'éléments disparates, une succession de variétés unifiées qui peut prendre plusieurs aspects selon l'angle de l'expérience et le moment de l'observation.

Beaucoup d'artistes ont été fascinés par les kaléidoscopes, ces longues-vues de l'imagination, y compris Picasso et ses amis cubistes, qui voulaient dévoiler l'essence de la fragmentation géométrique du monde et les fondements géométriques de notre regard. Le poète Aragon, dans *Le Paysan de Paris*, écrivit avec la morgue du rêveur : « Quand je songe à ce que vous pensez, tous, petits à mes pieds pour l'instant, et moi dans ma grandeur, le ciel comme couronne, mon caléidoscope renversé, les naufrages dans la poche, un peu de prairie entre les dents, tout l'univers, le vaste univers… » Le moment kaléidoscopique du poète désigne une ouverture à la richesse du réel et de ses possibles, c'est une métonymie pour dire la profusion créatrice du cosmos, dont la poésie est l'écho. Dans un monde violemment analytique et gris, on serre les dents avec dans la bouche un arrière-goût de prairie amère comme une liberté sans cesse remise à demain. Mais l'âme kaléidoscopique vit dans la secousse perpétuelle, dans l'entre-deux des métamorphoses, comme un courant de couleurs et un feu de perspectives qui peut intensifier ou brûler les vies de ceux qui s'en approchent.

Dans *L'Évolution créatrice*, le philosophe Bergson apparente le kaléidoscope à notre conscience même du monde : « Notre activité va d'un arrangement à un réarrangement, imprimant chaque fois au kaléidoscope, sans doute, une nouvelle secousse, mais ne s'intéressant pas à la secousse et ne voyant que la nouvelle figure. [...] Notre connaissance des choses tient au caractère kaléidoscopique de notre adaptation à elles. » Pour Bergson, nous ne voyons pas le monde tel qu'il est, car l'invisible est trop riche et métamorphique : nous percevons une composition réduite et biaisée, une image immobilisée et utilitariste que nous prenons pour la réalité. Les philosophes depuis Platon parlent de notre réalité sociale comme d'un montage d'images, et cela dévoile le caractère, sinon arbitraire, du moins singulier de tout montage, comme au cinéma.

Le caractère ludique du kaléidoscope est un indice : le hasard est une composante de l'expérience créatrice qui tisse nos existences, nos poches pleines de joie comme nos naufrages. Dans notre banalité quotidienne, nous tendons à accepter les refontes perceptives imprimées par les autres, par exemple les médias, et tous ceux qui reproduisent à grande échelle les normes qui nous gouvernent : nous ne faisons alors que nous adapter en oubliant de secouer le réel pour réordonner les couleurs. Nous aimons nos habitudes, et parfois préférons souffrir dans un cadre familier plutôt que de nous aventurer vers de nouveaux horizons. Peu d'entre nous s'amusent à donner une secousse kaléidoscopique, hasardeuse et risquée à leur propre univers, pour générer de nouvelles idées, de nouveaux points de vue, de nouvelles perceptions, de nouveaux territoires. Un jeu dangereux et vital. Un jeu qui n'est rien sans la pensée et l'action, car les constellations colorées ne sont pas des valeurs ni des idées, elles ne font que les suggérer intuitivement. Le travail pour donner sens à la diversité est plus long qu'un nouvel agencement de formes optiques.

Un kaléidoscope, ce ne sont pas que des couleurs et des cristaux de verre : c'est aussi un tube – un regard sur le monde. La secousse créelle n'est pas un lancer de dés, c'est une ouverture persévérante au flux de renouveau qui court entre deux illusions réalistes, mais aussi à l'immobilité vibrante d'une vocation, d'une constellation conceptuelle personnelle.

Charles Fourier est peut-être le penseur français qui s'est le plus approché d'une proposition politique kaléidoscopique : il existait selon lui plus de huit cents différents types d'êtres humains, ou caractères, contrairement à ce que nous dit la monotone propagande psychologiste qui voudrait nous voir pleurer et rire à peu près des mêmes choses, tous unis dans un soporifique consensus émotionnel émulé par les séries télévisées. Il y a pour Fourier le philosophe-poète des passions papillonnes (désir de renouveau), d'autres composites (désir d'unification), et d'autres encore cabalistes (désir de compétition), entre autres :

le monde sans doute irait mieux si l'on agençait nos différences intellectuelles et émotionnelles pour tenter de composer la société comme un kaléidoscope vivant plutôt que comme une prison panoptique où chacun surveille et formate les autres. La diversité cognitive humaine est sans cesse compressée par les machines des standards. Notre richesse imaginative est trop souvent détournée vers l'impossible et le marché de la fiction, tandis que la possibilité de faire les choses autrement, ici et maintenant, agonise sous le feu des refus et des interdictions. La solitude contemporaine vient de ce que nous sommes éduqués dans la possibilité d'être tous différents puis rééduqués dans la nécessité d'être tous semblables.

la constellation de

## Pablo Picasso

**kaléidoscopique**, **audace** (lire page 45), **création** (lire page 89), **joie** (lire page 203), **Liberté** (lire page 235), **œuvre** (lire page 267), **vie** (lire page 397).

# Légitimité

Trop de personnes cherchent la légitimité par la voie de la normalité : titres de noblesse sociale, récompenses, statut, et tout un florilège d'apparences. Mais aussi haut qu'on soit assis, on ne l'est toujours que sur son culot, son estime de soi et sur la foi en une ou deux idées-forces. Le légitime est ce qui fait loi, pas la loi du marché ni celle de la science physique. La loi qui rend une personne légitime est sa patiente et travailleuse fidélité à sa constellation philosophique. C'est une fidélité de croyance en acte, qui se manifeste dans un labeur quotidien pour traduire son idéal en monde. Cessons de demander la reconnaissance aux autres comme des mendiants, et suivons notre vision. Lorsque nous comprenons que le monde devient ce que nous répétons chaque jour, pour le meilleur et pour le pire, nous pouvons choisir le meilleur.

Au moment où il pénètre dans la vaste salle de réception pour se mêler anonymement aux autres, Charles se demande si toute cette mascarade ne va pas encore ajouter du grain à tous les pamphlétaires qui salissent son nom du matin au soir. La capuche relevée pour masquer son visage, il remarque sur la gauche sa « doublure » qui joue plutôt élégamment son rôle sur le trône. La pièce tout en longueur aux murs recouverts de boiseries accueille l'élite de sa Cour. Tout est en place, en cet hiver 1429, pour tester la Pucelle d'Orléans.

Un élégant chuchote devant lui, penché sur l'oreille de son fils : « Notre bonne ville d'Orléans est assiégée de troubadours payés par l'ennemi, qui racontent dans les tavernes que les propres parents de Charles parlent de lui comme d'un problème plutôt qu'un dauphin. On le traite de bâtard, de roitelet de Bourges, on le prétend entouré de conseillers avides qui le manipuleraient en raison de son manque de caractère, et à vrai dire, ce n'est pas tout à fait faux. Peut-être que nous nous sommes tous trompés sur lui. »

Charles soupire. Il n'en peut plus de cette turpitude. Mais il le sait, il doit serrer les dents, faire front, dans la douleur de toutes ces humiliations répétitives. Il n'a plus le choix. Soudain, un mouvement qui s'amorce à la droite de la vaste salle lui fait quitter ses pensées. À une vingtaine de mètres s'avance vers le trône une frêle adolescente aux cheveux courts, semblable à un jeune page. Le noble et son fils reprennent leur commérage : « Voici la soi-disant femme qui entend la voix de Dieu. Elle a l'air de se diriger vers le faux roi, nous serons bientôt fixés. D'ailleurs, notre Charles ne semble pas être dans la salle. »

La manière aérienne de se déplacer confère à Jeanne d'Arc une grâce étrange. On s'écarte naturellement devant elle. La voilà qui se détourne brusquement et s'éloigne du trône et du vrai-faux roi. Maintenant, elle marche résolument vers le noble et son fils. Elle s'arrête et les fixe intensément. La Cour bruisse d'une excitation retenue mêlée à une frayeur intérieure. Toutes leurs vies peuvent s'écrouler à cet instant, ce choix qu'ils ont fait de suivre le « bâtard » plutôt que l'alliance anglaise. Charles relève la tête et se sent ébloui par le regard de la jeune femme. Il est comme saisi par une brûlure intérieure. Car c'est bien lui qu'elle scrute derrière le père et son fils, qui s'écartent comme par magie et ouvrent le chemin de la jeune pucelle vers son roi, le futur Charles VII de France.

« Elle m'a reconnu ! La vérité, oui, elle possède la vérité, elle seule peut l'offrir au monde ! », se dit Charles, bouleversé. Il songe à sa mère, cette femme lointaine dont le corps a été souillé par tant d'amants. Cette innocente qui s'avance vers lui sait tout de cela, elle voit dans ses yeux que lui-même doute, qu'il se soupçonne chaque matin d'être un imposteur, qu'il en pleure en silence, en priant, caché de tous. Elle sait qu'il n'est pas un jour où il ne se demande pas qui est son vrai père. Grâce à la simplicité et à l'autorité sublime de Jeanne d'Arc, le voici l'âme à nu, comme au Jugement dernier. Il se retient de pleurer et de tomber à genoux.

Jeanne se place devant cet homme atteint au plus profond de son être, si frêle devant elle bien que plus grand et mieux nourri. Elle sait qu'elle va le libérer à jamais, et elle connaît déjà le prix qu'elle devra payer pour cette action, car le Roi dans les Cieux le lui a dit. Elle s'agenouille devant Charles, relève son visage lumineux et, tandis que toute la Cour les écoute, elle déclare d'une voix forte et tranchante comme le scalpel du destin : « Gentil dauphin, je te dis de la part de messire Dieu que tu es vrai héritier du trône de France. »

## L'inspiration

Vous considère-t-on – ou vous considérez-vous – comme quelqu'un de légitime ? Une réponse affirmative signifie peut-être que vous êtes compétent, que vous méritez votre place ou rôle parce que vous obtenez de bons résultats, ou que vous agissez conformément à la raison ou à un certain sens du travail bien fait. Un consensus approbateur se dégagerait sans doute autour de votre personne si vous étiez jugé par une opinion publique éclairée. Mais selon quels critères ? Rien de forcément scientifique ni légal, bien que l'étymologie latine du mot légitime renvoie à *lex*, qui signifie *loi*. Le sens légal de légitime s'utilise certes encore, par exemple pour désigner un enfant né de parents mariés, mais c'est la légitimité qui va au-delà de la loi qui intéresse la santé philosophique et qui mérite d'être revalorisée, car elle est liée à la confiance, non seulement des autres, mais de soi envers soi.

Sans une dose certaine de confiance entre citoyens, une société tombe dans la paranoïa, la fameuse guerre civile larvée de nos démocraties en crise, le méli-mélo de l'individualisme ou du chaos communautariste à court terme. Rien de civilisé ne se fait sans confiance, c'est-à-dire sans le sens que certaines personnes avec qui nous sommes en relation professionnelle ou personnelle sont le plus souvent honnêtes, consciencieuses, responsables, en un mot : pleines de bonne volonté. Il fut un temps où l'on tendait à respecter quelqu'un ou le considérait comme légitime parce qu'il avait des diplômes ou un titre. L'habit faisait le moine. Peu à peu, comme l'a expliqué Marx, le capitalisme a dépouillé les maîtres de leur aura, jetant le bébé de l'expertise et de l'autorité réelle avec l'eau du bain de l'incompétence usurpatrice. De plus en plus d'entre nous se sentent précaires, c'est-à-dire illégitimes à leurs propres yeux.

Par ailleurs, l'ivresse d'égalitarisme fait que l'on a parfois du mal à considérer l'autre plus légitime que soi. Les nouvelles générations refusent beaucoup de maîtres au nom de la liberté d'être soi et du syndrome du tapis rouge, par lequel tout le monde semble demander à la société de lui donner le maximum par défaut. Telle personne qui a du succès en exerçant une activité qui semble passionnante ne nous semble parfois pas plus légitime que nous : « Pourquoi pas moi ? » Du fait que nous voulons, désirons ou envions quelqu'un ou quelque chose, nous en déduisons parfois trop vite que nous la méritons. Nous blâmons les obstacles et le travail sans voir qu'ils sont des instruments vers la légitimité personnelle, c'est-à-dire la connaissance et le savoir-faire plutôt que le seul pouvoir.

On voit trop souvent la même personne dans plusieurs rôles à la foi : on a alors raison de douter de sa légitimité, car nul ne saurait bien remplir plusieurs rôles disparates simultanément, et nulle personne n'est assez supérieure aux autres pour devenir ubiquitaire et avoir de multiples casquettes. Pour rester légitime, il faut savoir dire non à trop d'honneurs ou de pouvoir, s'ils sont éloignés de notre orientation profonde.
On le voit, la légitimité, c'est-à-dire l'excellence axiomatique, est un équilibre fragile. Si vous n'en faites pas assez, vous ne deviendrez jamais légitime, mais si vous en faites trop, vous perdrez votre légitimité. La légitimité est une vertu du juste milieu, le courage de quelqu'un qui sait dire *encore* face au devoir et *assez* face à la gloriole. Jeanne d'Arc ne cherchait pas à devenir célèbre, elle suivait sa devise, « De par le Roy du Ciel ! », sa vision d'un règne humain qui soit le reflet de l'harmonie divine. Son exigence idéelle lui a conféré un état modifié de la conscience qui l'a rendue peut-être ultraperceptive ou du moins stratège. Quelle meilleure illustration de notre conviction, dans ce livre, qu'une intégrité de vertus appliquée avec opiniâtreté dans un travail de chaque jour fait des miracles, que l'incroyable pouvoir d'une personne apparemment démunie face au système ! Soyons réalistes : combien d'entre nous ont une conviction philosophique profonde qui s'applique sans compromis dans nos actes au jour le jour ? La bonne nouvelle, c'est que l'intégrité n'est pas hors d'atteinte, et que les récompenses viennent sur le

chemin, sans besoin d'être absolutiste ou intégriste. La santé philosophique, c'est bien sûr la conviction, mais c'est aussi la bienveillance : aider les autres à se sentir légitimes plutôt que les blâmer. Comprendre que le sacré est partout, et pas seulement dans la perfection. Au fond, le sentiment ou jugement de légitimité devrait être l'une des vertus sociales modernes, car cette valeur se trouve à la frontière de l'individu et du collectif, permettant d'affirmer et l'un et l'autre. Si l'on ne croit pas à sa propre légitimité, on n'atteindra que difficilement l'excellence qui rend légitime à l'aune du sens commun. Et si l'on ne croit jamais à la légitimité chez autrui, comme ces cyniques qui voient des imposteurs partout, on finira par douter de soi-même. La légitimité est le rêve d'un monde où état de grâce et État de droit ne feraient plus qu'un.

Force est de constater que si les régimes autoritaires ont souvent du mal à produire des légitimités incontestables, le régime démago-mercantiliste peine aussi à le faire. Le vrai sens de l'aristocratie démocratique, c'est-à-dire le régime des plus légitimes, nous avons encore à l'inventer et le produire, et cela ne se fera pas en comptant les ventes ou les médailles. La démocratie réussie, ce sera l'aristocratie pour tous : chacun sera légitime car acteur de son plus haut destin, en dialogue avec le sens du sublime, notre commune participation à la création continue du monde. La personne légitime est sa propre reine, sans se préoccuper outre mesure d'être la reine des autres.

la constellation de

## Jeanne d'Arc

**Légitimité**, **audace** (lire page 45), **chevaleresque** (lire page 73), **intégrité** (lire page 187), **mérite** (lire page 243), **pressentir** (lire page 285), **souveraineté** (lire page 337).

# Liberté

Trop d'entre nous se croient libres tant que les batteries de leur télécommande fonctionnent, tant que l'accès à Internet n'est pas en panne, tant que la bureaucratie étatique ou financière ne vient pas nous frapper sur la tête avec le marteau de l'injustice ou de la bêtise ; tout paraît aujourd'hui esclave des chiffres, des moyennes et des performances. Une nouvelle liberté est à inventer, non pas seulement la liberté de penser, mais celle de transformer ses pensées en territoire viable, en espace de résistance durable. Ne cherchez plus de visage ennemi pour trouver la cause de votre sentiment d'être en prison : l'ennemi, c'est la loi appliquée sans nuance, les statistiques, les graphes et l'obéissance de chacun à ce que les probabilités prédisent. Mais qui dit obéissance suggère que la libération est toujours possible : il y a encore des humains à qui parler, et encore des cœurs que l'on peut convaincre de sortir de la servitude volontaire.

L'adolescente se voit dans sa chambre lumineuse à plier des draps. Elle flotte au-dessus du sol, souriante, songeant à son fiancé, ce jeune homme qu'elle va épouser et aimer une vie tout entière. Puis il y a ce bruit assourdissant, en bas. Les murs qui ondulent et ses pieds qui s'enfoncent maintenant sur un sol devenu curieusement sombre. Elle s'arrache à ce signe de malheur et se précipite dans l'escalier. La porte d'entrée, immense, gît à terre détachée de la maison avec une incroyable violence, comme un cœur séparé de son corps.

Un hurlement d'agonie s'élève sur sa droite. Un gigantesque Tatar au visage de fou éventre sa mère contre le mur tout en l'étranglant de l'autre main. Au sol, des épaves humaines flottent sur une mer de sang dont le niveau monte. Ce n'est pas un cauchemar, c'est pire : la réalité. Roxelane se fige, elle devine chaque maison transformée en enfer, son amoureux probablement déjà mort. On dit de ces razzias sans pitié des musulmans qu'elles sont un fléau de Dieu pour punir les chrétiens de leurs péchés ; ils tuent tout un village et n'épargnent que les jeunes filles, vierges, belles.

Le Tatar se tourne vers elle. Sans doute par instinct de survie, elle offre son plus beau sourire slave au guerrier. Il s'approche et dans son regard elle devine des années de servitude, d'humiliation, de frustrations et de souffrances à venir. Il la frappe.

Roxelane s'éveille en hurlant. Le cauchemar du passé… ces souvenirs indélébiles… Elle revoit la suite du destin de cette jeune fille qu'elle a été et qu'elle ne connaît plus ; le voyage éprouvant dans une cage, serrée contre d'autres enfants effrayés et assoiffés, le marché à Constantinople où elle a été vendue aux enchères, et puis son arrivée dans le plus prestigieux des harems, livrée en pâture au plus puissant des hommes.

Elle est allongée dans l'une des plus spacieuses chambres du palais. En plein jour, ses souffrances lui semblent lointaines. Et cependant, elle sait qu'il en faudrait peu pour que ses ennemis parviennent à la renvoyer à la fange. Elle observe le luxe qui l'entoure, le marbre de Grèce au sol, ces colonnes peintes avec délicatesse par des artisans venus d'Italie, ces orfèvreries d'or et de diamant qui brillent çà et là comme des constellations de bon ou mauvais présage. Sa chambre est un palais en soi. Elle peut tout perdre.

Elle sait que dans les jours à venir se jouera à nouveau son destin avec le sultan. L'amour ? Non, elle le possède, elle le donne aussi, elle adore cet homme qui lui a donné ses deux fils. Ils sont un, profondément unis depuis des années. Ils sont la même âme reconstituée. Un coup de foudre puissant entre une esclave et son maître, qui précisément ne peut être parachevé que si l'esclave est libre, que si le maître est le couple dans sa totalité. À présent, il s'agit d'officialiser leur amour, pour qu'elle incarne aussi le pouvoir et la possibilité de protéger ses enfants des terribles risques lorsque viendra le temps de la succession de Soliman le Magnifique.

Oui, il doit dire oui, il l'a déjà affranchie ; elle s'est convertie et désormais il ne peut la déshonorer. Alors elle lui a lancé un ultimatum, pour qu'il lui offre un statut. Mais si son fils aîné, issu d'un premier amour, retournait Soliman contre elle ? Ils sont nombreux au palais à la détester. Toutes les filles du harem lui vouent une jalousie et parfois une haine sans limites. On pourrait le convaincre d'exiler Roxelane la Ruthène dans un palais lointain et la ramener à plus de modestie. Serait-il capable de se passer d'elle ? De nouveau la peur la gagne. Puis elle éclate d'un rire joyeux.

Sa main glisse sous son oreiller et elle se saisit d'une lettre. À voix haute elle lit. : « Ma compagne intime, ma confidente, ma toutes choses, mon seul et unique amour.

La plus belle parmi les admirables. Mon printemps, source de toutes joies, source de lumière, mon étoile brillante, lumière de ma nuit… Mon doux sucre, mon trésor, ma rose, la seule qui ne me désole pas dans ce monde… Je chanterai toujours tes louanges, moi, amoureux au cœur tourmenté, aux yeux pleins de larmes, je suis heureux ! »

Ses yeux s'humidifient. Sa main est ferme ; elle embrasse la lettre. Oui, il va dire oui, mon amoureux, roi de mon cœur, possesseur après Allah de mon âme, et je serai sa femme, je serai Hürrem Sultan, et je rendrai aux femmes la part de lumière qui leur est due.

## L'inspiration

Il peut paraître inattendu de suggérer que la liberté est une valeur négligée. Ne sommes-nous pas en démocratie ? Ne sommes-nous pas même, diraient certains conservateurs, trop libres et pas assez responsables ? Peut-être l'avons-nous été dans la deuxième moitié du XXe siècle, mais les choses ont imperceptiblement changé : nous vivons de plus en plus au temps des automates et l'art d'être libre se perd. Pire, la surveillance totale et numérique de nos faits et gestes, doublée de la police de la pensée qui sévit à gauche comme à droite de nos perceptions, fait que nous vivons dans une période de quasi-totalitarisme statistique et idéologique, fût-elle souriante en apparence.

Les esprits intelligents et différents, en temps de réelle liberté, font entendre leurs idées sans peur. Aujourd'hui, ils préfèrent parfois se taire car l'idéologie est omniprésente, portée par l'émotion globalisée des groupes. Semblances de cohésion et de raison collective, *ensemblances* criminelles de groupes puissants contre des individus qui ne peuvent rien d'autre que d'accepter leur sort. La liberté de consommer et de s'épancher dans les toilettes d'Internet l'emporte sur la liberté de penser et d'agir, qui est un travail lent, discret et difficile, de telle sorte que ceux qui ne sont pas d'accord avec la cacophonie de valeurs ou l'absence de vertus de notre quasi-civilisation semblent parfois condamnés à s'identifier à des pensées dites « réactionnaires » : le nationalisme, l'élitisme, le traditionalisme, ou le communisme. Quant à l'idéalisme ou l'utopisme, il est précarisé ou confondu avec l'esprit de start-up et des nouvelles technologies, toujours proche de sauver le

monde pour quelques dollars de plus. Partout règne ce que La Boétie appelait la servitude volontaire, un confinement mental continu, un acquiescement au système par petites touches imperceptibles. Que peut encore David contre Goliath ?
Le capitalisme a absorbé le communisme, non pas en le tuant, mais en fusionnant avec certaines de ses caractéristiques. Tout d'abord, la bureaucratie comptable. Elle s'infiltre partout aujourd'hui : le naturel est l'ennemi du régime régulateur arithmo-maniaque. Tu es un chiffre, un graphique, une courbe, et tes mots et gestes contrôlés, conformes, minutés, corsetés. La guerre contre tout ce qui n'est pas mesurable est une guerre contre les têtes qui ne se laissent pas rassembler en bouquets de chiffres, qui glissent imperceptibles hors des protocoles et pourraient proposer mieux si elles savaient se faire entendre, ce que l'on empêche à coups de divertissements, de morale standard, de crises artificielles ou d'analyses d'experts que les idiots suivent aveuglement, par exemple les médecins ou les politiciens et leurs statistiques morbides. Partout s'étend le règne probabiliste du plus petit dénominateur commun.
Mais ce tableau est sans doute trop noir et il reste une flamme en chacun de nous. La liberté est dans nos cœurs, enfouie sous le confort des harems symboliques dont nous sommes peut-être les eunuques plus ou moins conscients. Il nous suffirait de dénouer le corset du conformisme et de vaincre notre peur de la solitude, notre sentiment d'impuissance face aux grosses

machines qui nous écrasent. De quoi s'agit-il avec la vraie liberté ? De vivre la vie que notre admiration nous suggère, quoi qu'on en dise, de faire que le monde soit le reflet de notre vision intime, et de cultiver l'intelligence nécessaire pour faire la part de nos désirs, en gardant les plus nobles, les plus authentiques. Avoir le courage de ses convictions.

La liberté, c'est aussi le fait d'avoir conscience de nos automatismes. Il est évident que nous sommes des êtres de protocole, de partiel conditionnement, ne serait-ce que parce que nous sommes prisonniers d'une langue, d'une époque, d'une société, de lois, d'un marché, de notre corps, ne serait-ce parce qu'il est bon d'avoir de bonnes habitudes. Mais c'est à force de nous comprendre psychologiquement, philosophiquement que nous gagnons le droit de dire non à ceux qui ne veulent pas nous comprendre. La liberté, au fond, c'est l'amour de la compréhension mutuelle, plutôt que l'imitation commune, l'amour des univers parallèles, des possibles, de la possibilité de soi. Suivre sa constellation, en auteur de sa vie.

La liberté, c'est la fidélité à l'idée que, quel que soit notre confort, ou notre détresse d'esclave, un monde qui n'est plus ouvert au changement radical, à l'expérimentation inouïe, et à la considération de toutes les idées sans condamnation moraliste, un monde finalement qui n'est pas profondément pluraliste, est un monde mort. Comme l'écrivait le Montaigne de l'abbaye de Thélème, c'est un temple au-dessus duquel est marquée la formule *Fais ce que tu voudras* – mais aime et respecte ce que tu fais ! La liberté, c'est de savoir ce que l'on veut profondément, ce qui demande de la patience, du dévouement et ce temps de penser et de respirer joyeusement que nous devons conquérir malgré les obstacles.

la constellation de

## Roxelane

**Liberté**, **devoir** (lire page 105), **humilité** (lire page 177), **récompense** (lire page 319), **tact** (lire page 355).

# Mérite

On peut percevoir le destin ou la société comme une machine à distribuer des lots, parfois au hasard, et parfois comme la récompense d'un travail fourni, d'une performance distincte, d'une pirouette. Mais l'univers en sa source n'est pas un supermarché divisé en rayons et en objets de consommation. Le devenir créatif est un, indivisible, c'est une énergie que nous méritons par naissance, parce que nous sommes enfants des étoiles. Ce mérite naturel, nous l'oublions à force de compétition pour mériter des lots moins essentiels, réels, mesurables. Le mérite absolu, c'est de rester dans la gratitude du devenir créatif, de la régénération du singulier. Avoir la dignité de ne pas vouloir que tout se manifeste, que tout se matérialise ; comprendre que rien ne nous manque vraiment, car nous avons tout à donner.

La douleur s'intensifie depuis des heures, et lorsque parfois il croit s'y habituer, un nouveau foyer se déclare, au niveau des poumons ou bien au creux de ses reins. Il serre les dents, de peur de crier, de montrer sa faiblesse et sa frayeur. Ce jour devait constituer une forme d'apothéose, le point culminant de l'Esprit. Lui qui a toujours voulu dompter les démons de la matière et de la chair, comment aurait-il pu imaginer qu'ils se rappelleraient à lui avec une telle brutalité, avec une telle puissance ? Chaque cellule de son être hurle, chaque tendon, chaque muscle implore la fin du supplice. Il s'était imaginé mourir vite, proprement. Pourtant, ce jour, son corps lui impose sa loi. « J'ai fait preuve de vanité et d'orgueil ! J'ai cru pouvoir échapper à la condition des hommes ! »

Puis il se reprend ; il implore le pardon. Sa tête retombe de côté tandis que la douleur poursuit son office, en bourreau consciencieux. L'homme n'est plus qu'une matière en feu à la surface de laquelle ruissellent des saignements et des humeurs jaunâtres que des orifices expurgent de ses mains et de ses pieds transpercés. Il sent dans sa bouche le goût du sang. L'odeur répugnante de sa propre viande pénètre ses narines comme une punition supplémentaire. L'édifice entier de son être lui paraît sur le point de s'écrouler. Il a comme l'impression que chacun de ses os est fracturé. Ses yeux le brûlent, ses oreilles bourdonnent à le rendre fou et son crâne se compresse comme un étau.

Toute sa vie, il a vécu pour la paix, il a cultivé les chemins de la bonté, offert au monde un récit pour que les êtres se rapprochent les uns des autres, pour sortir les hommes des temps de barbarie et de la querelle. Il a élevé au plus haut les ambitions de la nature humaine pour qu'elle transcende les bas instincts. Il a incarné la grâce pour que les âmes s'en emparent et oublient leurs enveloppes animales. Et soudain, la vérité le saisit. C'est précisément ce mépris du corps qui se trouve puni ce jour. Il s'est éloigné de la nature.

Ça ne pouvait donc finir qu'ainsi, par ce retour brutal à la condition terrestre, une leçon d'humilité. Ce jour, il doit accueillir les pires des douleurs, vivre dans la chair cette terrible précarité, l'esprit emprisonné dans une enveloppe vulnérable. Embrasser le mystère de l'ici et maintenant. « Le corps de chaque homme en est donc toujours là, enraciné au réel, même quand l'âme se montre exemplaire, digne et élevée », se dit-il empli de compassion. Il ressent à cette pensée une infinie pitié pour le genre humain. Celui qu'il nomme son Père a lancé un défi suprême, enfoui en langage codé dans les liens entre le corps et l'esprit.

Il observe sa mère qui pleure, quelques mètres plus bas. Il y a aussi son frère, et quelques disciples. Ils croient en lui depuis si longtemps. Il les aime comme il aime tous les autres, même ce Ponce Pilate, même ce Barrabas, et ces deux pécheurs à ses côtés, en supplice eux aussi. Il est « eux », il est le genre humain et toute sa souffrance accumulée et il comprend le sens de cette Croix. Peut-être que ses disciples sauront transmettre aux hommes que seul un amour sans limites peut adoucir la condition humaine. « Oui, je leur devais bien ça moi aussi, un amour sans limites », songe Jésus, avant de rendre son dernier souffle.

## L'inspiration

Vous considérez-vous une personne de mérite et si oui, ce mérite est-il absolu ou relatif ? L'historien Jay M. Smith a étudié la culture du mérite dans la France de l'Ancien Régime et les variations de la notion de personne méritoire à cette époque. L'aristocratie, jusqu'au XVII^e siècle, se percevait comme la classe du mérite absolu, au sens épique de service au royaume et de droit divin. Elle se devait idéalement d'agir par devoir suprême, tandis que la bourgeoisie a revendiqué à la place – et pour obtenir des *places* jadis monopolisées par la noblesse – l'idée de mérite relatif, une compétence compétitive dans un marché du travail plus ouvert et compétitif.

L'économiste Richard Musgrave a tenté d'introduire la notion de « bien méritoire », une sorte de concept éthique appliqué au contrat social. On peut distribuer les richesses sociales de manière raisonnable à travers des biens méritoires tels que l'éducation gratuite pour tous, les repas scolaires gratuits, les subventions pour des biens de première nécessité, les musées et les concerts à accès libre : la culture, l'esprit, l'éducation et un certain respect critique de la tradition sont des biens de première nécessité. Un bien méritoire est un bien si important que lorsque le marché capitaliste ne le distribue pas avec justice, l'État doit intervenir pour rétablir la balance. Idéalement, les biens méritoires sont des biens qui permettent à la majorité de se constituer assez de forces cognitives et physiques pour ensuite servir une haute idée de la communauté.

Aujourd'hui, le mérite est parfois pensé comme « absolu » mais sans sacrifice : « J'appartiens au genre humain, donc je mérite ceci ou cela ». Être humain est une dignité en soi, nous disent les droits de l'homme et l'anthropocentrisme. C'est une idée centrale et plus ou moins abstraite de l'humanisme que tout humain mérite un respect total, même s'il est, pour reprendre le titre d'un roman de Musil, « un homme sans qualités ». Mais cette idée humaniste de mérite par nature, de mérite souvent excluant les non-humains, est-ce la meilleure manière de construire un avenir terrestre ? Il y beaucoup de l'arrogance d'*homo sapiens* vis-à-vis des autres espèces dans le mérite humaniste, et pour certains cela mène en ligne droite à l'obésité du spectateur sur son canapé rempli de miettes de chips et de rêves brisés, dont on prolonge la vie à outrance, pour se donner bonne conscience, tandis que la planète agonise de nos excès consuméristes.

La notion de « méritocratie », *a contrario*, tente de se distancer des droits propres à la nature humaine pour promouvoir la performance et la productivité dans une société sur le qui-vive. Ici, le problème, c'est que la compétition peut souvent apparaître comme plus souhaitable que la coopération. La rivalité prend le pas sur l'amabilité ou la solidarité. Trop de méritocratie peut conduire à une société ultracompétitive où la pression pour les biens sociaux est telle que certains sont poussés à tricher ou former des clans partisans ; l'entraide désintéressée se fait plus rare, et une forme d'élitisme conformiste et obtus s'installe.

Trop d'égalitarisme – perçu sur le mode contemporain du *moi aussi* –, peut aussi conduire à une société hypercompétitive, chacun désirant une part du gâteau : la pression devient telle que beaucoup contournent les règles, forment là encore des tribus partisanes, se clament victimes pour devenir vainqueurs. La solidarité authentique est mise à mal car on s'attend à ce que l'État, les institutions ou l'opinion publique exercent leur providence en déroulant le tapis rouge. Une nouvelle forme d'injustice s'instaure, celle des masses uniformes et des quotas contre l'individu singulier qui n'a pas organisé son statut de victime.

Le mérite philosophique est plutôt lié à la façon dont on se perçoit soi-même dans le monde malgré les obstacles ou les soutiens, et par-delà le bien, le mal, et les tribus. Demandez-vous, ici et maintenant : qu'est-ce que je mérite ? Que ressentez-vous ? Êtes-vous fier de votre richesse intérieure, ou avez-vous la sensation d'être une machine à s'adapter, une âme inquiète cherchant à trouver place dans le puzzle des conventions et des stratégies sociales ? « Les premiers seront les derniers » : plus on est un champion de l'adaptation et du conformisme, plus on est le subalterne de l'être. En criant : « Mon Dieu, pourquoi m'as-tu abandonné ? », Jésus sur la Croix a compris son ultime mérite. Le divin ne vient pas d'un Père Fouettard comme une récompense

pour bonne conduite. Le divin créateur est en nous. Nous le sommes continuellement, nous le faisons, ou le défaisons, par nos pensées, par nos actes, dans nos mœurs. Il faut être sur le point d'être abandonné par Dieu pour le recréer.
Il ne faut pas que le mérite soit dépendant d'un jury quelconque, celui du grand enfant attendant une récompense pour bonne conduite. Le mérite sain est une gratitude que l'on éprouve d'abord pour notre capacité d'accrocher une étoile de temps en temps, un accomplissement que l'on doit savoir admirer chez quelqu'un d'autre aussi, lorsqu'on comprend que rien de noble ne se fait tout à fait seul. Il faut savoir collaborer, c'est-à-dire se réjouir de l'idée de mérite collectif. Beaucoup de personnages historiques que nous décrivons dans ce livre sont héroïques, mais ils ne sont que la partie visible d'un iceberg de travail en réseau dans la poursuite d'une cause commune au sein d'un collectif. Accepter d'être méritoire sans se faire remarquer, en poursuivant la splendeur d'une idée plutôt que le miroitement d'une médaille ? Imaginons une société où tous n'auraient que des devoirs, mais avec la liberté de choisir parmi ces devoirs : peut-être y serait-on constamment dans une attitude de don, plutôt qu'à la recherche d'une place et d'une visibilité médiatique ?

la constellation de

# Jésus

**mérite**, **âme** (lire page 37), **générosité** (lire page 153), **souveraineté** (lire page 337), **vérité** (lire page 389).

# Mœurs

L'univers se compose de deux tendances contraires : chaos et régularité. Les mœurs humaines tentent d'imiter la répétition des phénomènes naturels qui nous maintiennent en vie au milieu du chaos. Nous oublions alors que nos rituels, nos traditions, nos manières de faire communes, ont été cocréés au fil d'une évolution séculaire. À trop suivre les mœurs, on se rigidifie et perd en spontanéité créatrice. L'élégance vient de celles ou ceux qui ont su se sculpter leurs mœurs propres comme autant de variations autour des rituels de la tribu. Cela ne va pas sans respect pour les cultures qui nous sont devenues étrangères, mais plus grand encore est le respect dû à notre créativité sociale, cette capacité de libération. Les mœurs sont comme une partition musicale baroque : tout est dans l'improvisation autour d'une ligne de basse qui donne le rythme.

Une voix faible tente de l'éveiller mais il n'a pas envie de l'écouter. Il se sent bien, se rappelle s'être endormi de tout son poids contre l'épaisse table, et maintenant son esprit s'élève et avance vers Dieu. Il se réjouit car il mesure le privilège qui lui est offert d'entrer dans la lumière blanche, de vivre à son tour la révélation, la rencontre ultime.

Toute son existence, il a communié avec les forces de l'esprit et les énergies cosmiques ; ils sont des centaines à être venus le visiter pour qu'il apaise leurs angoisses ou guérissent leurs maux. À cette pensée, le délicat visage du prince lui apparaît, cet homme aux traits féminins, son ami. Il sait tout de lui ; un jour il l'a hypnotisé, il a lu tout ce qui se cache en lui, même ce ressentiment larvé qu'il éprouve contre son hypnotiseur. Peut-être davantage qu'un ressentiment, se surprend-il à penser ; et soudain une tache de rouge emplit son esprit et une douleur intense le transperce. Le corps se rappelle à lui, son esprit recule et lui ordonne de redescendre dans le monde des hommes.

Il ouvre un œil, et se souvient brusquement des deux coups de feu qu'il a entendu claquer derrière lui avant que son dos ne soit transpercé. « Le prince m'a trahi ! Le prince a tenté de m'assassiner ! Il m'a fait venir ici, boire et il m'a tiré dans le dos ! »

Une force furieuse l'emplit : il s'appuie sur ses mains de bûcherons, élève son puissant corps et d'un bras, balaie les restes de gâteaux et de vin. Il tente de se redresser, gémissant de douleur, le goût de son propre sang dans la bouche. Un bruit et il découvre à l'entrée de la pièce le prince effrayé qui le regarde comme on regarde un fantôme. Il s'avance en titubant et l'attaque. Ils se griffent, s'arrachent des bouts de peaux, tentent de s'étrangler. Le prince profite de la faiblesse de Grigori et se précipite dans l'escalier.

L'homme blessé perçoit en haut des sons de voix. Ils sont donc plusieurs dans cette conspiration ? Il faut s'échapper, survivre, prévenir le czar, pousser de toutes ses forces cette porte épaisse qui donne sur la cour, oublier son corps en feu, s'enfuir du palais de la Moïka. Sa constitution robuste résiste encore aux chocs que les deux balles lui ont infligés mais il sent qu'il s'affaiblit de minute en minute. Mais il doit tenir bon. Le voici qui fuit dans la neige. Derrière lui, à ses trousses, des cris où se mêlent haine et frayeur. Il les tétanise ! Il est encore Grigori Iefimovich le starets, celui qui domine chaque être par son regard !

Il ressent comme un abandon de tout son être. Rejoindre le royaume des Cieux ? « Il te faudra répondre de tous tes péchés, lui susurre sa conscience, de légers péchés certes, ceux de la chair, de la luxure, ces alcools dont tu as abusé, et toutes ces femmes que tu as séduites, possédées, puis abandonnées. Mais est-ce si grave quand on pense aux efforts que tu as déployés pour sauver des vies et des âmes ? » Ses ennemis mortels le haïssent pour son influence auprès du czar. Mais quoi ! Ne sont-ils pas sous leurs airs propres et purs les plus viles et les plus démoniaques des âmes russes ? N'ont-ils pas le sang de milliers d'adolescents et de chair à canon sur les mains ?

« Oui, j'ai bu et forniqué, je suis parfois un monstre pour moi-même, ou pour la morale, mais ceux qui veulent ma mort ont dévoré leurs propres enfants, les enfants de La

Grande Russie ! » Lui, il a su le pouvoir de l'ascèse et de l'esprit. Ces périodes de méditation pieuse lui ont permis de comprendre la vacuité de ces va-t-en-guerre qui ne supportent pas qu'il tente d'infléchir l'impératrice et le czar pour que cessent les tueries inutiles contre l'Allemagne ou demain un autre pays. Il voit les victimes humaines dans ses cauchemars et ses prières lorsque après une nuit de débauche, il se met à genoux et prie des heures durant, jusqu'à ce que ses genoux craquent de douleur et que son dos en appelle à la clémence.

Un claquement dans l'air, une nouvelle balle, la douleur le fait hurler. Il chute, devine à peine les pas de ses bourreaux qui se rapprochent. Ils tirent à nouveau mais le ratent. Ils le croient immortel. Pourtant, trois balles suffiront à avoir raison du géant.

Les coups pleuvent à présent. Il a enfoui son visage dans la neige pour sentir le froid de sa Russie le protéger une ultime fois. « Je t'aime », murmure-t-il.

Il se souvient alors de la prophétie qu'il a faite au czar : « Je mourrai dans des souffrances atroces. Après ma mort, mon corps n'aura point de repos. Puis tu perdras ta couronne. Toi et ton fils serez massacrés ainsi que toute la famille. Après, le déluge terrible passera sur la Russie. Et elle tombera entre les mains du Diable. » Ce 30 décembre 1916, quelques mois avant la révolution russe, Grigori Iefimovich Raspoutine ne sent plus rien. Ses assassins jettent son corps inerte et massif dans la rivière Nevka, puis crachent dans l'eau une dernière fois en criant : « Démon ! ».

## L'inspiration

*O Tempora, o mores ! Ô Temps, ô mœurs !* s'exclama Cicéron, qui trouvait déjà que son époque ne tournait pas rond. Là encore, l'étymologie latine inspire : mœurs vient de *mos, moris*, qui veut d'abord dire la volonté, le désir, l'inclination, puis l'habitude, l'usage, le rituel, la règle, comme s'il y avait là une chronologie évolutive. Quelle est la part du désir, de la volonté et de la conformité à des règles – règles physiques, légales ou idéales – dans nos manières de faire et de vivre ? Mœurs est un mot pluriel. La référence aux mœurs est souvent comparative, à la manière des *Lettres persanes* de Montesquieu, qui observent les façons françaises à travers le regard amusé d'étrangers qui s'étonnent de ce que nous ne voyons pas toujours, par exemple, la fausseté des Parisiens.

Toujours au XVIII$^{e}$ siècle, Kant a publié une *Métaphysique des mœurs* où il compare les facultés de l'âme humaine aux lois morales. Il distingue le droit de la vertu : le premier nous contraint socialement, de l'extérieur, tandis que la vertu est une conduite conforme à des règles choisies personnellement (mais qui peuvent être cocréées avec d'autres), conduite rationnelle possible chez l'humain car il est par nature ouvert à la connaissance, pourvu, dit

Kant, qu'il ose chercher à savoir. Le philosophe explique qu'il ne faut pas obéir systématiquement à une autorité qui a puissance sur vous, mais tempérer notre respect de l'ordre social par l'autorité privée de notre raison directrice, de notre constellation conceptuelle personnelle. Cette vertu personnelle n'est pas le caprice égotiste ni le quant-à-soi : nous avons des devoirs envers nous-mêmes. La raison conductrice, ce n'est pas que le calcul, ni les statistiques ou le réductionnisme scientifique, qui veut que seul le mesurable soit réel ; la raison, c'est aussi la capacité de se guider en fonction d'idées abstraites qui fonctionnent comme des étoiles de sens dans la nuit des opinions et de la volonté de puissance. Ces idéaux ne sont pas en eux-mêmes nécessairement rationnels, puisqu'ils sont, en partie, indéfinissables en soi : la vérité, l'amour, la justice, la création, le divin, la pensée, la vie. Tout cela contient une part de spontanéité, de singularité sans cesse renouvelée. Mais ce qui est rationnel c'est de tenter de régler votre conduite sur quelques axiomes conceptuels autonomes, comme autant d'asymptotes de l'élan vital, des réalités inatteignables dans leur perfection, mais vers lesquelles on peut tendre courageusement, par un effort de chaque jour, contre la tendance à se contenter des routines ayant fait leurs preuves.

Prenons l'exemple de l'éducation. On constate diverses mœurs dans le monde lorsqu'il s'agit d'élever ses enfants, qui vont de la discipline morbide au laisser-faire inconscient. Simplement appliquer les usages de son pays ou de sa culture, c'est risquer d'agir en automate conformiste. Mais s'écarter trop visiblement de ces mœurs, c'est prendre le risque d'apparaître excentrique, ou d'être montré du doigt voire de tomber sous le coup de la délation et de la loi. Si on frappe un enfant, par exemple, on applique une action phénoménale, c'est-à-dire qu'on ne quitte pas le domaine du sensible, de l'animal, du présent. Cela peut sembler efficace à court terme, mais la peur et l'urgence sont rarement de bons guides existentiels. Si l'on veut vraiment *élever* son enfant, le tirer vers le haut, il faut donner l'exemple plutôt que de faire de longs discours contradictoires ou s'emporter par humeur. Car vos enfants vous scrutent en secret, ils cherchent à vous admirer, et vous veulent cohérents et joyeux – vertueux, pas au sens du curé de campagne mais au sens de la bravoure personnelle, celle d'avoir des principes et de les suivre tant bien que mal, asymptotiquement plutôt que fanatiquement.

Le fait qu'un mot comme *mœurs* ne soit plus trop entendu au quotidien est mauvais signe. Un tel vocabulaire permet de distinguer les actes que l'on fait par instinct grégaire et lâcheté sociale, du courage d'être soi et de fixer ses actes, ou du moins la plupart, sur la lumière d'une constellation de valeurs : une certaine idée du paradis sur terre, une utopie qui n'est nulle part mais dans nos cœurs à la fois. Il n'est pas mauvais de faire rimer *mœurs* avec *cœur* et *meurs* : comme le disait Platon, une vie philosophique part de la vision d'une bonne mort (imaginez-vous sur votre lit de mort, plein de gratitude, d'amour et de respect de soi) puis remonte à rebours vers la bonne vie.

Aujourd'hui, on prône officiellement la liberté d'être soi, mais on la rabat le plus souvent sur le sensible et le particulier, le bien-être sensuel et phénoménal. Nos démocraties capitalistes feignent de considérer les absolus comme dangereux, tout en les manifestant sous forme de mercantilisme de la peur, d'égalitarisme de l'envie, d'égoïsme de l'avidité. Ils déterminent des mœurs mortifères et parfois contradictoires : dissocier travail et idéal, mépriser l'intellect, se faire plaisir au niveau de l'épiderme au mépris de son plus haut destin, pratiquer la compétition comme on respire, manger sans faim, s'exhiber en être libéré dans la caverne des réseaux sociaux et chercher la popularité auprès de ceux que l'on n'admire pas. Les mœurs contemporaines standardisées jusqu'à devenir un laisser-faire cool nous apparaissent parfois souhaitables mais ce sont des habitudes questionnables. Il faut toujours s'ouvrir à la possibilité de vivre autrement et de créer un espace pour la singularité, ce sens personnel de l'universellement honnête et joyeux, cet instinct du possible.

la constellation de

## Raspoutine

**mœurs**, **audace** (lire page 45), **égotisme** (lire page 113), **foi** (lire page 137), **joie** (lire page 203).

# NUANCE

Certains confondent nuages et nuance, la fumée et le feu : ils enfument un débat par une trop grande diversité de considérations. D'autres confondent intelligence et décision, tranchant le nœud de la complexité vitale à coups d'épées dans l'eau. La véritable nuance est le soin de grandir sans détruire. C'est un idéal, car d'un autre côté, pour qu'un arbre grandisse, certaines branches doivent tomber ou rester à l'état de virtualité. Reste que de multiples tribus humaines, niches de colère, de frustration ou de domination, se querellent faute de savoir se comprendre : la nuance qui permettrait la collaboration est écoute profonde et ferme, une forme de négociation qui vise non pas l'intérêt personnel seulement, mais la santé philosophique de la Terre et de ses habitants.

Londres, printemps 1940. Les deux hommes s'installent confortablement dans les fauteuils en cuir garance du Carlton Club. Cigares à la bouche, ils sont seuls dans la vaste pièce du club de gentlemen le plus politique de Londres. Des bruits d'avion de chasse qui patrouillent ternissent le silence feutré. Quelques heures plus tôt, quatre avions de la *Luftwaffe* ont été aperçus au-dessus de la Manche.

« Mon cher ami, vous m'inquiétez, et après la session houleuse de ce matin je me fais même du mauvais sang ! Vous troublez vos ministres, alors que nous devons rester soudés. Votre discours, certes brillant, comme souvent, a le défaut de ses qualités : il force le trait et il excite les esprits. Et cette idée fantaisiste de…
– Pragmatique, cette idée pragmatique… Réaliste, vraiment.
– Sacrebleu, depuis quand l'impossible est-il réaliste ? »

L'homme saisit une bouteille de whisky comme pour se calmer et sert aussi son interlocuteur, qui sourit :

« Mon cher Neville, vous n'achèterez pas mon silence à coups de bourbon ! Mes idées sont claires, les actes indéniables et les faits têtus. Cet homme ne s'arrêtera pas tout seul : il est ivre de ses propres théories tel un fanatique religieux. Il tourne en boucle, incapable d'entendre raison. Certains le trouvent charmant et intelligent, alors qu'il est le plus absurde danger que l'Histoire ait jamais porté. Le combat doit donc être sans concession, et c'est la raison pour laquelle nous devons raccrocher les Français à la guerre.
– En leur offrant la nationalité anglaise ?
– S'il le faut !
– Mais Winston, c'est extravagant !
– De Gaulle m'irrite, vous le savez, mais sa vision a de la hauteur. Cette idée d'union porte en elle une force

symbolique évidente. Anglais et Français réunis en un seul territoire, et leurs deux Empires en marche contre le nazisme ! Bien entendu, ce ne sera que le temps de la guerre… qui est notre guerre ! Un Anglais blessé pourra être soigné dans un hôpital français. Nos mécaniciens répareront les avions français, nos états-majors se coordonneront. Par le passé, l'Allemagne a été notre alliée contre la France, aujourd'hui, c'est l'inverse.
– Nos compatriotes verront ça d'un mauvais œil ! Ils n'aiment pas les *Froggies* !
– Vous caricaturez, Chamberlain ! Quand la flotte française basée à Toulon se présentera sur la Tamise, nos compatriotes comprendront ! Si nous n'agissons pas vite, le ciel de Londres ressemblera non pas à une fable de La Fontaine avec une pluie de grenouilles mais à un déferlement de l'enfer. Et même en nous alliant à la France, je ne suis pas sûr que nous éviterons la furie de la *Luftwaffe* sur notre territoire.

Chamberlain regarde Churchill avec intensité. Il ne l'aime pas beaucoup mais il le respecte. Aucune de ses vues ne s'est révélée fausse depuis la prise de pouvoir des nazis en Allemagne. Alors une telle alliance, fût-elle contre-nature, pourquoi pas ?

« Allons Winston, je vous suis, travaillons ! Passons en revue les ministres et les arguments à leur servir et ensuite nous nous répartirons les entretiens. »

Quelques minutes plus tard, dans le silence de leurs chuchotements, le destin du monde vacille dans l'hypothèse folle d'une seule nation qui réunirait Français et Anglais dans la lutte contre les Allemands. Quelques jours plus tard, le général de Gaulle la proposera au gouvernement français qui la balaiera d'un revers de main. Le lendemain, à quelques heures de se faire arrêter, il prendra l'avion pour Londres où il prononcera son allocution du 18 juin 1940.

## L'inspiration

La nuance : voilà une valeur ambiguë, s'il en est. D'un côté, notre monde mercantiliste demande des produits simples à comprendre, des messages ou refrains coups de poing, des débats manichéens qui souvent ne résolvent rien mais font une certaine audience. D'un autre côté, trop de nuance peut empêcher la compréhension, puis la prise de décision. C'est que l'on confond trop souvent le temps de la pensée et le temps de l'action. La nuance dans la pensée tend vers la philosophie. La nuance dans l'action se nomme stratégie. Une vision du monde sans stratégie peut s'avérer impuissante. Une stratégie sans philosophie est souvent le masque de l'idéologie, d'un intérêt particulier ou d'une passion aveugle.

Faut-il systématiquement de la nuance ? Oui, lorsqu'il s'agit de penser un problème et de le considérer

sous tous les angles avant de se constituer une vision. Mais moins lorsqu'il s'agit de, finalement, prendre une importante décision ou d'empêcher qu'une crise devienne fatale. Le nécessaire temps de la pensée doit faire place à l'action, certes, mais en réalité la nuance permet de dépasser cette dichotomie entre pensée et action. Et la synthèse des deux s'appelle le soin. Prendre soin tout en agissant, guérir tout en créant.
Toute cette période que l'on appelle « postmodernisme » résulte peut-être d'une confusion entre le domaine de la pensée et le domaine de l'action. On prétend introduire trop de pseudo-nuances dans le tissu du quotidien, et finalement on augmente les clivages et les esprits de clocher, car on met à mal la capacité de se retrouver, ensemble, dans une histoire saine et une aventure commune. D'un autre côté, on réduit le temps de la pensée en lui substituant un kit de fausses diversités copiées-collées, qui paralysent la possibilité de synthèse et entretiennent un chaos social apparent et spectaculaire.
Toute société a besoin d'un élan commun, d'un mythe d'appartenance – une *fabulation* d'esprit de corps, disait le philosophe Henri Bergson – une épopée qui comme toute narration fédératrice pourra sembler manquer de subtilité parfois. Mais sa vertu est ailleurs : mobiliser une solidarité commune, un esprit de respect, une *ensemblance* temporaire plutôt que la guerre civile des frustrations particulières. En même temps, une société mature et réellement démocratique doit

offrir de multiples espaces de pensée où la nuance est pratiquée comme une gymnastique de profondeur, en vue d'une pragmatique : une nuance de pensée en acte, un soin de l'avenir plutôt qu'une idéologie ou une confusion qui tendrait à tout inclure dans une mélasse cacophonique. La politique occidentale du XXIe siècle ressemble parfois à du bouddhisme mal compris : on fait semblant de respecter tout et tous. Cela part d'une bonne intention, mais c'est du clientélisme qui divise tout en créant des niches de marché.

Nietzsche parlait de la nécessité de philosopher à coups de marteau. Cela ne veut pas dire que les concepts sont créés violemment et à l'emporte-pièce, cela veut dire qu'une fois que l'on a pensé avec un art patient et courageux de la nuance et du dialogue (y compris avec soi-même), il convient de savoir trancher avec bienveillance comme un juge frappe de son maillet et prend soin d'autre chose, comme un médecin ou un thérapeute sont capables de passer d'un patient à un autre, avec patience et persévérance. La nuance ne peut être toujours angélique, car l'enfer est pavé de bonnes intentions. N'oublions pas que l'étymologie de nuance, c'est le mot *nuage* : tandis qu'une communauté de pensée peut introduire des nuances par souci de vérité philosophique, d'autres communautés plus tactiques usent de la nuance comme on enfume son adversaire, pour l'aveugler.

Comme le disait Winston Churchill : « Vous n'arriverez jamais à destination si vous vous arrêtez pour jeter des pierres à chaque fois qu'un chien aboie. » Notre Terre souffre aujourd'hui d'être divisée en trop de tribus haineuses à la fierté délirante, dont le mauvais esprit de corps fait le jeu des capitalistes des réseaux sociaux et du marketing des niches qui enferment plutôt qu'elles ne libèrent.

Être un bon philosophe stratège, c'est avoir le courage de travailler la nuance de la pensée en personne d'action. Alexandre le Grand a été formé par le philosophe Aristote avant de devenir un conquérant. Le génie d'Aristote, ce fut la finesse novatrice de son regard sur la réalité. Le génie d'Alexandre, ce fut de trancher le nœud gordien. Il est dommage que les deux hommes aient été séparés par l'Histoire. Le monde a trop de guerriers et trop de moines, séparés par le manque d'écoute et de réciprocité. Le monde a besoin de moines guerriers, qui de l'impossible font œuvre de soin.

la constellation de

## Winston Churchill

**nuance**, **action** (lire page 13), **audace** (lire page 45), **pressentir** (lire page 285), **vie** (lire page 397).

# œuvre

Faire œuvre paraît réservé aux géants, ceux ou celles qui frisent l'immortalité à force de singularité, de génie ou de travail. Mais en réalité, nous pouvons tous transformer nos errances en destin. Combien de belles vies qui ne laissent aucune trace prestigieuse après leur mort ont su toutefois trouver harmonie et dignité au milieu du chaos ! La plus belle des œuvres serait celle qui, collective, transformerait la Terre en lieu sain, où plus aucun humain ne serait insensé ou souffrant. Nous pouvons agencer nos imperfections avec la bonne volonté des musiciens d'un orchestre singulier cherchant à faire danser une étoile au-dessus d'un trou noir, nous élevant vers la plus cohérente et sublime version de nous-mêmes.

Le train la berce doucement, mais son attention est vive. Elle a saisi quelques feuilles dans sa malle. Cette malle de plus de trente ans abrite la mémoire de ses échecs successifs ; matières brutes et vaines tentatives pour parvenir à trouver la voix juste. Le roman qu'elle a en tête, elle en mesure l'ambition folle et son niveau d'exigence est au plus haut, flirtant avec l'impossible. Depuis des semaines, elle a relu ses notes, les débuts de chapitres, des textes anciens en latin aussi, d'autres en grec. Elle réalise, tandis que l'obscurité gagne le compartiment qu'elle a réservé pour être seule, que ce qu'elle cherche n'est pas dans ses notes. Elle comprend soudain; la solution est en elle, disponible, comme un parfum lancinant, un désir délicat, maintenant.

Ce qui a mis des décennies à mûrir gronde en elle comme une effervescence et sans oser trop y croire de peur de sentir cette possibilité lui échapper par excès de vanité, elle avance désormais sur la pointe des doigts dans la vaste demeure créatrice qu'elle cultive intérieurement depuis sa plus tendre enfance. Elle commence à écrire. Le train qui l'emmène à Taos avance dans la nuit et elle écrit, ne pense plus hors d'elle ou hors de son œuvre. Marguerite écrit comme un saumon joyeux sous l'eau du fleuve. Un instant, elle lève la tête vers le paysage tendu par le rythme du train, songe aux *Lettres à un jeune poète* de Rainer Maria Rilke, cette ode à la création, magnifique injonction à s'abandonner à la puissance d'une forme extérieure qui dicte au poète ses mots. Les phrases de son écriture fine et serrée s'enchaînent étonnamment, en rythme, définitives, comme un pressentiment. Elle « le tient » : l'entame, le ton, le style, le mode opératoire qui dictera les chapitres suivants, tout se met en place, et elle mesure qu'elle touche enfin à la justesse, ce mariage subtil et exigeant entre le sujet du roman et la manière de le conter.

Tout s'écoule, après tant de tentatives avortées; celle des années 1920 où elle a tenté de biaiser en se plaçant dans le regard d'Antinoüs. Fausse bonne idée. Elle n'osait affronter l'édifice de pleine face. Mais c'est bien à travers l'empereur Hadrien et non celui de son amant qu'il fallait tout narrer, le pouvoir, la condition humaine, les guerres, en somme la politique et, de l'autre côté, la passion, unique, absolue, intense. Par lui seul elle pourrait pénétrer en profondeur les deux plus brûlantes aventures de l'homme, à l'échelle d'un pays et à l'échelle de l'âme. Elle a été en quête tant d'années, visitant maintes fois la villa Adriana, serpentant Rome, lisant en latin et grec ancien tout ce qui s'est inscrit de cette époque.

En 1937, elle s'est à nouveau attaquée au colosse, mais a rendu les armes. Elle a abandonné, jusqu'à ce jour où sa malle venue de Suisse est réapparue après la guerre. Un don du destin. C'est maintenant, maintenant ou jamais. Dans ce train, elle n'est plus qu'un messager, et le divin lui dicte le Beau.

Le train s'arrête ; il faut descendre, elle devrait s'arrêter, faire une pause. Mais elle s'installe vite dans le hall exposé, et, tout en attendant sa correspondance, ne cède rien à l'oisiveté. Elle poursuit le labeur, mal attablée et raide dans l'effort mais souriante. Son excitation d'auteur n'a jamais été aussi intense, elle ne veut pour rien au monde laisser tarir la source, et elle s'accroche, malgré le bruit, la foule, les horaires déclamés, les files d'attente. Devant son thé qu'elle touche à peine, elle sait que quelque chose naît *au-dessus d'elle*, vrai, sublime. Plus tard, lorsque la tension se relâchera, elle pourra s'abandonner à la gratitude.

Elle monte enfin dans sa correspondance en songeant à Grace, qui l'attend. Elle imagine la joie qui sera celle de son amante lorsqu'elles reliront ensemble ce texte qui jaillit. En ce mois de février 1949, Marguerite Yourcenar s'apprête à ajouter les *Mémoires d'Hadrien* aux merveilles de la littérature mondiale. Certains retiendront que les cent premières pages de cette œuvre majeure ont été écrites en deux jours. D'autres apprécieront le long chemin, le terrible labeur qui en aura permis l'éclosion.

### L'inspiration

Voilà un mot devenu si peu populaire que beaucoup ne savent même plus l'écrire avec son « e dans l'o », son je dans l'eau, comme l'auteur poisson d'un destin-fleuve. À son origine, le mot œuvre vient du latin *opera*, qui est le pluriel d'ouvrage. Ce pluriel est important. Une œuvre, c'est une longue élaboration de travaux pluriels mais manifestant un style, une pensée, une cohérence, une quête patiente, une exigence, un destin – le tout y excède la somme des parties. Un auteur, c'est une bouteille dans la mer de nos solitudes, un S.O.S. qui sauve les âmes : Système-Œuvre-Style. Avoir une vision du monde, c'est le système. Enfanter des possibles partageables, c'est l'œuvre. Devenir incomparable, c'est le style.

Il faut admettre qu'aujourd'hui on constate deux phénomènes qui semblent contradictoires : la prolifération des « écrivains » de circonstance, interchangeables, et la marginalisation du respect pour la notion d'œuvre au profit du best-seller. L'œuvre, c'est pourtant le corps spirituel d'un auteur. Cela peut paraître mystique, mais considérons notre corps physique : nous avons divers organes, cependant il y a un lien complexe qui les articule ensemble et compose notre être, c'est un mélange de vie et d'esprit, une unité en acte, une tension ardue vers l'intégrité.

L'esprit, à force de persistance laborieuse, d'errance et de prière en acte, fait parfois style. Exceptionnellement, cela peut produire un adjectif universel qui finit un jour par être reconnu par les dictionnaires comme un mot valide : cartésien, pascalien, kafkaïen. L'adjectif dérivé du nom de famille d'un grand auteur désigne une atmosphère, un lien entre l'imaginaire et le réel, une manière de voir et de vivre le monde, qui nous guide, nous met en joie ou nous inspire. Ces auteurs-œuvre ont anticipé une époque. Comment ? Pas seulement en se mettant à une table et se demandant comment exprimer l'universel, mais tout aussi bien en creusant dans leur propre singularité – qui n'est pas l'ego mais tout simplement la singularité de l'univers – sans se demander si cela se vendra, si cela plaira. Ils s'absorbent de leur système du vécu, un mystère qui peu à peu fait sens.

Le marketing éditorial contemporain est l'ennemi de l'œuvre. Nous connaissons tous un jeune écrivain qui a eu le malheur de faire un best-seller avec son premier livre. Les éditeurs et les lecteurs ensuite veulent qu'il écrive quelque chose *dans le même genre*, et il ou elle devient une marque. Faire œuvre lorsqu'on est un artiste de la vie, c'est se moquer des attentes du monde réaliste, se détacher du nombre de clients, et n'être même pas sûr d'être reconnu lorsqu'on aura terminé : mais qu'importe, on a choisi un sujet et une manière qui est plus forte que nous, qui nous implique profondément, et nous guérit en guérissant les autres. Peu à peu, à force d'obstacles souvent imposés par soi-même, des obstacles épistémologiques, esthétiques, philosophiques, économiques, mystiques, l'auteur d'une œuvre finit par atteindre sa grâce.

Nietzsche conseillait de se faire chef-d'œuvre soi-même par une ascèse de l'âme qui se met peu à peu à la hauteur de son idéal et de sa grande santé. C'est en se donnant à son œuvre, en la composant tout en l'orchestrant que l'on devient chef d'œuvre, ce qui ne veut pas dire parfait. Einstein par exemple a accompli une œuvre, parce que lui aussi était motivé par le principe d'unification : dire l'unité du monde à travers la construction d'une structure cohérente, que ce soit à travers des formules mathématiques ou une architecture de mots, de matériaux ou de formes. Allons plus loin : aucun besoin de produire des objets pour faire œuvre. Car faire œuvre, c'est engendrer son plus haut destin,

sa constellation de vertus à force de l'invoquer, et une fois qu'on l'a rencontré, ne plus le lâcher, par amour, par gratitude, par sacrifice, c'est-à-dire sens du sacré et de la dignité.
Le destin, ce n'est pas la fatalité, c'est la biographie qui exprime la singularité de nos possibles et de ce que nous laissons de côté. Vous ne pourrez compter sur les autres, un peu, que si vous comptez d'abord sur vous, beaucoup, avec ferveur et art, mais aussi bienveillance. Avoir un destin aujourd'hui, une destination, c'est penser le soi cocréation cosmique. L'œuvre profonde, l'œuvre abyssale, est toujours plus ou moins solitaire, est c'est pour cela qu'elle est rare – elle pousse comme une fleur au milieu du désert, à la fois improbable et précise.

la constellation de

## Marguerite Yourcenar

**œuvre**, **création** (lire page 89), **précision** (lire page 275), **tact** (lire page 355), **universel** (lire page 381).

# précision

Dans le classique ancestral *L'Art de la guerre*, Sun Tzu écrit que toute bataille doit être engagée par la précision dans l'organisation, mais qu'elle ne peut être vaincue que par la singularité, la créativité. C'est tout l'univers qui est fait de cette dialectique entre le régulier et l'original. Trop souvent, on pense que la précision est la seule vertu des régularités – et la finesse dans la mise en ordre fait certainement des miracles. Mais il y a aussi une précision de l'inouï qui est une écoute du possible, sans laquelle tout se transforme en machine à calculer. Trop de techniciens déforment le monde à force de rigidité. Une élégante précision est de mise pour croître sans ravager, comme un équilibre entre le millimétrique et l'infinitésimal, un pont entre la seconde et l'infini.

La cloche va sonner. Elle se tient droite, tendue ; cette compétition de fin de journée est pour elle un gros risque, mais elle se sent forte, ses probabilités établies depuis deux jours la rendent confiante. Rien ne résiste à la puissance des mathématiques.

« Qui jouez-vous ?, demande son voisin en sourcillant sous son haut-de-forme, un habitué qu'elle a maintes fois vu aux champs de courses. »

« Le 7 gagnant. »

« Le 7 ? le 7 ! Mais la cote est faible. »

« Le gain sera par conséquent élevé. »

« Certes, mais tout le monde donne le 5 premier, et moi-même j'ai joué 1 000 livres sur… »

« Nous verrons bien. »

L'homme la scrute du regard, étonné. Il la sent très sûre d'elle. Il hésite, il peut encore tenter de changer sa mise in extremis mais il hésite… Le départ donné, voici les chevaux élancés.

« Avec ce gain, songe la femme, je pourrais financer les armatures de mon calculateur. Impossible d'expliquer mes opérations à cet inconnu, il ne me croirait pas, me prendrait pour une folle. Une femme qui calcule… ».

Une heure plus tard, Lady King quitte l'hippodrome d'un pas léger. Cette fois elle a gagné. Son mari William rira, et ils passeront une belle journée demain avec les enfants. Elle songe à cet homme qui accepte sa passion pour les sciences sans vraiment s'y intéresser. Il la soutient, mais ne peut comprendre l'impact que la machine analytique qu'elle a conçue avec l'aide de Charles Babbage pourrait apporter à l'humanité.

C'est elle qui a écrit les instructions à donner à la machine, dans un ordre défini, un programme qui s'effectuera encore et encore tandis que les variables changeront. Une fois créé, ce programme sera un allié sans faille, la machine collaborera avec l'humain sans jamais se tromper ni fatiguer. Elle pourrait peut-être même parler ou reproduire de la poésie, ou des images et même jouer de la musique ! Elle sourit : bien entendu, Ada sait que leur invention ne pourra rien créer ni rien imaginer, mais seulement ordonner ; ce sera un esclave méticuleux et obéissant. Mais elle sait aussi que parmi les humains, les vrais créateurs, ceux qui ne se contentent pas de remixer, de reproduire et d'imiter, sont rares. Son père Byron sans doute fait partie des élus. Ce père qu'elle vénère et chérit malgré tout, malgré son incapacité à rester près d'elle, ses voyages fantasques. Elle le rejoindra dans la mort, peut-être plus tôt que prévu, s'il faut en croire les douleurs au ventre qui la tourmentent depuis qu'elle a trente ans.

Celle que Babbage a surnommé l'Enchanteresse du Nombre sait qu'il lui faut aller vite. Il ne lui reste qu'à trouver les fonds pour matérialiser la véracité de ses notes et de ses articles qu'elle signe AL avec rage. La raison domine son existence et elle se révolte devant ce refus du monde à admettre qu'une femme puisse enrichir la société avec ses trouvailles. Car ce qu'elle a fait avec Charles, elle le sent, constitue une avancée puissante. Mais il faut avancer masqué. Son mari tente souvent de calmer ce sentiment d'injustice :

« Un jour, dit-il, les femmes auront les mêmes droits intellectuels que les hommes, puisqu'elles ont les mêmes capacités. » Elle se moque de lui gentiment en comparant leurs capacités mathématiques.

Ce soir-là, elle se couche au côté de son mari assoupi. La joie d'avoir gagné la rend euphorique. Elle a compté ses gains ; elle est décidée, elle retournera les doubler demain. Une voix en elle lui susurre que ce dialogue avec le Dieu du hasard n'a rien de rationnel, c'est plutôt comme une sorte de réaction aux journées intenses entièrement dédiées à la rigueur. Mais que faire ? Les potentiels sponsors de la conservatrice Angleterre victorienne ne comprennent pas l'innovation majeure que la machine analytique pourrait apporter, le premier calculateur programmable, si précis sur le papier, ne demandant qu'à être construit.

Elle s'endort tandis qu'un peu de sang coule le long de son entrejambe sans qu'elle ne le ressente. Le crabe en elle ne souffre pas de délai, un cancer qui n'a rien de méthodique mais qui malgré tout, inéluctablement parce que la science n'est pas prête, va mettre fin aux rêves d'Ada Lovelace, la première programmeuse de l'humanité.

## L'inspiration

En nos temps d'euphorie technologique, on attribue parfois aux machines toutes sortes de vertus magiques, ou bien, par réaction à la précision froide, on insiste à rebours sur la nécessaire ambivalence humaine, comme le faisait le philosophe Merleau-Ponty, pour qui le vague, l'ambiguïté, était une qualité vitale. À son époque, dans les années 1950, *précisionniste* était un vrai emploi, un poste de travail occupé par des hommes qui savaient ajuster et régler toutes sortes de machines. Historiquement, la valeur précision est liée au mécanisme des montres ; appliquée aux inventions mécaniques, elle a permis la révolution industrielle et aujourd'hui la transformation numérique.

Mais on tend à oublier que la précision est une vertu humaine autant que le vague. D'autres animaux sont capables de constructions précises, mais aucun n'a la passion de la précision : nous en avons fait une abstraction sur laquelle reposent beaucoup des protocoles et des fondations de notre société. Malheureusement, la précision reste trop souvent associée à l'idée de résultat comptable et monnayable, et beaucoup de scientifiques faits ingénieurs travaillent implicitement à éliminer l'humain de la carte. L'humain est trop fluctuant : il vaut mieux que l'ordinateur s'en charge. Beaucoup d'emplois aujourd'hui n'attendent qu'à être occupés par des logiciels, surtout depuis que les humains qui les occupent ont perdu tout sens de l'initiative et toute compréhension de leur métier : ils lisent l'écran qui dit oui et qui dit non, mimant le tic-tac de l'horloge des vaincus.

Il n'est pas impossible que plus les ordinateurs se sophistiquent, moins il apparaisse nécessaire ou possible au quidam moyen d'être précis. L'adolescent occidental standard par exemple semble souvent se complaire dans le vague, que celui soit comportemental, musical, langagier, émotionnel, ou cognitif. Souvent, la précision est vue comme l'ennemie du bon temps, du savoir-vivre, du *cool*. Sans doute quelqu'un qui rechercherait la perfection du détail dans tous les aspects de sa vie et de celle de ceux qui l'entourent se donnerait bien du mal pour être satisfait. Mais on a tort d'associer la précision à la seule rigueur mathématique. Il y a une précision psychologique qui appartient à l'intuition. Il y a une précision poétique, celle recherchée par le père d'Ada, Byron, qui englobe le Tout dans l'agencement de quelques lettres en vers, comme un corps humain naît de la combinaison de quelques branches d'A.D.N. Comment, alors, pour mieux vivre, échapper aux deux extrêmes de l'incurie adolescente et de la maniaquerie calculatrice ? Que serait une *créalectique de la précision* ? Tout d'abord, une émotion généreuse, qu'on appelle l'amour du travail bien fait, la curiosité envers la complexité, l'ouverture au juste. On dit que le diable est dans les détails, mais il se terre d'abord dans les généralités et le mimétisme, ces stéréotypes où notre conscience et nos habitudes se vautrent jusqu'à l'oubli du présent et de la singularité des âmes. Le pilotage automatique du *normalisme* quotidien nous transforme en zombies qui ne se réveillent que lorsqu'un problème survient, lorsque la routine s'enraye, lorsque quelque chose se passe mal plutôt que « normalement ».

Il conviendrait d'être attentif aux détails par anticipation et curiosité plutôt que par réaction à une mésaventure ou un dysfonctionnement. Il y a une précision humaine qui va bien au-delà de celle de la machine. Le robot *est précis est précis est précis*... : c'est une suite d'opérations et la régularité répétitive est sa force comme sa limite. La précision humaine est plus spirituelle – un jour elle découvre un univers dans une colonie de fourmis, un autre elle construit une situation viable en assemblant sans flancher des briques de réel avec le mortier de l'inouï. La créativité est la précision du possible.
L'étymologie latine montre que le *précis* est ce qui est *découpé volontairement*: la précision est un état d'esprit, une activité de la perception. L'univers est bien plus riche que la perception utilitariste ne le perçoit. La précision, avant d'être un résultat, est un instinct, une partie de l'éthique des faiseurs de mondes, toujours à l'affût d'un signe, d'un message au milieu des os des cadavres du réel. Enfin, chez les maîtres spirituels, la précision ultime est une forme de minimalisme: on élimine le bruit, l'excès d'objets, le capharnaüm physico-psychique qui s'accumule dans toute existence si l'on n'y prendre garde. La précision devient un filtre qui révèle l'invisible. L'intégrité intense qui se construit dans une esthétique personnelle de l'essentiel, c'est cela la vraie précision humaine, une écoute profonde du monde, des autres, de soi.
Il y a une précision de la vie naturelle qui synthétise et dépasse avec espièglerie la mathématique répétitive des

machines ordinatrices et l'inélégance des bureaucraties humaines. La belle précision est une capacité à lire les signaux faibles, les signes qui montrent que le Réel n'est pas seulement une horlogerie mais un grand poème philosophique. Ada Lovelace avait raison : l'ordinateur ne peut rien *originer*, disait-elle. Car il ne sait pas lire le singulier, l'impossible frémissant de devenir possible, la machine ne déchiffrant que le nécessaire ou le statistiquement probable. Pour structurer la constellation infinitésimale du profond désir et la transformer en monde habitable, il faut des étoiles, une constellation que seul un regard entraîné peut déceler dans le bruit de la nuit somnambule.

L'analytique n'est qu'un mode de pensée parmi d'autres. Il nous a apporté en apparence tout le confort dont l'humanité rêvait ; mais en prenant toute la place, la Grande Machine analytique nous rendra aveugles, sourds et muets. La précision qui sauve est une quête, une épopée de l'invisible, un raffinement du pressentiment, une croissance guérisseuse. Pour atteindre l'actualisation de soi dont parlèrent Goldstein et Maslow au XX^e^ siècle, il faut savoir viser la précision moins dans ce que l'on fait que dans la personne que l'on est. Devenir le rythme de soi, édifier un territoire personnel stable, une biographie répétant le sublime chaque minute.

la constellation de

## Ada Lovelace

**précision**, **ubiquité** (lire page 371), **intellect** (lire page 195), **justesse** (lire page 211), **structure** (lire page 345).

# pressentir

Notre manque de confiance nous rend aveugles. Notre aveuglement nous rend peu sûrs. Nous ne prenons pas nos pressentiments au sérieux : résultat, la plupart restent à l'état de fœtus, mort-nés parfois même avant d'être soupçonnés. À l'école, aucun cours n'est voué à l'art du présage, car on croit que les mathématiques, les probabilités et maintenant l'intelligence artificielle, suffisent pour prédire et anticiper l'avenir. Nous sommes tous capables de ressentir, mais pressentir, c'est trouver dans le présent la formule magique des bifurcations de demain. Il est possible de savoir quelles branches d'un arbre seront fécondes : il suffit pour cela de nommer le fruit. Comment avoir la certitude de l'avenir ? En décidant ce qu'il doit être, et ensuite en s'y tenant à chaque respiration.

L'avion vibre pendant quelques secondes, mais le vieux corps du sage ne tremble pas. « Voilà, j'ai quitté les États-Unis… Je me rapproche de mon pays », songe-t-il, souriant. Il va revoir sa patrie, la grande et éternelle Russie qu'une trop longue dictature a étouffée des décennies durant. Il se souvient des grillages infranchissables du goulag où, parmi les prisonniers brisés et des criminels de droit commun, il lui arrivait de croiser quelques âmes fortes, êtres extraordinaires, survivants de l'absurde, innocents finalement emportés comme les autres par la brutalité du régime ; un quignon de pain les nourrissait mais ils ne pouvaient passer une heure sans citer Pouchkine ou Tolstoï de mémoire, jouer une partie d'échecs dans leur tête ou philosopher en murmurant sur l'avenir du peuple. Une force étrange irriguait cette avant-garde meurtrie, tandis que le peuple, lui, était comme abruti par la peur du communisme. La liberté avait pris son temps et s'était curieusement fardée.

On disait parfois que l'impact époustouflant de son livre, *L'Archipel du Goulag*, avait soufflé un vent de libération. Comment en être sûr ? Il avait eu la chance de s'exiler, et il en était à jamais reconnaissant aux États-Unis d'Amérique. Vingt années durant, il a vécu reclus dans sa propriété de Cavendish, dans le Vermont, une existence monacale et studieuse. Bien entendu, il a observé la sournoise décadence de ce peuple de grands enfants à qui il faut toujours de nouveaux jouets ou de nouveaux drames émotifs pour se sentir exister. Les plus vieux, ayant connu la Seconde Guerre mondiale, arboraient une forme de gravité existentielle, une simplicité qui les rapprochait de l'écrivain. Mais les nouvelles générations d'Américains semblaient aussi volatiles que les sittelles de Sibérie.

Il se souvient : un jour, contraint d'aller dans la ville de Concord, à quelques kilomètres de Cavendish, il était arrivé à l'heure d'ouverture du centre commercial. Un brouhaha s'élevait à mesure qu'il s'approchait. Il avait découvert, ébahi, un attroupement de plus de trois cents personnes, agglutinées devant une porte vitrée. L'impatience de la foule paraissait se condenser en un début de rage qui lui rappelait les queues affamées de la Russie. Les yeux avides et querelleurs s'agitaient en un relent d'émeute et de barbarie. Il lut comme dans un livre l'impatience insupportable des enfants frustrés, la folie sans contre-pouvoir et la frustration. Un panneau gigantesque éclairait leurs visages de fous. Le néon projetait la promesse ultime : *The Amazing 70% Day*.

On avait longtemps cité son discours de Harvard sur l'abandon du courage, mais un intellectuel aux États-Unis doit se battre pour exister, et s'il est Russe, qui plus est, on l'évite comme un trou noir. Il aurait pu supporter cela jusqu'à sa mort dans sa retraite boisée du Vermont, où, lors d'une semaine normale, il voyait plus de pins que d'humains – mais le mur de Berlin était tombé. Son propre pays entrait à la vitesse de la lumière dans l'ère du capitalisme et Alexandre avait compris que son devoir lui imposait de rentrer pour tenter de ralentir la contagion. Être libre, oui, mais préserver l'âme russe. Et surtout, fuir les États-Unis, qui, sans doute dans dix, vingt ou au maximum trente ans, deviendraient sans doute le territoire le plus chaotique au monde.

En ce mois de mai 1994, Alexandre Soljenitsyne atterrit à Magadan, ancien centre de tri carcéral du Goulag. Moscou, et le renouveau, ce sera plus tard, une fois qu'il aura de nouveau entendu le puissant chant des sittelles.

## L'inspiration

Les humains sont doués en matière de *ressentiment* ; ils s'attardent trop souvent sur le passé et sur ces regrets dont une conscience sans projet se complaît. Mais nous restons toujours aussi peu capables lorsqu'il s'agit de *pressentiment* : lire dans le présent les signes qui font qu'une situation, une relation, une action, un travail, un sourire, présagent ou non quelque chose de bon. La prédiction est pourtant une obsession de la science contemporaine, et en matière de météorologie, par exemple, nous avons fait de sérieux progrès pour ce qui est de prévoir le temps qu'il fera demain, et comment une tempête évoluera. Mais pour ce qui est de répondre à la question existentielle de Kant, *Que dois-je faire ?*, en utilisant une intuition visionnaire, nous restons aussi démunis qu'un nouveau-né devant un échiquier.

Lorsqu'on lit les sagas islandaises, on s'aperçoit que vers l'an mille, dans les sociétés païennes, il n'était pas rare que les personnes les plus âgées, dans tel ou tel clan, aient un don de prescience plus ou moins mythique. En regardant et écoutant quelqu'un, les sages ou chamans pouvaient pressentir la direction que son destin allait prendre. Partout dans le globe, de nombreuses tribus avaient leurs voyants. Dans la légende de Merlin le

Mage, il est dit que la capacité de présager de l'avenir, de lire dans le présent les lignes du futur, est ce qui nous rattache au divin, tandis que la rumination du passé, l'obsession de l'Histoire et la mémoire seraient diaboliques.

Mais considérons une personne normale au début du XXIe siècle : elle est tous les jours confrontée à des dizaines de choix, plus ou moins importants, et elle ne voit pas bien ce à quoi il faut dire oui, ce à quoi il convient de dire non. Tout cela va parfois trop vite. Le résultat, c'est que nous pouvons avoir tendance à trop en faire, sous le coup de l'anxiété, ou pas assez, en aveugles, sans orientation profonde. Nous nous agrippons aux routines, tandis qu'il faudrait réinventer un art performatif du présage humain, une discipline profonde qui nous permettrait de sentir, dans les ramifications que notre vie dessine chaque jour, les branches qu'il faut tailler pour permettre l'épanouissement de l'arbre, et au contraire celles qui vont devenir plus solides et porteuses de fruits sains.

L'invisible surabondance qui est à la source de la vie peut produire une infinité de ramifications. Chacun de nous part donc, non pas d'un manque ou d'une frustration, mais d'une richesse intérieure démesurée, bien que souvent inaccessible ou parfois effrayante. L'arbre aux mille racines que nous sommes peut enfanter des centaines de branches et de fruits. Il s'agit de savoir d'abord quel est notre tronc, c'est-à-dire notre profonde orientation, notre projet vital. Il s'agit de développer une intuition qui sache lire dans le présent et présager, c'est-à-dire savoir à l'avance ce qu'il faut privilégier et ce à quoi il faut dire non. Dois-je revoir cette personne que je viens de rencontrer ? Dois-je accepter cette nouvelle mission ? Dois-je changer de voie ? L'un de mes proches se détache-t-il de moi sans que je m'en aperçoive ? Comment dois-je articuler mes actes de façon qu'ils restent, organiquement, au service de mon projet céleste ? Dois-je dire oui à tout, pour voir, ou tailler dans l'essentiel ? À chaque instant l'invisible création continuée fabrique du réel en s'extériorisant. C'est cela exister, *ek-sister*, porter au dehors, actualiser notre biographie en transformant certaines énergies en réalités.

Il n'y a pas de raison pour ne pas croire en un art de la prédiction existentielle, même si cela paraît presque impossible compte tenu du fait que chaque jour l'imprévisible semble frapper à notre porte. Il ne s'agit pas d'appliquer une analyse sèche, mais un art de la foi. Celle-ci, on le sait – mais le sait-on encore ? – fait des miracles. Une vision fervente qui nous porte vers un idéal que l'on admire et que l'on répète chaque jour avec persistance. Un individu qui ne croit pas en une puissance universelle supérieure a plus de chances de souffrir, ne serait-ce parce que rien de grand ne le console. Vivre sans absolu s'avère plus dangereux que vivre en dogmatique. Nous ne conseillons ni l'un ni l'autre : nul ne saura jamais si les doutes tuent davantage que les certitudes.

On peut être fervent sans être extrémiste. Si l'on croit avec la gratitude de l'agissant à une entité ou un réseau de valeurs qui pour nous est sublime, là est la constellation incarnée qui guidera nos présages et évitera les désastres. Qu'est-ce qu'un *dés-astre*? C'est, étymologiquement, l'absence d'étoile personnelle à laquelle s'accrocher pour croître.
La vie est lutte, et cette lutte ne cesse jamais complètement, mais elle peut être rendue plus calme. Comment? En comprenant que le principal combat est en nous-mêmes, non pas parce que nous sommes fragiles et intérieurement pauvres, mais parce que nous sommes au fond trop anarchiquement riches.
Sentons la puissance de la multiplicité et du divin créateur en nous, apprivoisons-la et marchons vers la plus haute idée de soi-même. Chacun de nous doit s'élaguer et se focaliser en univers ouvert. Sans cette ambition de l'âme, pas de santé profonde.

la constellation de

## Alexandre Soljenitsyne

**ressentir**, **bienveillance** (lire page 59), **élévation** (lire page 121), **intellect** (lire page 195), **vérité** (lire page 389).

# profond

La tragédie nous fait si peur qu'on se réfugie volontiers dans la comédie ou, pour les plus inspirés, l'humour. Certes, rien ne dit que les sentiments les plus douloureux soient les plus profonds, même si la croyance populaire donne beaucoup de crédit aux passions tristes. La joie confiante dans l'avenir, cette forme d'exploration volontaire, est sans doute parmi nos plus profondes conquêtes spirituelles. Être pressé et anxieux rend superficiel ; il y a une profondeur sereine et intellectuellement alerte qui demande le luxe du temps et de la maturation. Elle se lit par exemple dans le visage du lecteur, dans la respiration de la lectrice.

Le cheval ne bouge plus, comme enraciné dans le sol par des puissances occultes. Il bloque la rue et malgré les ordres du cocher se refuse à avancer. À Turin, un seul de ces chariots peut provoquer une heure de blocage. Le cocher invective, tire sur le mors et, de rage, attrape son fouet. En ce janvier de l'année 1889, les températures ont chuté et il faut faire vite, la livraison ne peut attendre.

« Satané cheval ! » Le voilà qui frappe violemment ; l'animal hurle, les yeux convulsés, puis se cabre, déséquilibrant son propriétaire qui s'accroche à son siège pour ne pas chuter. Enfin la bête reprend sa position immobile en soufflant bruyamment des museaux. Le cocher s'apprête à frapper derechef quand brusquement, sorti d'on ne sait où, un énergumène surgit, agitant les bras. Le visage de l'assaillant s'anime, rougi, derrière une broussailleuse moustache. Son corps trapu s'interpose, il entoure de ses bras la tête du cheval, puis sans se retourner, hurle : « Misérable lâche ! Ne châtiez pas la vie ! »

Le cocher abaisse son fouet, stupéfait. Il ne pourrait plus frapper l'animal sans risquer de toucher l'homme qui s'agite devant lui, visiblement incontrôlable, qui maintenant marmonne à l'oreille du cheval : « C'est pour toi, digne vie, que j'ai tout donné, ma santé, mon travail, ma propre existence ! »

Le cocher descend et observe l'homme qui se tourne vers lui : le visage sombre offre peu de prises, masqué sur toute la partie inférieure par la chaotique moustache. De petits yeux enfoncés presque inaccessibles mais mordants, au-dessus desquels une lumière est comme reflétée par l'immense front, rejetant derrière soi une chevelure épaisse. L'impression saisit le cocher, qui recule.

Devant la frayeur du cocher, l'inconnu éclate de rire. Il hésite, fait mine d'enlacer son interlocuteur, puis lui donne une tape sur l'épaule. Il paraît soudain plus petit : « Ne vous inquiétez pas, mon ami ! Je suis un guerrier en fin de course. » Friedrich a erré vingt ans dans les chambres les plus humbles, il a œuvré douze heures par jour dans ces guérites, déclarant la guerre au mensonge et à l'hypocrisie de ses contemporains – de l'espèce humaine entière. Voilà que ses riches sourcils sont pris de mouvements incontrôlés : « Tu as ta livraison, moi j'ai ma délivrance ! Nous sommes cloués à notre joug, crucifiés ! »

Il hurle désormais des mots incompréhensibles en allemand, et une petite foule amusée se masse autour de lui. Il les observe avec mépris ; il a renoncé depuis longtemps à leurs petites joies bourgeoises. La tendresse lui a été refusée, l'amour a duré le temps d'une gifle, l'amitié, le temps d'une trahison. Récemment encore, en 1888, il a cru que Strindberg le Suédois le comprenait comme personne auparavant, bien mieux que Wagner, mais lui aussi s'est avéré être un clown pathétique ! Friedrich voudrait simplement marcher, penser et bien dormir, mais il digère mal, ses maux de tête s'amplifient et même une nuit de sommeil pleine et entière est devenue un luxe. Tout est déréglé en lui, il est entouré de fioles censées le soigner mais le poison est dans l'air !

« Monsieur, ose le cocher, nous… nous bloquons la rue depuis une demi-heure, pour l'amour de Dieu ! »

« Dieu ! Dieu ! », tonne-t-il ; « Ton Dieu est un puits épuisé, étroit et sans fond ! »

Cette fois les badauds de la petite ville italienne font silence. Ils sentent confusément que quelque chose de tragique se joue devant eux. Quelqu'un clame en italien : « È il professore pazzo ! »

Ses bras valsent, disparates, son visage tourné vers le ciel tourbillonne de gauche à droite, seules les jambes ancrées dans le sol demeurent immobiles, parallèles à celles du cheval qui malgré les hurlements ne bouge toujours pas. Puis subitement, le philosophe s'écroule et se recroqueville sur le sol. Il tremble.

Quelques heures plus tard, à l'hôpital de Turin, un médecin note que Friedrich Nietzsche est atteint de démence et semble irrécupérable.

## L'inspiration

Henry de Montherlant a écrit : « Au-delà du réel et de l'irréel, il y a le profond[1]. » La distinction entre le superficiel et le profond fut une catégorie culturelle majeure jusqu'au XXe siècle. Mais l'hégémonie de la culture populaire, la volonté de jouissance immédiate, ainsi que le ressentiment à l'encontre de ladite haute culture, ont eu raison de la dignité de l'adjectif « profond ». Aujourd'hui, c'est souvent par ironie, en

1. Henry de Montherlant, *Le Maître de Santiago*, 1948.

clignant de l'œil, que l'on dit de quelqu'un ou d'une œuvre qu'elle est *profonde*.

Pendant ce temps, un mot américain se fraye un chemin global, profitant de la mise à mal de l'idée de verticalité pour imposer une autre vue de la profondeur, plus utilitariste : *deep* est un terme informatique qui désigne la capacité des ordinateurs à projeter des probabilités dans un avenir faussement prévisible, puis à leur donner une valeur censée influer sur le choix des possibles. La profondeur est en train de devenir dans certains milieux une catégorie horizontale, un vecteur, une faim de tout contrôler artificiellement. « Deep learning » est un mot d'intelligence artificielle, qui transforme l'apprentissage de la profondeur en réseaux de statistiques, selon une vision du monde plate comme un échiquier où les gagnants se nourrissent des perdants, plutôt que de guérir tout en conquérant.

Notre époque n'entend plus très bien le tempo infinitésimal de la profondeur : on la voit donc comme un privilège élitiste ou pire, inutile. Ceux qui – en réalité précaires et persécutés plutôt que privilégiés – ne peuvent faire autrement que de chercher à penser le monde en profondeur sont souvent moqués comme s'ils étaient de faux aristocrates, comme si on pouvait choisir d'être profond ! On peut faire un effort pour comprendre le monde, mais l'étincelle de la solennité est en nous depuis la naissance, prête à se nourrir du feu du savoir. L'humanité est profonde, mais elle aime l'oublier.

Sans doute la profondeur est-elle encore perçue comme une menace : elle dérange, empêche le divertissement sans culpabilité. Le meilleur des mondes peut-il être profond ?, se demandait Aldous Huxley, pour qui peur et superficialité étaient secrètement liées. Depuis la révolution industrielle, le profond est accusé d'être trop ennuyeux et pas assez efficace. « Village global », cette expression du philosophe Marshall McLuhan devenue *mainstream* désigne le fait que les technologies rendent tout plus accessible et familier. Mais cela veut aussi dire qu'une certaine psychologie de clocher est devenue la norme : jalousie du voisin, culture domestique, instincts de basse-cour, place du marché des idées.

Soyons optimistes : un rapport au profond est toujours possible dans le retour du temps long et de l'idée d'une croissance plus lente, plus saine. Le fait que tant d'humains soient si malheureux malgré les facilités des grandes surfaces est un signe : chassons la profondeur, elle revient sous la forme d'un inconscient têtu, d'un regret vague ! « Là où croît le péril, croît aussi ce qui sauve », écrivait le poète Hölderlin. Les cadences industrielles, l'élevage en batterie numérique, la croissance dopée en serre, la logique de surproduction sont aujourd'hui combattus par les adeptes des rythmes naturels et de la santé philosophique.

Nietzsche écrivit que l'homme ou la femme de la volonté de jouissance cligne de l'œil en parlant de tout ce qui est digne, et assimile la profondeur à l'ennui. On critique les êtres profonds en les accusant de n'être pas concrets ou pragmatiques, mais regardez ce que la plupart des autres font de leur pragmatisme : ils se construisent, de clic en clique, une vie insipide aux couleurs de béton. La dignité d'un Nietzsche ou de quelques autres comme lui, est d'avoir cru qu'une profondeur dansante pouvait devenir un tsunami rédempteur. Descartes, dont la devise était *larvatus prodeo* (« je m'avance masqué ») est un autre modèle de profondeur : pour vivre profondément, il vaut vivre caché, loin du chaos, sans chercher à être connu. Un paradis que certains atteignent par la pensée.

L'agonie contemporaine de la profondeur, chaque jour diffusée sur nos écrans de télévision, n'est pas anecdotique. Une guerre est en cours, peut-être la dernière revanche contre toute forme de grandeur spirituelle, perçue comme une prétention antidémocratique. Veut-on la peau de la profondeur au nom de l'égalité ? Relisez le *René* de Chateaubriand – le premier d'une longue lignée anonyme d'intellectuels ou de rêveuses qui saignent, de poètes écrasés par des slogans, de tendres Pierrots éventrés par les fusées qui colonisent leurs lunes. Chaque jour on blesse la profondeur au cœur de notre propre âme, tout en multipliant les profits raclés sur la peau de nos désirs confus.

*Profond*, au sens antique, ce fut Orphée allant à la recherche de son âme aux enfers, au risque de la perdre s'il confondait apparence et vertu. Qui aujourd'hui est assez courageux pour descendre héroïquement dans la mine du devenir créateur afin d'y forger son épée de singularité ? Qui est résilient dans le respect de soi et de ses idéaux malgré les épreuves ? Le profond a toujours fait peur aux dominants, qui un jour ont créé les universités pour empêcher que les vrais penseurs dérangent trop. Finalement, c'est l'opposition même du profond et du superficiel qui est le produit de la peur ou de la lâcheté, et c'est ce que voulait dire Nietzsche, qui recommandait d'être fidèle à la terre vive, qui parfois danse et parfois tonne, qui parfois s'envole légère au son de la musique et parfois transforme une idée grave en création opiniâtre.

L'être qui a le courage de sa vérité ramène à la surface les fruits produits par la ténacité de racines invisibles à l'œil nu, car ensevelies sous un chaos de miroirs. Tout ne peut être dit, et encore moins résumé en un plan marketing. À trop chasser la profondeur, elle revient sous forme de drame. La santé philosophique évite la violence. Être profond, c'est se donner le temps de laisser venir la vie à soi.

la constellation de

## Friedrich Nietzsche

**profond**, **action** (lire page 13), **création** (lire page 89), **honneur** (lire page 169), **ténacité** (lire page 363), **vie** (lire page 397).

# quête

Une vie réussie est faite de quête, et celle-ci peut être divisée en deux phases : la première est la quête de sa vocation. La deuxième est la quête de ce que cette vocation nous suggère d'entreprendre et d'achever, à travers quelques signes quotidiens, parfois difficiles à percevoir ou à comprendre. Prenons les chevaliers de la quête du Graal/Créel : leur Table ronde dit l'éternel retour du tourbillon des renaissances ; ils se tiennent autour du puits originel, debout comme autant de piliers laissant émerger les phénomènes. L'éternelle jeunesse, c'est d'avoir un objectif si ambitieux et persévérant que quelques miracles en chemin permettront de l'atteindre.

Le vieillard tremble de tout son corps, se colle contre la cloison du wagon comme à une couverture, masque le bas de son visage avec sa longue écharpe pour conserver la chaleur de sa respiration. Il lui manque cruellement une couche de vêtements pour affronter le froid humide de ce mois d'octobre. Il a fui trop vite, sans préparation, comme un bagnard qui s'échappe de sa prison sur un coup de chance. Sa maudite Sofia a peut-être déjà mobilisé la Russie pour le retrouver.

Ne peuvent-ils comprendre qu'il ne veut rien de plus que d'être seul à présent ? Cesser cette mascarade sociale, ces nobles grimaces avec tous ces hauts fonctionnaires engoncés, ces courtisans et ces flatteurs qu'il lui faut recevoir ou visiter, avec lesquels il faut dîner, et se répéter toujours et encore, comme s'il n'était plus que le perroquet de lui-même ! Illusion ! Vanité ! Et surtout quelle perte de temps que de monter chaque soir sur cette scène désuète et quelle honte de devoir se perdre ne serait-ce qu'une heure dans la comédie humaine ! Un mot écrit lors de sa jeunesse lui revient en mémoire : « Je suis si ambitieux que s'il me fallait choisir entre la gloire et la vertu, je crois bien que je choisirais la première. » Il l'a eue, sa gloire, c'est un fait, et il n'en est pas sorti heureux, puisque c'est la vertu et la vérité qu'il cherchait au fond. Toutes ses œuvres passées lui paraissent désormais fausses et déplacées. Il ne jure que par ses derniers écrits qui laissent perplexes ses admirateurs.

« Tiens, se dit-il soudainement, je m'éveille, j'entends à nouveau une petite voix en moi. » Son dialogue intérieur invoque un plan ; une fausse identité, une isba près d'un lac ou à l'orée d'un bois, de rares voisins pas trop proches, des réserves de vivres et de vodka, et surtout du papier, pour recommencer à écrire et dissiper cette frayeur de l'échec qui l'éveille chaque nuit depuis des mois. Il a assez d'argent dans ses poches pour tenir la poignée d'années qu'il lui reste à vivre, au nom de la vérité.

Un bruit interrompt sa réflexion. Le train freine et stoppe. Quelques minutes plus tard, une jeune femme entre dans son compartiment. Il ne peut se retenir d'admirer l'incroyable fraîcheur de cette beauté encore verte, une grâce sensuelle qui s'exprime dans sa manière de s'asseoir et de lui lancer un regard interrogatif et presque sans gêne. Il détourne la tête vers le paysage, il faut éviter l'échange des yeux, préambule habituel à celui des mots, ne pas donner prise pour préserver ce petit souffle qui vient de renaître en lui, ces retrouvailles avec son double créateur. Le train repart. Il sent sa présence, et, à quatre-vingts ans passés, il soupçonne encore en lui le désir de plaire. L'ogre sensuel s'éveille et le voici à nouveau au cœur de cette vieille guerre qui oppose les deux faces de son être.

La jeune femme a les yeux grands ouverts et s'exclame :

« Oh, mon Dieu ! Excusez-moi, vous ne seriez pas le grand... ? »

L'homme ne résiste pas à la voix qui le charme, tourne la tête et, mesurant avec mépris une soudaine poussée de sentiments amoureux, il l'interrompt avec la brutalité qu'il réserve habituellement à sa femme :

« Madame, là où vous êtes, l'air est contaminé. Alors laissez-moi tranquille ! »

Blessée et rouge d'indignation, la jeune femme abaisse le regard. Le vieillard n'ose la regarder, il songe au Christ et se sent honteux. Où donc est passée son humanité ? Que lui a fait cette femme pour qu'il la rabroue ainsi ? Et Sofia, mère de ses enfants, pourquoi s'est-il évertué à la blesser depuis tant d'années ? La noirceur de son âme le ronge. Pourquoi ces poussées de violence et de rage ? Qui tente-t-il de dompter ? Il ne peut continuer à nuire autour de lui, mais il ne peut pas vraiment fuir ses prochains.

Quelques heures plus tard, grelottant de fatigue, le vieil homme descend à Astapovo, et demande à la gardienne de la gare de pouvoir se reposer dans sa modeste demeure. Il s'allonge sur un lit après avoir bu un thé. La jeune gardienne l'a reconnu et, tout en s'activant à ses tâches ménagères, elle lui assène avec précision et en boucle chacune des scènes de *Guerre et Paix*. Léon Tolstoï sourit. Soudain, il comprend. Il se souvient de la phrase de Pascal : « Qui veut faire l'ange fait la bête. » Il a compris que la quête de vertu et de vérité, lorsque poussée à l'extrême du délire de pureté, est l'ennemie de la vie. Il a eu tort de renier sa jeunesse, ses œuvres passées, au nom d'une religion qu'il a mal comprise ! Dans l'amour admiratif des lecteurs est la vraie rédemption, simple, éphémère comme toute grâce. Il a écrit, il est lu. Il n'a pas trouvé la vérité, mais ses lectrices l'ont trouvée dans ses livres.

## L'inspiration

« Telle est ma quête, suivre l'étoile, peu m'importent mes chances… », chantait Jacques Brel, entre plainte et fierté don-quichottesque. L'état de quête est sans doute ce qui distingue les humains éveillés des bêtes. Celles-ci chassent, mais ne sont jamais en véritable quête, tout au plus à l'affût, d'une proie, d'un danger.

De fait, nombre d'humains eux-mêmes préfèrent éviter la véritable quête, qui n'est pas la recherche d'un objet identifié, mais plutôt une interrogation fondamentale, une espérance, la volonté de savoir du chercheur, ou, selon la même chanson, de « rêver un impossible rêve. » Ce qui fait que l'humain est divin, c'est qu'il ressent le possible, c'est qu'il est connecté au désir cosmique d'un ordre sensé et pas seulement à son anxiété reptilienne. Si l'on en croit l'Ancien Testament, cette volonté de connaître a chassé l'humanité du jardin d'Éden. Mais est-ce vraiment la volonté de savoir qui a causé notre chute ? L'obscurantisme a sans doute fait le jeu des églises voulant maintenir leurs fidèles à l'état d'ignorance. Mais lorsque Dieu demande à Adam puis à Ève s'ils ont goûté du fruit défendu, ils ne se contentent pas de dire oui, ils commencent par rejeter la faute sur autrui. « As-tu mangé de l'arbre que je t'ai défendu ? », demande Dieu, qui logiquement, par définition, sait (est) déjà la vérité et donc cherche plutôt à provoquer une réaction, à donner au possible une chance. « La femme que tu m'as donnée pour compagne, c'est elle qui m'a donné du fruit de l'arbre et j'ai mangé». Ève ajoute: «Le serpent m'a trompée, et j'ai mangé». Gageons que Dieu aurait espéré une réponse plus courageuse et factuelle, telle que: «Oui, je voulais savoir, je voulais connaître la vérité, et ce fut mon choix personnel, nonobstant les influences, j'en accepte les conséquences.» La quête, c'est toujours celle de l'intégrité, et c'est pourquoi sans doute Dieu expulse Adam et Ève du paradis, car en rejetant la faute sur autrui, en n'assumant pas leur acte, ils nient leur désir de croissance cognitive et travestissent leur volonté de savoir en faiblesse de victime.

C'est là la qualité première d'une quête authentique: ne pas chercher à suivre ce que les autres définissent comme bon et désirable, mais assumer la responsabilité de son projet personnel, viser à le comprendre, et embrasser la singularité de notre croissance propre, même risquée, même cryptée. La connaissance est le résultat d'une longue croissance, de longs combats, d'une volonté sans fin. Cela veut la peine d'être le détective de son destin, en cherchant les indices de qui nous avons à être.

Une quête profonde est toujours personnelle; c'est la fusion du corps et de l'esprit dans une biographie singulière. Les indolents qui se contentent de jouir au gré du jour et de suivre ce qu'une époque, une mode, un régime définissent comme objet du désir, ne font que travestir leur paresse intellectuelle derrière de faux projets ou compétitions de surface commerciale. La quête, c'est «partir où personne ne part», tenter d'accrocher une étoile qui rendra notre existence réelle, créelle.

En 1818, Stendhal visite les mines de sel de Hallein en Autriche. Il apprend que lorsqu'on abandonne un banal bâton de bois dans l'une des mines, il devient au bout de trois mois comme une baguette magique couverte de cristaux fabuleux. La chanson de Brel est consciente du péril : elle a bien été écrite pour donner voix au personnage de Don Quichotte, qui a été trop loin dans sa quête. Le risque de tout héros de l'intégrité, c'est la « cristallisation » : un bout de bois devient brillant, et on méprise le simple bois, le monde.
La dialectique de la quête, c'est qu'avec le temps, vous risquez de transposer psychologiquement toute la magie dans le bâton et d'oublier que c'est toujours un bâton, comme un doigt qui pointe vers le ciel : s'il casse, vous voilà expulsé du paradis « à s'en écarteler ».
La créalectique de la quête, c'est de se souvenir que la magie du bâton n'annule pas le bois, la grâce de l'incarnation, ici et maintenant. Oui, c'est le sublime de la vie sur terre qui fait que ce qu'on cherche est déjà là, comme l'a compris Tolstoï à la fin de sa vie : dans le miracle du bois sans cristaux qu'on coupe pour faire du feu, dans un destin choisi et construit à partir de nous-mêmes, sans tricher mais sans céder à la facilité. Vous pouvez résoudre au moins quelques énigmes de votre propre mythe, jouer le jeu enfantin du mystère qui se résout pourvu qu'on l'apprivoise.
Il est temps d'inventer un nouveau droit de l'homme, le droit à la quête, à la recherche, au rêve du sens, à l'élaboration d'une théorie personnelle. Suivre sa constellation un petit peu chaque semaine, de façon

que nos questions nous définissent, nos réponses nous élèvent, et que l'au-delà du possible nous réalise. Pour savoir ce qu'on a à faire, il faut d'abord trouver qui on a à être, « et puis lutter, toujours, peu importent les chances, peu importe le temps ».

la constellation de

## Léon Tolstoï

**quête**, **foi** (lire page 137), **Liberté** (lirc pagc 235), **œuvre** (lire page 267), **vérité** (lire page 389).

# réaliser

---

Nous comprenons souvent le monde trop tard, sous la forme d'un mur où l'on se cogne, d'une lumière qui nous aveugle, d'une erreur qui nous blesse. Réaliser au sens de se rendre compte, c'est un acte de lucidité parfois, mais parfois aussi le fait de notre impuissance, tournée vers le passé. Réaliser au sens de *rendre réel*, là est le grand défi des faiseurs de monde, tournés vers le futur. À force de répéter un idéal, à force de travailler une conviction, seul ou à plusieurs, le possible des rêves devient une lucidité à partir de laquelle on peut bâtir un palais de vérité cristalline, le temple de cette digne idée de soi-même qui permet de se construire un destin humblement triomphant.

---

Elle se tient tantôt droite, tantôt légèrement courbée, dans son vaste et fastueux bureau d'impératrice, impassible devant ce prêtre qui probablement lui fait perdre son temps tandis que Grigori Potemkine attend dans l'antichambre pour lui narrer les atouts d'un jeune officier prometteur. Elle imagine une nouvelle nuit de plaisir à venir pour se détendre de son travail de créatrice. Elle jette un œil sur le morose mais encore frais starets de trente ans qui se gargarise de son prêche et s'amuse à l'imaginer dans l'une de ces séances de soumission qu'elle impose à ces prétendants. Pensées impies, mais après une épuisante matinée à gérer les affaires de l'Empire, son impatience lui rend insupportable ce monologue théorique. Quoi !, ce prêtre imperméable aux choses de la vie ne comprend-il donc pas qu'elle ne peut pas se permettre d'avoir l'âme délicate d'un enfant de chœur : elle est un monstre surhumain, elle le sait, elle le sent, car elle est la Russie tout entière, à qui elle donne son sang, sa santé, son corps, ses nerfs et une grande partie de ses désirs.

Le clergé l'exaspère, avec sa manière peu efficace d'exploiter le labeur de tous les serfs du royaume. On dit que l'église calme les ardeurs de révolution du peuple, mais l'ardeur, c'est la vie, et la révolution elle s'en occupe en l'anticipant, en l'incarnant. Elle se raidit en entendant la voix trop haut perchée du prêtre :

« Catherine, ma sœur, ne devriez-vous pas vous confesser ? On dit des choses, enfin des choses qui méritent votre confession…

Il faut répondre, remettre à sa place le jeune ambitieux.

– Mon père, j'aimerais offrir à mon âme un doux moment de réconfort avec vous, sans doute, mais j'attends le prince Grigori qui m'apporte d'importantes nouvelles de notre sainte patrie.

– Je ne veux pas vous importuner, mais…
– Le prince Potemkine !, annonce le valet.

L'homme entre en trombe, fier, et Catherine se dit qu'il est toujours aussi séduisant. C'est sa damnation à elle, et elle pourrait confesser que plus elle travaille à sortir la Russie de la préhistoire, plus elle gagne en pouvoir, plus elle a faim de tout, comme l'ogresse Baba Yaga.

– Cher prince, voici mon confesseur qui aimerait qu'une impératrice se couche devant lui en contrition.
– L'Église ne fait que son devoir, mon impératrice », répond le prince, rusé comme un prince de sang.
– Quelles sont ces fameuses nouvelles du Royaume qui nécessitent que je néglige le salut de mon âme ?
– Bonnes, très vigoureuses pour tout vous avouer. Dans cet esprit, j'ai rencontré un jeune lieutenant que vous devez impérativement recevoir tant les formes qu'il donne à ses jugements et par conséquent à ses actes semblent à la hauteur de Votre Majesté.

Catherine soupire, comme sous l'influence de quelque narcotique. À vrai dire, elle consomme les amants plus par rage que par plaisir, comme on prise du tabac, pour se rappeler qu'elle est humaine et faillible. Un rayon de soleil dans la forêt épaisse et inextricable d'un empire en proie à tant de périls et que pourtant elle dirige comme un cocher ses chevaux.

– Dieu nous guide, exhale le prête timidement, comme pour rappeler qu'il est là.
– Et Dieu sait où, répond Grigori avec un regard complice adressé à Catherine.

Elle observe les deux hommes, l'un riche, épicurien, perverti, l'autre puritain, convaincu, et cependant vain. Elle pourrait bien un jour lui avouer en confession que les bruits qui prétendent qu'elle a fait étrangler son mari par son premier amant dans un cachot sordide sont justes. Comment faire comprendre à ce jouvenceau que l'exercice du pouvoir nécessite une volonté surhumaine, un désir sans fin ? Elle est montée sur le trône avec force, en faisant pendre quelques rebelles et elle a usé de ruses et de vices. Dans ce monde de brutes, une femme ne serait rien sans alliés masculins.

– Cher prêtre, vous savez, poursuit Grigori, que notre impératrice est un pilier des Lumières, qu'elle s'est battue pour offrir une éducation de qualité à de plus en plus d'entre nous, pour nous mettre à niveau des pays concurrents, qu'elle a développé notre industrie, notre commerce, notre agriculture, notre puissance enfin ! Elle lutte pour sortir notre monde, peu à peu, de la pauvreté et de l'ignorance, et désormais, vous l'admettrez, nous avons l'oreille de l'Allemagne et même de la France. Il faut une énergie de titan pour enfanter la Russie de demain, mais vous, j'imagine que vous voulez qu'elle se confesse pour qu'elle renonce à sa puissance !

– Non... mais... la sauvegarde de l'âme de notre impératrice...
Catherine, ailleurs déjà, signe quelques papiers sur sa table de travail. Avoir une âme ? Elle songe souvent à tout ce qu'elle a sacrifié ou perpétué pour réaliser son destin, son devoir.

– Cela suffit !, tonne-t-elle.

Les deux hommes en face d'elle se recroquevillent, quoique Grigori, ce cabot, semble exagérer sa surprise. Elle le désigne :

– Vous ! Restez ! Je suis fatiguée de vos pensées malsaines sur notre sainte religion. Je vais vous faire la morale. Quant à vous, mon petit père, nous nous reverrons, car vos paroles me rappellent qu'il y a bien longtemps j'avais l'âme d'une petite fille plutôt que la voracité d'une déesse. Mais, voyons, il serait préférable que vous parliez français, comme tout le monde. Enfin, merci, et sortez maintenant !

Le ton de l'impératrice Catherine la Grande ne laisse aucun choix à l'audace ou la contradiction ; il faut obéir. Le starets s'éclipse avec un signe de croix.

– Alors mon cher Grigori, reprend Catherine, ce jeune officier, me fera-t-il oublier la réforme de l'éducation ?

## L'inspiration

Il est étrange qu'en français un réalisateur soit un faiseur d'images mouvantes et irréelles ; faire un film aujourd'hui devrait s'appeler « irréaliser » tant il s'agit de nous endormir plutôt que de dire le vrai, le possible ou le sublime complexe caché sous l'horizon du réel. Quant à la notion psychologique de *réaliser* au sens de « se rendre compte », elle vient de l'américain et est entrée dans la langue française à la fin du XIXe siècle. L'idée de la réalisation veut dire bien plus, et peut encore davantage. Le vrai sens parfois oublié de réaliser, c'est d'abord rendre *réel*, manifester, actualiser, accomplir. Ce sens le plus ancien est aussi parfois le moins compris aujourd'hui, car dépouillé de son aura. Passer du domaine des idées au domaine de la réalité sociale est pourtant un processus presque magique, quoique nécessitant un effort ou un mentor.

Quant à la réalisation de soi, il peut s'agir tout simplement d'une honnêteté, d'une intégrité modeste, d'une présence authentique au monde, minimisant les compromis honteux. C'est cela aussi être réel, sans forcément enfanter des révolutions. C'est voir le présent dans sa respiration imprévisible, plutôt que d'attendre demain pour se mettre à vivre. Il y a quelque chose d'Achille et la tortue[1] dans la réalisation, c'est-à-dire

1. Achille et la tortue est un paradoxe proposé par le philosophe antique Zénon d'Élée. Aujourd'hui résolu par les mathématiques, il garde une valeur métaphorique : à contempler chaque instant d'effort, on ne parvient à rien.

que si l'on sépare l'acte de réaliser en petites unités de temps, on ne trouvera que des choses insignifiantes, presque rien, des particules de sueur, des miettes d'action et de concentration. Les grands transformateurs du monde ont aussi des journées d'errance. Qu'est-ce qu'une heure, une vanité ou une sueur passagère, dans un grand projet?

Et pourtant ce grand projet ne se réalisera jamais sans l'effet cumulé de minuscules efforts, toujours plus grands, une fois accumulés, que les dérives. Les créateurs de monde dorment moins debout que la normale, ils passent moins de temps dans la déréalisation rêveuse de la jouissance immédiate. Les vrais réalisateurs sont créalecticiens : ils avancent en révélant une nouvelle dimension, et ce faisant, ils se perdent pour mieux se retrouver, car ils se donnent toujours.

Notre monde tient par celles et ceux que le destin pousse au devoir de servir le réel de demain en restant fidèles à leur vision d'hier. L'esprit naît de la matière par une persévérance dans la vision et l'objectif. Réaliser, c'est une alchimie, c'est unifier et sublimer, et cela s'accompagne souvent d'un idéal ; on débute par poser l'impossible tout en restant honnêtement fidèle au désir d'une vérité harmonieuse, de ce qu'on veut être ou « doit » être pour s'élever, et ensuite on progresse vers sa constellation des possibles. Les traces qu'on laisse sur le sol ou dans le ciel durant ce voyage deviennent peu à peu les lettres d'un destin, parfois d'une saga.

Imaginez la joie de Diderot, ce grand coréalisateur de l'encyclopédie, lorsque Catherine de Russie lui promit que s'il était persécuté par le roi de France, elle financerait tout de même son projet. Ils avaient tous deux réalisé que le monde allait changer, que le monde avait déjà changé, malgré les volontés cyclopéennes de fermer l'œil pour maintenir le statu quo de l'Ancien Régime.

La réalisatrice de mondes n'a pas que son impatience à combattre, mais parfois une foule de désirs en désordre à canaliser (souvent les désirs des autres), ou un chaos de potentiels qui explose dans toutes les directions. En attendant un monde meilleur, il faut sans doute quelques héros comme ceux que ce livre met en scène et des alliances pour tenir l'ordre, l'esprit et l'amour sur nos épaules d'humains qui ne doivent pas renoncer à la transcendance. La vraie réalisation passe par la réunion créatrice de deux extrêmes : le mental intangible et la matière récalcitrante en danse permanente, dont la geste est une narration épique.

Une civilisation devient malade lorsque la plupart de ses membres sont incapables de *réaliser* plutôt que de seulement consommer, de persévérer dans l'alchimie du réel, de faire monde en étant dévoué à servir l'harmonie d'être plutôt que l'ego de la volonté d'avoir. Il y a aussi de faux réalisateurs comme il y a de faux prophètes ; trop d'entre nous, aujourd'hui, lèvent la main au vent et prennent tout de suite leur bras pour le mât d'un vaisseau, croyant découvrir un nouveau monde au coin d'une impatience, une île paradisiaque au creux d'une nappe phréatique. Le plus grand réalisateur de tous les temps, le Créel, nul ne l'a jamais vu sur scène pour recueillir un Oscar. On ne sait même plus s'il existe. Mais on sait que chaque jour quelques possibles, et même quelques impossibles deviennent réalité. Le triomphe du Réel, c'est l'amour et la joie de vivre dans le vrai, une vérité qui n'est jamais seulement une idée, mais aussi une émotion, une gratitude, l'envers de la peur, une infinie récompense. Loin du fanatisme, réaliser, c'est se tenir à l'écart des normes pour donner une chance à l'impalpable, cet immense invisible qui soudain émerge et dont la plupart s'aperçoivent trop tard qu'il est déjà là, incontournable réalité qui nous travaille, qu'on le veuille ou non.

la constellation de

## Catherine de Russie

**réaliser**, **adunation** (lire page 29), **audace** (lire page 45), **gré** (lire page 161), **souveraineté** (lire page 337), **xénophilie** (lire page 405).

# récompense

Après une longue journée de travail, vous vous offrez un moment de détente, et voici le monde divisé en deux, souffrance et récompense. L'école nous a entraînés à recevoir des bons points lorsque nous nous conformons sagement au monde d'images et de règles que d'autres ont décidé pour nous. Être victime des récompenses, c'est adopter un système de valeurs que nous ne comprenons pas en profondeur, parce que nous ne l'avons pas créé du fond du cœur. Commencez par être votre plus grande récompense, chassez ensuite la peur ou la perte de manquer, et installez-vous dans la joie de vivre et de cocréer. Il s'agit ensuite de trouver sa vocation, son atmos-*faire* honnête et divine, qui produira, pour toute récompense, une œuvre et une biographie dont vous serez fier.

*Ils enserrent nos pieds d'un bandage pour emprisonner nos âmes, enchaîner nos corps à leurs maisons, nous illusionner sur notre liberté. Par la torture esthétique, ils nous refusent la joie de marcher dans le monde. Ils nous empêchent d'éclore en dehors de nos vases de souffrance. Je refuse cette tradition barbare, cet asservissement à l'empire masculin. Voilà quatre ans déjà que j'ai débandé mes pieds, puis appris le sabre et les arts martiaux. Je monte à cheval et suis poète ; qui peut oser dire que je ne vaux pas le meilleur des hommes ?*

Dans sa chambre, la jeune Chinoise se relit, arrache la feuille, puis recommence. Son pamphlet sera distribué demain par tous les réseaux progressistes que connaît la province du Hunan en cette fin du XIXe siècle. Mais elle doit faire plus court, incisif et mobilisateur ! Elle doit montrer que sa plume peut griffer autant qu'elle a pu apaiser dans ses poèmes.

Elle se tient debout, laisse échapper une larme douce-amère. Des vers lui viennent à la mémoire, elle feuillette son carnet et lit : « Soleil et Lune ont perdu leur éclat, la Terre est dans l'obscurité / Le monde des femmes enterré si profond, personne pour l'arroser ». Elle a abandonné le mari qu'on lui avait imposé. Qu'importe le blâme ! Son destin était d'aller étudier au Japon, d'apprendre assidûment, de maîtriser la langue pour dominer l'esprit et de posséder les armes sans lesquelles aucune victoire ne serait possible. « Libérant mes pieds j'ai effacé mille années de poison, / D'un cœur brûlant j'ai éveillé cent âmes sœurs. / Hélas, ce douloureux foulard de fin brocart / Est maculé, tant de sang que de pleurs. »

Elle a aussi abandonné ses deux enfants. Elle essuie sa joue humide, relève la tête et cherche l'horizon du regard ; son corps tout entier se tend comme un arc. Je suis la chevalière du lac Miroir, se répète-t-elle pour tester sa détermination. C'est le nom que lui ont donné ses amis de lutte. Après des années de combat, tout semble imminent. Les réseaux sont mobilisés, le coup d'État va renverser le goban et ses pièces maîtresses, l'aube à venir sera radieuse, vierge, pour que s'y inscrivent enfin les lois de l'égalité.

Mais à dire vrai, la poète, si elle se félicite de sa popularité en tant qu'artiste, s'effraye de sa visibilité croissante en politique. Elle risque sa vie. Il faut faire vite, ne pas hésiter, frapper aussi nettement que le sabre déchire la peau sur toute sa longueur lorsque le coup est porté avec célérité et précision. Les mots cisaillent eux aussi, et ils ont préparé l'avènement de la révolution. « Ne dites pas que les femmes n'ont pas l'étoffe des héros ! », s'écrit-elle pour chasser la crainte.

Les enseignants sont mobilisés : le réseau du Tongmenghui sera bientôt réuni au monastère des Nonnes du Nuage Blanc, à Hangzhou et le soulèvement armé dans l'Anhui et le Zhelang sont planifiés. Les premières lettres du mouvement de libération des femmes en Chine vont enfin s'inscrire sur le parchemin de l'Histoire. Ainsi le voudrait-elle ; mais quelques jours plus tard, le 15 juillet 1907, la poète expire à l'âge de trente-deux ans, assassinée par ses adversaires.

Elle n'a pas parlé sous la torture, elle a choisi d'être une femme martyre devant l'éternité. Elle a marché la tête haute dans ces derniers instants, et lorsqu'à genoux elle attendit qu'on la décapite d'un coup de sabre, elle n'a pas tremblé.

Le cosmos lui a offert un dernier murmure qu'elle devine immortel: « Pluies et vents d'automne tombent sur le cœur des hommes, les feuilles doivent chutent pour préparer le renouveau. » Son nom, Qiu Jin, signifie « automne ».

## L'inspiration

Notre cerveau est, sous l'angle réducteur de la neuroscience, un système de récompense. Le long du faisceau médian du télencéphale, un réseau neuronal d'anticipation est relié à la recherche de gratification par l'affect, la motivation, ou l'intellect. Il n'est pas faux de dire que, quelle que soit notre intelligence, notre capital culturel, beaucoup d'entre nous fonctionnent à la récompense: argent, amour, gloire, plaisir, sécurité, bien-être, postérité, croissance spirituelle, non-souffrance sont autant de prix que nous espérons recevoir et recherchons avec plus ou moins de gratitude et d'assiduité.

En psychologie, on fait grand cas de la différence entre la gratification immédiate et la gratification différée: on tend à distinguer ceux qui sont capables de renoncer à des récompenses immédiates au profit de prix plus lointains – c'est, appliqué aux enfants, le test du marshmallow. Cette idée trahit une idée productiviste et matérialiste: bien entendu rien de grand ne se fait sans patience, mais pourquoi tester notre caractère avec des bonbons? Nous sommes obsédés par les choses et les gadgets plus ou moins prestigieux. L'idée d'une récompense sépare trop souvent l'individu de ce qu'il anticipe, transformant le monde en liste d'objets à acquérir. Cela crée de l'anxiété, un manque, puis un certain nombre de gesticulations menant à une accumulation de choses inutiles, à un sentiment d'insatisfaction.

Viser des récompenses c'est trop souvent se poser en sujet avide, en béance plus ou moins vide, en inférieur d'un futur soi-même ou en subalterne d'autres à qui l'on se compare : c'est se mettre en situation de devoir compenser une sensation de lacune toujours renouvelée. Une fois la récompense obtenue et passé le plaisir, beaucoup éprouvent une sorte de déception, avant que ne monte lentement le désir d'une nouvelle récompense. La réussite comme l'échec nous poussent à penser parfois que nous méritons plus, oubliant que le triomphe est au commencement de la vie, et que nos actes sont faits pour célébrer la joie de vivre et de cocréer.

Il y a un état spirituel où l'on comprend que la récompense suprême, ce n'est rien d'extérieur à nous. *Je suis le cœur de ma récompense* : c'est le sujet lui-même qui est son propre cadeau en tant qu'il s'éprouve vivant, pensant et participant au champ des possibles. C'est une pensée difficile à tenir dans la durée. Cela peut angoisser de comprendre que la récompense est (en) soi-même, habitués que nous sommes à nous projeter en dehors de nous, à mépriser notre impuissance. L'âme qui comprend qu'il n'y a pas de plus profonde récompense que celle qui coule en elle-même comme un baume vital se tient au plus près de l'abondance. Spinoza et Descartes estimaient que la satisfaction de soi était l'idéal du sage.

Être social, je vis dans un monde qui, chaque jour, provoque de cent façons l'esprit de récompense, ou son contraire, l'esprit de perte, la peur de l'échec. Dans tous les cas, le monde nous tient et nous piège par notre attachement aux places rémunérées, aux objets sécuritaires, aux faits statistiques, aux statuts et aux comptes tangibles. Plus d'un doit faire face à l'horreur du vide et la peur de chuter. L'angoisse tue et détruit les enthousiasmes. La seule vraie récompense est la joie de l'avancée créatrice.

De plus en plus d'entre nous ne sont pas vains au point de considérer que des objets de prestige, voiture, maison, titre, puissent nous combler profondément, ou que des pertes matérielles puissent nous désespérer durablement ; nous nous réfugions alors dans l'amour des autres et envers les autres comme récompense suprême. Ce passage du matérialisme au sentimentalisme est un progrès si autrui est considéré comme un sujet plutôt qu'un objet ou une dépendance, un sujet qui par nature nous révèle nous-mêmes en tant que sujet cocréateur. Il y a sans doute quelque chose de sublime dans le fait de s'oublier dans une forme de générosité pour autrui, ou encore pour l'Autrui en tous les autres : cela nous rapproche de la condition d'un petit astre solaire qui reflète les cœurs et les corps.

Mais le risque de l'abnégation altruiste, c'est de se retrouver dans la situation d'un soleil privatisé, un micro-ondes affectif au service de quelques-uns voire d'un seul individu – vous voilà domestiqué, dépendant de votre volonté de plaire. Votre intellect s'est endormi, car l'abnégation n'est pas toujours compatible avec le sens critique ou le courage de l'autonomie. En d'autres termes, pour conquérir son histoire, l'amour est une condition nécessaire, mais pas suffisante. On ne peut estimer les autres sans estime de soi. Il s'agit de surmonter notre fragilité face à la solitude, état fondamental qu'il convient d'affronter un jour ou l'autre avant de revenir vers le monde avec une neuve et courageuse attitude, par exemple sous forme de générosité en acte, d'aventure partagée.

Le philosophe Hegel conseillait de regarder le Négatif en face sans avoir le vertige. Pourquoi ? Sans doute pour le traverser sans flancher, affrontant les turbulences avec une plus grande confiance en soi. Tout véritable empereur de l'existence sait, comme Marc Aurèle, que l'empire le plus sublime est déjà en nous, ici et maintenant. C'est la voix qui dit : « Je suis toujours possible et, malgré l'adversité, jamais seul. » Est-ce à dire qu'il faut fuir les récompenses ? Disons qu'il est préférable de définir par soi-même la valeur des choses et des êtres.

la constellation de

## Qiu Jin

**récompense**, **action** (lire page 13), **audace** (lire page 45), **honneur** (lire page 169), **précision** (lire page 275), **ténacité** (lire page 363).

# solitude

Notre solitude est parfois une souffrance et parfois une respiration. Dans le premier cas, nous pensons avoir perdu le monde et la voix des autres. Dans l'autre, nous voyageons au cœur de notre désir de croissance personnelle, tout en n'oubliant pas que nous restons le fruit d'une aventure collective : un langage, des valeurs, un contexte historique, que nous devons en partie accepter pour mieux les transformer. Notre solitude créatrice est celle du solo de jazz, qui s'envole porté par l'idéal de la plus belle idée de soi-même, pour finir par rejoindre le groupe d'affinités électives que l'on se choisit. Nul humain n'est une île, mais il faut savoir se faire Robinson par moments pour rencontrer son Vendredi puis retrouver tous les autres jours de la semaine, cette fois colorés par notre destin propre.

Il bloque. Il relit, rature une phrase, une seconde, déchire enfin la feuille en pestant :

« Ça ne vient pas ! Ça ne vient pas ! »

Dans ses multiples essais infructueux, il décèle un peu de beauté parfois, quelques formules au style téméraire, un rythme certain, mais trop souvent cela ne sonne pas juste. Intuitivement, grâce à cette magie curieuse qui a si souvent servi son jugement, il sait que l'homme qu'il tente de décrire *n'est pas* Léon Tolstoï. Ce portrait lui ressemble, mais ce n'est pas lui, cela ressemble encore trop à une image d'Épinal. Est-il tétanisé par l'immensité de l'artiste dont il veut écrire la biographie ? Pourtant, sept ans auparavant, n'a-t-on pas salué avec ferveur ses vies de Balzac et de Dostoïevski ?

Stefan se lève et s'approche de l'étroite fenêtre de son bureau. Au loin, malgré le temps maussade, il distingue les nuances de gris à la surface du fleuve Salzach, cette large frontière naturelle qui sépare harmonieusement les deux versants de la vallée. Ici, à Salzbourg, l'atmosphère offre à l'artiste un écrin précieux, un décor propice à la création, un refuge loin de l'agitation désordonnée de cette fin des années 1920. Chaque jour, il remercie le ciel de lui avoir permis de s'installer au sommet de la colline du Kapuzinerberg. Jamais il n'a tant écrit, conscient qu'il est en train de creuser profondément le sillon de son destin d'auteur. Après tant de biographies saluées par tous, pourquoi faut-il qu'il bloque sur celle de Tolstoï ? Et comment s'y prendra-t-il lorsqu'il s'attaquera à Fouché et aux incroyables soubresauts de l'Histoire de France de 1789 à 1830 ? Que lui manque-t-il pour décrire le géant russe ?

Il regarde le fleuve par la fenêtre. Il possède la richesse du vocabulaire, un fin degré de granularité et une sensibilité riche d'infinies couleurs. Il sait aussi que ses brefs moments de joie, sa course incessante après la vie des autres, cache une angoisse terrible que même sa femme Friderike ne peut conjurer : Stefan se sent terriblement seul par moments. Une profonde dépression le prend chaque fois qu'il pense à l'humanité, cruelle, intellectuellement obtuse et têtue. Pire, malgré ses amis, il se sent sans pair, sans égal, sans ami avec qui échanger au même niveau de finesse. Ces grands hommes dont il décrit la vie, Nietzsche, Balzac, Tolstoï, ce sont des fantômes produits par son désir d'affinités électives. Ils forment ensemble le puzzle de l'âme sœur que le biographe aura voulu avoir près de lui, un jumeau intellectuel qui le comprenne et le rassure.

À cet instant, une intuition lui vient. Pourquoi ne pas partir du malaise qu'il ressent plutôt que de la puissance de l'homme qu'il tente d'intellectualiser ? À cette pensée, il se saisit d'un portrait de Léon Tolstoï rangé dans la malle où toute la matière brute nécessaire à l'écriture d'une biographie s'est accumulée. Il fixe avec intensité « ces yeux qui sont les plus vigilants, les plus sincères et les plus incorruptibles de notre art moderne ». Soudain, il voit : Léon, comme lui, était infiniment seul.

Quelques secondes plus tard, le voici qui se lance :

*Soudain, en une nuit, tout cela perd son sens, n'a plus de valeur. Le travail répugne à ce travailleur, sa femme lui devient étrangère, ses enfants indifférents. Une fois, il monte l'escalier à la hâte pour aller enfermer dans l'armoire son fusil de chasse, afin de ne point tourner l'arme contre lui-même : parfois il gémit comme si sa poitrine éclatait, parfois il sanglote comme un enfant dans une chambre sans lumière.*

Stefan pose son stylo ; il touche au but, il le pressent. Il songe à ce que lui a dit Freud en 1924 en lui offrant son texte sur le rêve éveillé de l'écrivain :

« Faites confiance à votre inconscient, il agence les impressions en silence et dans la tranquillité de son espace protégé pour dévoiler la synthèse au moment où il le faut. Dans vos biographies, c'est de vous au fond que vous parlez. »

Alors il reprend son crayon et ose écrire ce qu'il réfrénait en lui comme un mauvais pressentiment :

*Tolstoï a aperçu le néant derrière les choses. Il y a dans son âme une déchirure ; une fissure s'est produite en lui, fissure étroite et noire, et, malgré lui, son œil chaviré regarde fixement dans ce vide.*

Une douce chaleur qu'il reconnaît le gagne, l'emplit du bonheur simple de l'artisan. À cet instant, Stefan Zweig se sent en harmonie avec le monde, grâce à cette fragile musique qui sonne enfin juste. Il a compris que ce qui l'empêchait de dire Tolstoï, c'était sa propre peur du vide, qui l'attire trop souvent et qui pourrait faire qu'un jour, lorsque la solitude serait totale, si par exemple les humains se vautrent dans une nouvelle guerre totale barbare, il pourrait lui aussi prendre un fusil de chasse et disparaître pour toujours au paradis des âmes pacifiques.

## L'inspiration

Ce que la solitude était avant l'invention de nos démocraties modernes, il est difficile de l'imaginer : certains sociologues comme Durkheim ont même suggéré qu'elle n'existait qu'en puissance, car les humains, non encore individualistes, étaient regroupés et unis dans des familles, des corps, des communautés, des tribus de solidarité qui empêchaient le total esseulement. Le moi et son intériorité seraient une invention moderne, cartésienne et bourgeoise. Avant Descartes, on ne disait pas *je*, on pensait *nous*.

La solitude, diraient certains, inspirés par le grand livre de Tocqueville, *De la Démocratie en Amérique*, est le produit de nos nations compétitives, où chacun est sommé de justifier son existence en combattant sur le champ de bataille du darwinisme social, chacun se définissant par rapport aux autres sur le marché du travail ou de la procréation. *Des millions de Chinois, et moi, et moi* comme le dit la chanson.

La solitude est-elle une opportunité ou une souffrance ? Si c'est une opportunité – la possibilité de se ressourcer loin du bruit et de la fureur, de respirer ses pensées, de fléchir les muscles de notre présence au monde, d'explorer notre rapport personnel au réel – alors on peut imaginer que ces moments de silence et de dialogue intérieur peuvent être une communion joyeuse avec la nature, avec une transcendance ressentie par le corps comme une émotion créative, ou avec notre destin. Ces moments ne devraient pas être contradictoires avec l'appartenance à une communauté ouverte, ne serait-ce que parce que le monologue intérieur se déroule dans une langue toujours collective.

Le paradoxe de la solitude-souffrance, c'est qu'il nie l'idée même de solitude : la personne qui souffre de l'esseulement social va passer son temps à penser aux autres, ceux qui la rejettent, ceux qui pourraient l'accepter ou faire vibrer son âme ; deux catégories de population plus ou moins fantasmatiques, mais qui colonisent la pensée au point qu'elle n'est plus vraiment seule, mais en compagnie de ses démons et de son obsession d'appartenance. C'est dans ce sens d'anti-solitude, ou de solitude surpeuplée que l'on peut décrire nos sociétés contemporaines : l'individu passe trop de temps relié aux autres à distance, à travers des écrans ou des fantasmes. Lorsque nous nous croyons seuls, nous sommes habités par des voix et des visages. Lorsque nous nous croyons reliés aux autres par cent artifices digitaux, nous feignons d'oublier notre esseulement. En apparence, nous échangeons des messages, des portraits, commentons et manipulons des signes d'appartenance, de connivence ou de rejet ; en réalité, nous ne sommes pas toujours là.

Il y a un autre type de solitude : la solitude active. C'est celle de l'entrepreneur, celle du philosophe, celle de l'artiste. C'est l'expérience du solo musical, un solipsisme convivial. Dans le jazz, le solo est une pratique de communion : chaque membre d'un quatuor ou d'un trio fait son solo à tour de rôle porté par sa connivence avec l'esprit du groupe. On l'écoute, et ce solo est à la fois l'expression d'un lyrisme, d'une improvisation existentielle, mais aussi un vœu de fidélité au groupe, car on ne quitte pas la tonalité de l'ensemble et l'on est porté par nos confrères. La solitude active, ce peut être en partie ce solo de jazz, lorsqu'elle réunit des affinités harmonieuses, avec quelques vivants ou avec quelques morts.
Songeons à la fuite de la solitude du compositeur face au papier de musique avec des portées encore vides : l'orchestre n'est pas encore là, il faut l'imaginer et lui donner vie, instrument par instrument. L'artiste, disaient les philosophes Deleuze et Guattari, produit pour un peuple à venir, un « peuple qui manque », selon la plainte du peintre Paul Klee dans sa *Théorie de l'art moderne*. Faute d'un peuple qui me porte, je tente de créer mes amis de demain en créant un territoire habitable. Cette solitude féconde en amitiés chorales, c'est aussi celle d'Einstein réfléchissant au temps dans son bureau de vérificateur de brevets, alors parfait inconnu. C'est la solitude du poète Pessoa, aujourd'hui considéré comme génial, mais de son vivant obligé de travailler comme comptable et d'écrire ses vers au dos

de bons de commande qu'il rangeait dans une malle, car même ses amis n'avaient pas toujours la patience de l'écouter.

La solitude active peut nourrir après coup beaucoup de monde, transformer beaucoup de vies, mais par surcroît : au départ, elle ne concerne que quelques-uns, une personne face à son destin, face à sa souffrance choisie et inéluctable à la fois, contre vents et marées, malgré la critique ou l'indifférence des contemporains, qui font souvent tout pour empêcher l'émergence ou la découverte d'un nouveau monde qui rendrait le leur caduc. La solitude de la pionnière, c'est un combat contre ceux qui veulent sa mort avant même qu'elle ait commencé son œuvre, parce qu'ils sentent que son travail nie leur lâcheté intellectuelle.

Nous pleurons parfois le jumeau spirituel que nous n'avons pas, nous prenant pour des Sherlock Holmes condamnés à n'avoir pour ami, au mieux, que Watson. Sans doute exagérons-nous notre originalité, mais que serait un monde où l'admiration pour la singularité aurait disparu ? Une régression, un monde non de génocide, mais *spiritocide*. Les artistes font œuvre lorsqu'ils comprennent que leurs maux prétendument personnels sont vécus par mille autres, juste un peu différemment. La solitude, fût-elle égotiste comme celle d'un Rousseau, forme une machine de résistance créatrice, elle génère la possibilité de conquérir une version du monde qui nous ressemble davantage, pourvu que nous sachions quitter le monde aujourd'hui pour mieux le retrouver demain.

la constellation de

## Stefan Zweig

**solitude**, **admiration** (lire page 21), **contemplation** (lire page 81), **humilité** (lire page 177), **tact** (lire page 355), **xénophilie** (lire page 405).

# Souveraineté

L'étymologie ne trompe pas, le souverain est *au-dessus*. La vigilance reste de mise à propos des menaces toujours reproduites d'asservissement de nos libertés par des machines de contrôle supérieures en force de coercition, d'autant plus que ceux qui sont *au-dessous* ne s'en rendent plus toujours compte. Mais nous croyons en une forme de souveraineté plus authentique qui est celle de l'élan créateur même, et dont chacun de nous peut se réclamer pour autant qu'il conquiert son histoire personnelle, son destin écrit en lettres de sang au cœur du désir et de l'amour. Suivez agilement ce que vous admirez profondément, et vous finirez toujours souverain.

---

Elle se tient à genoux, à ses côtés. Elle frissonne dans la vaste grotte. Elle songe aux efforts que ses camarades de combat ont dû déployer pour le porter au sommet de la colline et le placer à terre sur ce lit de pierres plates. Ensuite ils ont dû fuir puis il est demeuré seul avant d'envoyer un message de détresse. La voici revenue : elle place un onguent sur sa plaie pour effacer la difformité de la crevasse formée par la blessure. Elle veut qu'il soit beau.

Elle connaît parfaitement son corps, chacun des muscles saillants du guerrier, et malgré les années de séparation, rien n'a changé. Il est toujours celui dont le royaume tout entier célébrait l'indicible beauté, ce mariage de charme et de puissance qui a reçu toutes les grâces que la nature peut offrir. Elle embrasse à nouveau le front de son amant, effleure des doigts son torse, prend sa main dans la sienne.

Il leur reste si peu de temps. Les soldats vont les séparer une fois de plus, tout comme lorsque le roi leur a ordonné de ne plus jamais se revoir. Ce roi a crié haut et fort que leur amour n'avait été qu'un accident surnaturel, et qu'un philtre magique expliquait cette liaison interdite. On dit qu'il leur a épargné la vie par superstition. Au fond, même les âmes violentes respectent l'amour, sans le vouloir.

Leur amour, leur véritable amour s'est accru après cet épisode, après que le charme magique s'est rompu, lorsqu'ils se sont redécouverts nus de toute aura surnaturelle et qu'ils se sont aimés véritablement et secrètement. Des années durant, ils se sont écrit chaque jour, se sont envoyé des mèches de cheveux, des bouts de vêtements pétris de leur odeur et même des flacons mêlant quelques gouttes de sueur à des parfums puissants. Elle ne rougit pas en songeant au nombre de fois où, par la pensée, ils se sont étreints à distance dans le silence des nuits froides, reflets de ces jours où leurs corps se liaient sans retenue sous l'effet du philtre. Le roi n'a rien su de leur lien préservé.

La jeune femme frémit, percevant au loin l'écho des cavaliers. Mais ils arriveront trop tard. Elle aussi est arrivée trop tard pour sauver l'homme qui a cru sur un mensonge affreux qu'elle ne viendrait pas. Il a douté ; il en est mort. Il faut qu'elle agisse en conséquence. Peut-être chantera-t-on leur passion par-delà les océans et les temps – qu'importe, elle est ici et bientôt là-bas, avec son amour éternel.

Elle se couche sur lui, arrache la fiole cousue au pli de sa robe. Après en avoir ôté le bouchon, elle boit. Elle s'affaisse comme une couverture sur le corps de son amant. Dans cet ultime mouvement, Yseult embrasse Tristan et enfonce ses mains au plus profond de sa chevelure pour s'amarrer à lui indéfiniment.

## L'inspiration

On parle parfois d'amour souverain. Tristan et Yseult ont pressenti dans leur correspondance ce que pourrait être la souveraineté d'une union sacrée, celui de deux âmes prises dans une dialectique de communion de l'esprit et de la chair. Ils ont compris que le philtre d'amour était un placebo ; l'amour est partout pour ceux qui savent le voir et le boire. Mais le pouvoir en place les a empêchés de construire ce qui fait qu'un amour – comme une nation – devient souverain, depuis Adam et Ève : l'amour de la connaissance – de soi, de l'autre, du monde.

Pour qu'un élan soit souverain, il faut un régime réel de liberté, en somme un idéal. Mais pour qu'un idéal soit réellement souverain – c'est le message des Lumières, que nos démocraties n'ont toujours pas intégré – il faut avoir la capacité de s'unir, à plusieurs, dans une cosmologie partagée, un amour intellectuel de cocréateurs d'harmonie plutôt que la compétition de l'individualisme.

Qu'en est-il de la souveraineté politique ? Prenez une royauté de l'Ancien Régime, à l'intérieur de laquelle des factions féodales et religieuses tentent de coaliser provinces, régions et communautés de manière plus ou moins autonome. Conflits et violence s'ensuivent. Comment établir un peu de paix et d'unité ? Le théoricien Jean Bodin proposa à la fin du XVIe siècle une influente doctrine de la souveraineté illimitée et indivisible, selon laquelle il fallait un Roi absolu, une sorte de Totem vivant, pour superviser et unifier tous les pouvoirs de la nation – le législatif, l'armée, le religieux, etc. Louis XIV, le roi qui se voulut solaire, incarna cette doctrine hégémonique sans fléchir.

Bien plus hésitant fut en 1766 le discours de son descendant Louis XV – dit « de la flagellation » – dans lequel le pseudo-souverain tenta désespérément de faire croire que « le corps du roi et le corps du peuple ne font qu'un ». À l'ère de Rousseau et de *L'Encyclopédie*, cette idéologie ne prenait plus. L'idée de la souveraineté du peuple et du contrat social visait à remplacer peu à peu la monarchie héréditaire dépouillée de son aura.

Il ne suffit pas d'avoir le pouvoir pour être souverain. Dans son idée du contrat social, Rousseau avait en tête le cogito cartésien : il voulait que la république nous permette de dire « nous pensons et débattons, donc nous sommes unis » malgré les différences. Une tonalité commune est possible pour ceux qui comprennent que la souveraineté est une harmonie collective.
Pourtant, les siècles suivants montrent à quel point le peuple – désormais globalisé – a du mal à se percevoir lui-même comme un tout souverain, un esprit de corps cocréatif. Faute de savoir à quelle communauté d'intérêts nous appartenons vraiment, certains d'entre nous ont la nostalgie des empires, ou de l'obéissance pompeuse des régimes d'ordre intense. Il suffit de voir la fascination toujours répandue pour l'Histoire des nazis et leurs costumes Hugo Boss. La Boétie, un contemporain de Bodin, parlait de « servitude volontaire ». Aujourd'hui encore, nous tendons à abandonner notre souveraineté comme une patate chaude à toutes sortes de maîtres, qu'ils s'appellent Google, Gouvernement Main Invisible du Marché. Ces entités nous confinent, nous enferment, nous endorment, et elles permettent au pouvoir en place de nous maintenir en situation de contrôleurs-contrôlés. Les « Grands Machins » politiques, comme les appelait de Gaulle sont souvent des machines technocratiques et bureaucratiques. Mais aujourd'hui, les sphères du public et du privé sont de plus en plus entremêlées, cybernétisées et notre quotidien domestique encadré par des groupes dont l'objectif est de modifier ou

influer la nature humaine via ses points de contact numériques. Certaines nations, comme le Royaume-Uni, se replient sur elles-mêmes, en vain, à la recherche de leur souveraineté perdue, feignant d'ignorer les câbles et les dépendances qui les relient au reste du monde. D'autres, comme la Chine, ont mis en place une forme de techno-souveraineté où l'État contrôle le réel et où la conquête du monde est perçue comme un programme algorithmique autant que politique. Toujours cette idée que le souverain est le fort, régnant sur des faibles.
Une démocratie globale, sans frontières, est-elle possible ? Rousseau et Condorcet, un philosophe et un mathématicien respectivement, pensaient qu'il existait une sorte de loi naturelle faisant que plus un groupe contient de membres, plus le vote de la majorité devient « la bonne décision ». Certaines expériences aujourd'hui suggèrent même qu'il y a une sorte de prescience des groupes, ou intelligence collective : mettez un grand nombre de billes dans un bocal et demandez à deux mille personnes de deviner ce nombre – finalement, la moyenne des estimations se rapprochera remarquablement de la réalité, malgré les écarts individuels. Mais ce qui est valable pour des observations empiriques et numériques est-il valable pour nos vertus, nos choix de vie, notre santé philosophique ? Non, car il s'agit de prendre de bonnes décisions biographiques et d'être souverain de soi, avant de se reconnaître dans tel ou tel groupe de pairs.

Est-ce à dire que la seule souveraineté qui vaille est individualiste, une sorte de culte des héros de leur propre destin ? On pourrait le croire à lire notre livre trop superficiellement, mais la croissance de soi doit être en harmonie avec la croissance saine du monde. Teilhard de Chardin pensait que nous évoluons collectivement vers une « noosphère » de sagesse mondiale et cosmique : aujourd'hui ce genre de croyance n'est plus si ridicule, car nous n'avons pas le choix. C'est la sagesse ou la mort probable. Certains voient en l'Internet l'annonce de ce cerveau collectif spirituel et clairvoyant, capable d'arriver à un équilibre de vues par autorégulation, comme s'il s'agissait d'une divine et amoureuse extension de la Main Invisible. La souveraineté des grands nombres mènerait au meilleur des mondes possibles, petit à petit, à la manière dont l'encyclopédie Wikipédia s'approche peu à peu de la vérité.
Mais c'est ici que Aldous Huxley, l'auteur du roman d'anticipation *Le Meilleur des mondes*, nous réveillerait pour nous rappeler que la liberté, c'est le droit d'avoir tort tout seul contre ceux qui ont raison tous ensemble. La liberté, c'est le droit d'aimer hors des sentiers battus, celui de prendre le chemin le moins pris si nécessaire et si cela se fait au nom d'une nouvelle forme de vie qui ne vise pas à éradiquer les autres. C'est ici que la souveraineté amoureuse et la souveraineté politique se rejoignent : si vous aimez profondément votre manière de faire des mondes, votre chemin en direction de cet

L'amour sera toujours souverain. Il édifiera des cathédrales hier impossibles, demain souhaitables.

la constellation de

## Tristan et Yseult

**souveraineté**, **admiration** (lire page 21), **chevaleresque** (lire page 73), **nuance** (lire page 259), **vérité** (lire page 389), **zéro** (lire page 415).

# structure

Qu'est-ce qui nous *arrange*? Nos arrangements sont-ils personnels ou le fruit de machines ou institutions qui nous structurent? Nous nous voulons créatures d'ordre. Mais ces ordres, nous les subissons, nous participons à leur création, ou les deux à la fois? Nous dansons souvent entre nos obligations et nos désirs comme si c'étaient des pierres noires et blanches nous aidant à traverser la rivière endiablée de nos vies, un échiquier liquide et chaotique. Nous avons tous en nous le rêve d'une vie cohérente où chaque événement serait lié aux autres par un sens sublime, par un destin aussi nécessaire que libre. Le sens de l'ordre est à la fois ce qui tue et ce qui libère, selon que l'on en maîtrise ou pas la direction. Structurer nos idées pour en faire un espace de vie harmonieux, tel est l'art du triomphe.

---

« Pardon, Zaha, mais, ce n'est pas en venant dans mon bureau toutes les heures que ça va accélérer les choses !

– Remuez ciel et terre ! Il faut qu'on sache si j'y suis ou pas ! C'est important pour le développement de notre société.

– Vous avez tout fait pour qu'on y arrive ! Tous les réseaux d'influence dont on dispose ont été sollicités. En quelque sorte, c'est un miracle que nous avons bâti en à peine quatre mois.

– Méfiez-vous qu'il ne s'écroule pas…

– Remontez dans votre bureau, je vous préviens dès que Forbes appelle. »

Zaha songe à rétorquer, mais se reprend et observe son directeur de communication. Elle sait qu'il l'adore, qu'il se démène pour elle, qu'il lui donne déjà presque toute son existence. Depuis toujours, on l'aime à la folie ou on la déteste totalement. Elle quitte le bureau et marche en direction de l'ascenseur. Elle croise quelques collaborateurs aux yeux interrogatifs, mais aujourd'hui son regard décourage toute familiarité.

Une fois à l'abri de son bureau, elle trépigne d'impatience, faisant les cent pas. Elle est l'édificatrice venue de Bagdad, la briseuse de conventions dans un secteur trop longtemps masculin, la bâtisseuse d'avant-garde. Elle songe à tout ce qu'elle a sacrifié pour son art et ses convictions. Il aurait été si facile de « composer », faire des compromis, renoncer à la difficile quête du style.

Combien de fois a-t-elle essayé d'expliquer la rupture qu'elle a tenté d'opérer dans l'architecture ? On la caricature parfois comme celle qui abhorre les angles à quatre-vingt-dix degrés. Longtemps, elle n'a pas pu réaliser les bâtiments qu'elle dessinait, car la technique ne suivait pas son rêve de courber l'espace, de féminiser le béton, d'arrondir les perspectives de sorte qu'elles deviennent des méditations propices pour les observateurs et les utilisateurs. On l'a qualifiée d'irréaliste, ou d'architecte de papier : jamais l'un de ses dessins tarabiscotés ne saurait devenir une réalité !

Elle s'approche à présent d'une rangée de livres derrière son bureau, se saisit du roman qu'elle a lu et annoté plus d'une fois. Elle se rappelle la première fois qu'elle a lu *La Source vive* d'Ayn Rand, adolescente, et le brûlant appel qui a raisonné en elle. Comment oublier l'architecte Howard Roark, ce personnage cherchant la pureté du style sans compromis, son intégrité qui le pousse à travailler dans une carrière de marbre de ses mains plutôt que de renoncer à ses convictions, sa capacité à tenir au plus haut sa destinée de créateur quitte à vivre un temps comme un ermite, et son absolue dévotion au plaisir fébrile que provoque un travail sérieux, intense et concentré. Comme la plupart des super-héros de papier, il ne transige pas.

Elle a essayé de suivre l'exemple de ce personnage de roman jusqu'à renoncer à toute vie de famille. Bien sûr, elle possède un peu de cet autre personnage, Peter, architecte lui aussi, mais, à l'opposé de Roark, un opportuniste, prêt à toutes les compromissions pour grimper dans l'échelle sociale. Comme lui, elle a déployé un vaste canevas pour enrubanner tout ce qui compte à New York. Mais sur la création, elle a gardé le cap, se dit-elle. On dit qu'elle incarne le courant « déconstructiviste ». Elle construit les bases d'une architecture de demain, dessinant des bâtiments en mouvement, des lignes vitales, des courbes affirmées. Peu à peu, ils ont accepté qu'elle casse les angles. Lorsqu'elle a finalement reçu le prestigieux prix Pritzker, elle s'est sentie aussi puissante qu'une demi-déesse. Aujourd'hui, elle est Peter et non Howard : elle désire plus que tout entrer au classement Forbes des femmes les plus influentes. Elle le mérite. Elle le veut, même si elle a un peu honte d'être ainsi attachée à la gloriole.

Son regard circule sur les affiches de quelques-unes de ses réalisations qui ornent les murs de son bureau. Soudain, elle comprend : « Forbes, mais ce n'est rien ! Ce n'est rien par rapport à ce jaillissement créatif que je ressens chaque matin et qui est devenu le quotidien de ces humains, de ces villes. Ils vivent au creux de mes idées. Là est le sens de ma vie, même après ma mort. »

Et Zaha Hadid se sent plus légère.

## L'inspiration

Est-il possible de se structurer soi-même, ou bien sommes-nous toujours des semi-robots au service d'une idéologie ou de son contraire ? Un peu d'Histoire des idées ne nuit pas : le *structuralisme* fut l'une des philosophies officielles et influentes de la France durant une partie conséquente du XX^e siècle, entre Saussure et Lacan, en passant par l'anthropologue Lévi-Strauss. Quel est ce concept de structure ? C'est l'idée qu'il ne faut pas considérer les individus ni les choses en isolation, mais plutôt comprendre leurs articulations et relations dans un tout symbolique.

Le cliché d'école préparatoire veut que le structuralisme porte avec lui la « mort du sujet » : si nos actes et nos pensées sont déterminés par la structure sociale ou idéologique qui nous forme, nous ne sommes peut-être qu'un fantôme qui croît avoir une âme ou une volonté libre, mais qui en réalité n'est que le rouage d'une machine en laquelle des « signifiants » – des symboles, des relations, des protocoles, des codes – s'articulent et s'influencent pour produire des « effets de sens ». Marx parlait de nos croyances comme d'une superstructure idéologique produite par nos moyens de production et les échanges basés sur l'accumulation du capital. Aujourd'hui encore l'accumulation par addition de chiffres l'emporte sur la structure par constellation d'idéaux. Un exemple ? Considérez vos amis ou connaissances sur tel ou tel réseau social : qu'est-ce qui les relie ensemble ? À l'heure de l'ubiquité numérique, de l'hystérie des réseaux, l'importance de la structure, de la façon dont les algorithmes déterminent nos comportements ou pensées, ne peut être ignorée, même si l'on désire ardemment croire en la liberté individuelle. Le capitalisme a presque toujours intérêt à feindre de promouvoir l'individu roi, le sujet jouissant, pour encourager la décision qui met en valeur l'ego indépendant. C'est comme un narcotique qui nous fait croire que nous sommes les seuls dans l'univers à acheter cet ordinateur ou à choisir cette option d'achat.

Le poète-philosophe Paul Valéry disait qu'un homme seul est toujours en mauvaise compagnie. Nous avons besoin de faire partie d'un ensemble qui fait sens et qui nous structure. Nous sommes le fruit d'une architecture sociale. La structure, c'est le corps de nos habitudes d'agir et de penser. Et nous qui nous rêvons libres, peut-être ne sommes-nous que les électrons d'une composition qui nous dépasse. Mais les plus libres d'entre nous ne se contentent pas de ce jeu de relais et d'interdépendances. Ils veulent du moins fixer les règles de l'ordre qui nous structure, et leurs visions privées veulent devenir chair et monde.

Même si les « adultes » sont souvent de grands enfants qui marchent les pieds rentrés on ne sait trop vers où, et pour qui l'épique ou le fantastique ne sont plus que des genres cinématographiques qui, avec un paquet de chips, comblent la peur du vide et le besoin de s'oublier, il y a encore des femmes ou des hommes qui collaborent pour dessiner les plans de structures qui correspondent moins à une stratégie d'adaptation qu'à un désir honnête de sens et de cohérence. Nous sommes tous des points repérables dans la cartographie cybernétique qui nous suit à la trace, mais certains esprits dominent encore la matière et la tordent dans un sens qui n'est pas commun. Nous sommes certes un grain de silice dans l'océan des données qui décident à quel groupe de consommateurs nous appartenons sans le savoir, mais çà et là un petit groupe ou un individu sculptent la constellation d'une vie nouvelle, d'une nouvelle origine ou d'un retour aux sources.

Qui peut se vanter de structurer sa vie comme une cathédrale ? Le plus souvent nous sommes incapables de dire de quoi demain sera fait. Mais certains le savent, même confusément. Ils ont un plan. Elles ont une vision. Ils sont une ferveur en acte, celle de suivre leur constellation de vertus, cette structure invisible inscrite dans notre ventre, dans notre cœur.

Avez-vous une vision d'ensemble de vos idées-forces, comme une constellation personnelle qui vous définirait ? Considérez maintenant tous vos actes importants des dix dernières années : qu'elle est la saga ou la vision qui les relie ? Tout fait-il signe vers la dignité d'un destin propre ? Bien entendu, notre structure personnelle ne saurait être rigide ou parfaite, comme celle des personnages de roman : nous sommes en constante évolution, nous chutons et nous nous relevons, nous nous sublimons lentement, parfois dans la douleur. Et comment imaginer le contraire ? Transposer un corps humain faillible dans l'espace éternel des idées est une naissance plus douloureuse encore que notre naissance charnelle. Et un joyeux prodige.

Il n'est jamais trop tard pour structurer sa vie en suivant à l'instinct une cartographie symbolique portée par une conviction forte, en épurant, en harmonisant, en composant une petite symphonie, en nommant quelques étoiles pour nous guider dans la nuit, en anticipant l'avenir par conviction plutôt que par panique, en renonçant à la méchanceté, c'est-à-dire à l'inconscience. Sans doute tout ceci est-il trop ambitieux ? La plupart d'entre nous ne sont pas si stratèges ou n'ont pas envie de destin au sens épique du terme. Peut-être. Mais alors nous devrions nous sacrifier un peu plus à ce qui nous dépasse, nous faire moins individualistes pour le bien d'un élan collectif de bonne volonté, faire notre devoir pour faciliter la croissance vertueuse de la structure sociale idéale, sans envier, sans traîner des pieds, sans tricher. Hélas, trop d'entre nous se croient électron libre d'un désir sans stratégie autre que la course à l'ascension sociale, ou l'évitement de la chute.

Les structures ne doivent pas être le contraire de la liberté. La liberté est *créalectique* ou n'est pas : c'est la capacité de donner forme à un domaine de possibilité. Tel est le choix qui se présente à nous : cocréer les structures qui nous abritent en les rendant peu à peu plus idéales, et collaborer ardemment avec celles ou ceux qui ont un sens généreux du paradis sur terre, et tentent d'édifier des environnements de création, d'élévation et d'harmonie.

la constellation de

## Zaha Hadid

**structure**, **bâtir** (lire page 51), **création** (lire page 89), **nuance** (lire page 259), **ténacité** (lire page 363).

# tact

Tact rime avec acte. Avoir du tact est ce don actif et délicat que l'on peut faire au monde, au cas par cas. Un sens interne et presque musical de ce qui est juste nous encourage à l'élégance devant une injustice ou à la politesse devant l'erreur. Le tact sait que beaucoup vivent hors d'eux-mêmes, et prend le temps d'écouter leur détresse sans mettre de l'huile sur le feu. Le tact est créateur, il caresse les malentendus sans se faire mordre et permet au livre de nos vies de contenir plus de grâce que de confusion. Le tact est cette patience qui émerge du luxe d'être soi. Nous n'en avons jamais assez, et parfois nous le regrettons trop tard.

L'homme qu'elle aime la convoque devant son conseil de guerre. Va-t-il la bannir ? Pourtant, la veille, ils ont fait l'amour sans arrière-pensées. Leurs deux corps se sont évadés dans les extases qui suivent un jour de combat sanglant ; il n'a rien laissé paraître. Il aurait pu la prévenir – mais elle n'a pas senti de duplicité, juste un grand don silencieux et solennel.

Aujourd'hui, il lui a envoyé un soldat quelconque pour lui indiquer de se hâter. Elle observe avec mépris ce paysan fantassin. Elle attend qu'il baisse le regard. Il sait qui elle est et ce dont elle est capable. Elle est une Bushi ; adolescente, elle a connu la rigueur de la formation à la douleur, à la faim, à la soif, au froid intense, aux blessures lancinantes et au sang versé. On lui a appris à désirer l'austérité, la maîtrise et l'oubli de soi. Parfois elle se sent aussi inflexible que la lame d'une épée. D'autres fois, elle vacille comme le feu qui a donné vie à l'épée.

Elle ne craint plus la mort. Son honneur n'a jamais transigé avec les faiblesses des êtres humains, à l'exception de sa passion pour Yoshinaka, chef des armées du clan Minamoto, l'homme qui partage ses nuits. Elle l'aime à en mourir, mais elle se demande si le code d'honneur n'est pas rompu. Elle se sent déchirée par la possible trahison, et le sol se dérobe sous ses pieds.

Cependant, elle le sait, son amant ne peut pas être contaminé par cette fourberie que les politiciens et les lâches usent pour duper. Au contraire, depuis de longs mois, c'est sûr, il œuvre en silence et avec délicatesse pour son bien. Il lui permet de déployer au combat son art du kenjutsu, sa maîtrise du tir à l'arc, sa dextérité à cheval, et, bien qu'elle soit femme, de faire preuve de bravoure et de courage à ses côtés. Toute l'armée sait qu'il en a fait sa compagne et c'est bien pour cette raison que Yoshinaka la place subtilement aux endroits les plus périlleux, pour faire taire les mauvaises langues et lui donner l'opportunité d'exprimer sa valeur. Combien d'hommes laissent ainsi aux femmes la possibilité de s'épanouir ? Lors des charges de cavalerie décisive, on lui ordonne de tenir la première ligne et elle s'y précipite avec joie et fierté.

Certains officiers jugent son amant fou de jeter ainsi sa femme dans les fournaises sanglantes. Mais elle, Tomoe, apprécie ce traitement qui transcende toute idée de favoritisme. Sur le terrain, mêlée sans cesse à la troupe des plus valeureux, elle démontre qu'une femme samouraï peut balayer l'ennemi ou lui transpercer le ventre à coups de katana. Après plusieurs batailles, elle jouit d'une aura croissante dans l'armée, malgré les inévitables jalousies. Elle en est reconnaissante à Yoshinaka qui, sans un mot d'explication, car c'est un homme de peu de mots, a toujours agi délicatement pour que son honneur de guerrière ne souffre d'aucune sorte d'humiliation du fait de leur passion.

À cette pensée, elle se remémore le récent crépuscule sur le dernier champ de bataille : le sol rouge recouvrait la terre jusqu'à l'horizon. Les cadavres amputés formaient des talus chaotiques d'où émergeaient des corbeaux ivres du sang des héros éventrés. Quelques groupes épuisés et épars se battaient encore, tels des revenants. Envahissant l'espace comme un démon plaintif, des râles montaient du sol vers le ciel trop lointain. Les survivants étaient fiers de ce jour de gloire et saluaient les samouraïs des deux camps qui avaient su mourir sans peur. Tomoe Gozen, en haut de la colline, contemplait ce jour béni de la victoire totale.

Elle s'interroge en se dirigeant vers la grande tente de l'état-major. Quelques minutes plus tard, le grand général digne pose une main délicate sur son épaule, laissant à peine transparaître un soupçon de sourire au coin des lèvres. La femme samouraï est sur le point d'être nommée la première capitaine de l'armée japonaise.

Et plus tard, ce soir; parfois, au creux de la nuit, Tomoe regardera son amant et pleurera en silence. Sait-il qu'elle tue par amour ?, songera-t-elle.

## L'inspiration

La plupart des humains sont tactiles, mais seule une minorité a du tact. Nous touchons chaque jour nos écrans, nos claviers, nos proches, nos emballages ; mais nous touchons rarement le cœur d'autrui par l'élégance d'une attitude ni le cœur des choses par le soin respectueux du détail. Nous effleurons rarement le corps du monde avec la délicatesse des anges. Peu de nous possèdent au quotidien ce sens de l'écoute patiente et active, cette manière de faire que l'on appelait jadis le tact.
Avoir du tact, c'est se tenir sur la ligne d'équilibriste entre la puissance et la grâce. Le tact est un acte, celui du choix de la nuance, du soin et du respect, loin de l'ostensible et répétitive habitude. Beaucoup d'humains dorment debout, mais certains veillent sur

nous, comme la mère ou le père sur l'enfant. Certaines cultures ou traditions aujourd'hui préservent un sens de ce qu'Orwell, l'auteur de *1984*, appelait la « décence commune » ; parfois c'est dans les rituels que l'on trouve encore cette douceur d'être et cet art de bien faire autant que de laisser faire. Le tact manifeste la conviction que l'infiniment petit peut être sophistiqué, que tout peut tendre vers une même fin sacrée, une attention qui ne se préoccupe pas de rentabilité ou de finalité justifiant les moyens. C'est un art entre lutte et abandon, agilité du détail et don surabondant. Parfois, plutôt que de trancher le nœud gordien, il s'agit de contourner l'obstacle comme au jeu de go, en se mettant dans la tonalité d'autrui.

Est-il toujours possible d'avoir du tact ? Imaginons que le chien du voisin ait aboyé toute une nuit pour la troisième fois consécutive cette semaine, vous empêchant de dormir. Votre première envie est peut-être de frapper violemment à sa porte en hurlant que vous comptez appeler la police, contacter votre avocat et louer une contre-armée de chats enragés. Si votre voisin vit seul avec son chien et qu'il est dépressif, il risque de vous haïr autant que lui-même et le destin. Vous avez sans doute manqué de tact et de savoir-faire en répondant à l'agression chaotique par l'agression explosive. Le tact demande de garder son sang-froid. Créer une entente mutuelle avant que les problèmes se manifestent, quelque chose comme une sollicitude honnête et ferme. Le tact sans autorité peut devenir faiblesse, mais la colère est souvent sans tact, à moins qu'elle ne se transmute en ironie retenue.

Le tact n'est pas l'hypocrisie : une relation faussement positive à autrui, qui met les problèmes sous le tapis, tôt ou tard, mène à l'explosion. Le tact ne peut pas être seulement un souci de l'altérité au détriment de soi, une manière de se plier en quatre puis en huit, puis en seize, avant de devenir cette boule de papier qui prend aisément feu. Le tact triomphant est la générosité qui dépasse par gouttes cristallines d'un verre plein. La force d'esprit fait que l'univers conspire à nous conduire plutôt qu'à nous nuire ; la grandeur d'esprit c'est de savoir que tous ne peuvent en faire autant, et de se montrer bienveillant.

Les bouddhistes parfois recommandent de respecter toute forme de vie autour de soi, sans rien blesser, en faisant le moins de vagues possible. Mais est-il possible de ne jamais faire souffrir, ou est-ce une vision naïve de notre présence au monde ? Parfois, on ne peut que mettre de l'eau dans son vin et de l'âme dans sa lame ; la juste et noble cause ne sait pas toujours éviter de causer des dommages collatéraux. Il y a bien des monstres qui font preuve de beaucoup de délicatesse, des manipulateurs qui usent d'un simulacre de tact pour trahir notre confiance : c'est pourquoi le tact parfois évite la gentillesse et l'apparente empathie, pour ne pas ressembler à de la manipulation. C'est parfois faire montre de tact que de ne pas avoir trop de tact, en appelant un chat un chat.

Un monde confiant d'artisans du quotidien prenant leur temps, plutôt que de bâcleurs angoissés, serait un monde appréciable. Le tact, cela peut commencer par d'infimes détails : soignez par exemple l'orthographe de vos mails et de vos SMS même les plus anodins. Soyez solennel en restant naturel. Penser votre existence et l'harmonie de vos actes, c'est un constant travail tactile sur la peau des idées et les nerfs du réel. Souvent, le présent nous glisse entre les doigts, car il est comme un rêve que l'on vient d'avoir avant de se réveiller : on s'en rend compte lorsqu'il n'est plus là, et on ne sait plus trop de quoi il était fait.
Nous tendons à être somnambules ; le tact, c'est l'art d'être touché sans se laisser endormir par les habitudes. Souvenons-nous de Cyrano de Bergerac, prince du tact et homme de cœur et de courage, qui savait combattre, défendre, aimer, se faire ombre délicate, sacrifier, glorifier, tout cela sans jamais trahir sa passion du verbe : « À la fin de l'envoi, je touche. » Regardons le petit traiteur du coin de la rue qui dispose ses tomates avec soin, comme si la présentation des phénomènes était une fin en soi, sans crainte de manquer, sans peur d'être unique, ignorant les grandes surfaces qui pourtant lui ont presque tout pris. Un jour viendra où l'espèce humaine aura dépassé la barbarie de la violence compétitive et des effets de masse. Ce jour-là, les dieux viendront admirer cette planète, devenue un paradis de délicatesse tenace.
En attendant, tentons d'avoir du tact même avec nos ennemis, ceux qui nous trahissent ou celles qui nous

ignorent : c'est possible pour qui sait la beauté de sa mission sur Terre, et n'a plus peur de manquer.

la constellation de

## Tomoe Gozen

**tact**, **audace** (lire page 45), **honneur** (lire page 169), **mérite** (lire page 243), **récompense** (lire page 319).

# ténacité

La petite voix au creux de notre gorge qui nous dit de tenir bon lorsque nous sommes en détresse, voire torturés, que nous dit-elle encore ? Parfois que nous sommes seuls, car nous ne voulons pas montrer notre faiblesse. Mais songez qu'au même moment, des centaines de milliers d'humains se disent : tiens bon ! Cela révèle un sens commun invisible, une communauté terrestre de ténacité, une énergie poétique et politique qui, si elle s'organisait, pourrait se demander : à quoi bon tenir bon ? Vers quelle constellation ? Si votre projet est sublime et qu'il fait avancer l'harmonie, la riche profondeur et l'entente des générations à venir, votre ténacité pour le mener à son accomplissement est déjà le résultat. Car être tenace dans la poursuite d'un idéal, c'est manifester l'éternité.

Elle hurle, supplie, tente de se débattre, mais les liens qui entravent ses pieds et ses mains résistent, fermement arrimés au matelas qui sent l'urine et les déjections. Elle implore à nouveau ses deux bourreaux – la barre d'acier s'abat violemment sur le bas du tibia. Elle hurle, les jambes brisées. Les deux officiers pervers et imperturbables lui posent à nouveau les mêmes questions : ses complices, ils veulent des noms !

« Dans la vie, quelle que soit la religion ou l'origine, il y a deux sortes d'hommes : ceux qui font le bien et ceux qui font le mal », lui a répété son père tant de fois. Jeune, elle a voulu croire que ce jugement était excessif, que le mal pouvait s'expliquer, voire s'excuser au moyen de la raison ; un malheur, une souffrance, la frustration des hommes castrés par la société. Non, le mal est le mal, dirait son père, et certains en jouissent, comme ces deux officiers chaque matin depuis son arrestation. Ils peuvent tout lui faire sans qu'elle puisse s'échapper.

Ils s'apprêtent à la frapper à nouveau. Alors elle se met à parler – elle dit beaucoup et ne dit rien. Oui, elle a fait sortir des enfants du ghetto, par une brèche dans un mur, puis dans des bennes à ordures, dans des caisses à outils pour les bébés, des sacs de gravats pour les plus grands, mais enfin ils n'étaient pas bien gros, les os sur la peau, ils les ont vus, la plupart sont sans doute déjà morts. Elle devait les abandonner à un carrefour et ne savait pas qui les prendrait en charge, c'était une mesure de prudence, ils doivent comprendre, ce sont des soldats. Oui, elle a su trouver des moyens d'entrer et de sortir chaque jour du ghetto, car elle a été formée à l'art de la serrurerie, après tout. Oui, elle a dressé son chien pour qu'il tienne à distance les gardes trop curieux.

Ils frappent à nouveau, cette fois aux genoux. Elle brûle, n'a même plus la force de pleurer ; elle rêve que son cœur lâche, qu'elle soit délivrée de ces terribles souffrances ! Elle sait ce qu'ils veulent : la liste des noms des enfants et surtout la liste des institutions catholiques et des familles chrétiennes qui les ont recueillis dans tout le pays. Elle pourrait peut-être donner un ou deux noms pour avoir quelques heures de répit, ou indiquer le lieu où elle a enterré des bouteilles avec à l'intérieur la liste des centaines d'enfants qu'elle a sauvés. Elle s'apprête à parler… Non, elle ne doit pas !

Et brusquement elle se réveille tremblante, couverte d'une sueur froide. Dans l'obscurité de sa cellule, elle pleure, tente de se souvenir : depuis des mois, elle n'a pas cédé, elle n'a rien dit, elle n'a donné aucun prénom, aucun nom de complice et elle l'a payé cher. Elle se rassure, demain ce sera fini. Elle lève sa maigre couverture et caresse avec pitié ses deux jambes déformées par les coups. Elle ne les sent plus, elles sont figées et glaciales comme un cadavre. Rendues difformes par ces os qui se sont ressoudés anarchiquement, elles laissent apparaître ici une bosse, là un trou. Laides, monstrueuses à l'image de leurs bourreaux, elles lui sont devenues inutiles aussi. Combien d'os lui ont-ils brisé ? C'est un miracle ou plutôt une malédiction qu'elle n'en soit pas morte. Car depuis des semaines, elle se traîne à même le sol pour faire ses besoins sous les rires des nazis. Une bête. Mais demain ce sera fini, ils vont l'exécuter et elle ne demande que ça.

À cette pensée, elle s'assoupit, sereine. Puis elle croit entendre la porte de sa cellule s'ouvrir, et dans un demi-sommeil s'en réjouit. Elle entrouvre les yeux – elle doit rêver. Elle connaît ces deux hommes-là, ils font partie de son réseau de résistance polonais, et les voilà déguisés en gardiens. Elle a envie de rire de ce songe, mais se sent soudainement happée. Ils la portent, et sans y croire encore tout à fait naît en elle l'idée qu'ils sont peut-être venus la sauver, qu'une autre vie pourrait bien démarrer, qu'un jour ces diaboliques nazis seront vaincus et que grâce à ces listes cachées dans les bouteilles, elle pourra aider des centaines de parents à retrouver les enfants qu'elle a sauvés. Oui, il existe aussi des gens de bien, songe Irena Sendlerowa, tandis que ses complices l'extraient des couloirs de l'enfer.

## L'inspiration

Un tiens vaut mieux que deux tu l'auras, dit le proverbe. Étymologiquement, ténacité signifie en effet que l'on *tient* : on peut tenir à quelque chose, on peut tenir bon. Le mot est devenu assez rare aujourd'hui, comme peut-être la vertu qu'il désigne. On parle plus souvent d'endurance, car notre époque est plus physique que mentale. Il y a dans la ténacité intellectuelle une notion de persévérance idéaliste que l'on devrait s'étonner de devoir encore et toujours louer, tant elle est essentielle à toute forme de beauté civilisationnelle.

Le talent spontané ne manque pas aujourd'hui : tout le monde ou presque sait faire une pirouette devant la caméra et, comme les enfants, beaucoup s'extasient à montrer qu'ils savent jongler avec une seule balle. Mais ce qui fait qu'un enfant devient adulte, ce n'est pas qu'il se contente de la louange facile, c'est qu'il apprend peu à peu à être tenace dans ce qui lui importe et sans besoin de l'approbation des autres. Il est devenu difficile pour beaucoup de persévérer car ils s'ennuient vite, y compris d'eux-mêmes et de leurs vagues initiatives. Ils s'ennuient parce qu'ils sont dupes d'une idéologie qui fait croire que l'on peut jubiler loin de l'effort de l'artiste martial.

Cela étant dit, il n'y a que dans les films que la ténacité est linéaire. En réalité notre persévérance oscille sans doute de haut en bas. Nous ne sommes pas de ces machines qui peuvent résister sans se détraquer de temps en temps : les endurants et les tenaces fléchissent régulièrement, ils pleurent parfois, mais ils se relèvent et repartent, se remettent à l'ouvrage tant bien que mal, malgré les assauts et les impatiences. « La plus grande gloire n'est pas de ne jamais tomber, mais de se relever après chaque chute », disait Confucius. Ou de comprendre que la plupart des chutes n'en sont pas, étant donné que le haut et le bas sont relatifs.

La ténacité, est-ce un contraire du nihilisme ? Sans doute, car celui-ci suit la ligne de la plus grande pente, là où se trouve le moindre effort ou alors un effort réactif et féroce. C'est même la définition profonde du nihilisme. Le fait de n'avoir foi en rien, de croire que même le bien est une manifestation du mal, est une conséquence du manque de foi en soi. S'il y a une chose qu'il convient d'apprendre à ses enfants, c'est que l'on doit finir le projet que l'on admire dans le même esprit d'expansion de l'âme qui a présidé à son commencement, malgré l'indifférence du monde. Cela forge une discipline d'honnêteté et aide à ne pas tout recommencer sans cesse à hue et à dia, sous l'influence de la validation des autres. L'approbation superficielle de nos amis ou parents, lorsque trop enclins à tamponner notre narcissisme, est parfois plus dangereuse qu'une constructive critique.

Viser son inaccessible constellation et s'y tenir permet d'atteindre en chemin des objectifs intermédiaires qui contiennent en eux déjà l'éclat de l'idéal, un fragment d'aura de l'impossible. « La ténacité est la racine de la prospérité », dit un vieux proverbe sanskrit. En français on dit parfois : « Quand on veut, on peut. » Bien entendu, il est préférable de vouloir ses projets, notamment lorsqu'on les initie, mais on ne saurait compter sur la seule volonté pour rester tenace : il faut compter sur le sens du devoir vis-à-vis de soi-même. La rectitude morale dont parle le philosophe Kant avec son impératif catégorique suggère un *tu dois parce que tu te dois à l'idée de civilisation*. Si les humains cessent d'être tenaces, ils seront remplacés par des programmes informatisés ou autres maîtres anthrobotiques[1], et le

1. Anthrobotique est un néologisme récent formé sur la racine grecque *anthropos*, humain, et *robotique*. Il désigne le caractère de plus en plus cybernétique de notre réalité quotidienne.

combat en faveur de la joie de vivre sera perdu au profit de la norme la plus grise.
En somme, il faut tenir à ce à quoi l'on tient : cela paraît une lapalissade, mais beaucoup ne tiennent pas en acte à ce à quoi ils tiennent en pensée, trop affairés à rêver éveillés tout en se conformant aux ordres. C'est ici que la ténacité peut évoluer, de vertu individuelle en principe social : on devrait pouvoir compter sur les autres, et la trahison devrait être moins répandue que le sens commun, ce sens de solidarité vers la plus respectueuse et admirable version de notre communauté. Il faudrait pouvoir anticiper les comportements d'autrui en s'attendant moins à ce qu'ils manifestent leur intérêt personnel, leur paresse, la duperie, la peur, l'indifférence ou la recherche du plaisir et du gain mesquin : nous voudrions voir plus souvent au quotidien de ces petits gestes qui montrent la ténacité de tous en direction de l'harmonie. N'est-il pas temps que notre époque si sophistiquée en cruauté et poseuse, notre caverne de haute couture s'ouvre à l'air frais et qu'advienne une tenace civilisation de haute culture ?

la constellation de

## Irena Sendlerowa

**ténacité**, **décence** (lire page 97), **intégrité** (lire page 187), **liberté** (lire page 235), **vie** (lire page 397).

# ubiquité

Le qualificatif désuet d'ubiquitaire était jadis réservé à Dieu, car qui d'autre pouvait être partout présent à la fois ? Aujourd'hui, la technologie veut remplacer Dieu en standardisant nos vies, de façon que nous pensions, rêvions, ressentions tous les mêmes choses de la même façon aux quatre coins du globe. Il est temps de se reconnecter avec la véritable force vitale qui est de fait partout, celle de la nature naturante[1], de la création en acte qui n'a besoin d'aucun Dieu extérieur au monde pour advenir, car elle est ce qui fait advenir les formes du monde à partir de la danse des possibles. À trop chercher partout le même, on se fanatise. À écouter l'ubiquité des différences, on se libère.

Elle n'aime pas cette chambre, s'y sent mal à l'aise. Elle a même songé la veille, un peu pour rire, à dormir sur la moquette luxueuse plutôt que dans le lit. Elle ne s'habitue pas à l'air conditionné, aseptisé, d'une froideur clinique alors que dans son pays, elle a connu le souffle chargé de poussière qui s'incruste dans

1. La *nature naturante* est un terme de philosophie qui désigne le principe créateur continuellement à l'oeuvre dans le monde. Tandis que la *nature naturée* désigne le résultat tangible de ce processus, les creatures, le monde créé. Spinoza est l'un des penseurs qui insiste sur cette distinction.

la gorge les jours de vents, les effluves du printemps qui ouvrent l'odorat, et la brûlure des jours de forte chaleur qui asphyxie les poumons : la vie, la lutte, la nature sauvage. Ici à New York, en ce mois de juillet 2013, l'hygiène donne aux Occidentaux l'illusion qu'ils sont invulnérables. Ils ne le sont pas, elle le sait ; elle doit s'adresser au monde entier tout à l'heure, et elle pointera la nécessité des réformes dans le monde entier. Il n'y a pas qu'au Pakistan que les dés sont pipés.

Son regard croise dans le miroir son dur visage d'adolescente trop vite mûri. Tout de même, une part d'elle-même voudrait détester ces brutes, là-bas, au Pakistan, ces fanatiques qui infantilisent les femmes, les enfants, et les humbles travailleurs jusqu'au mutisme. Elle les a décrits, souvent, dans son blog anonyme, ces petits dictateurs, qui ne savent lire le Coran que « littéralement », de fait en illettrés. Ils ne sont capables d'aucun second degré, d'aucune prise de recul, d'aucune sorte d'interprétation nuancée des textes sacrés. Ils les lisent sans en mesurer la magnificence ni la sagesse. Ils sont frustrés et violents, et leur besoin de se référer à un unique livre pour exercer leur injustice révèle leur désir vain de tout contrôler, partout, avec quelques formules simples.

Elle se tend brutalement, comme figée dans le temps et l'espace, touche sa tête miraculée, puis revit l'instant qui a changé son existence. Elle avait quinze ans. Un matin, dans le beau district de Swat, elle était assise dans le bus après un examen. Elle tenait précieusement un livre de biologie dans sa main, tournant son regard vers le paysage pour s'échapper dans ses rêves : elle serait médecin, et à chaque fois qu'elle le disait à son père, elle mesurait toute l'admiration et l'amour paternel. Papa, poète et directeur d'une école pour filles, l'avait encouragée, malgré le danger, à raconter les intimidations pour que les élèves restent chez elles, n'apprennent rien, soient dociles. Les talibans ont enragé devant le succès de son blog diffusé sur le site de la BBC, ont interrogé ici et là pour en découvrir l'auteur. Ça l'amusait un peu ce jeu de cache-cache. Mais ils l'ont trouvée. Le bus a stoppé brutalement, la sortant de ses rêveries.

Des hommes sont montés, elle a entendu qu'on appelait son nom. Elle a levé le bras machinalement, comprenant que le taliban armé qui s'approchait allait mettre fin à son rêve. Un moment présent dans son esprit pour toujours : il pointe l'arme sur elle. Elle mesure la puissance de la brutalité aveugle. Elle se dit : « Je pars ». Elle ferme les yeux et enlace son père en imagination. Dans le bus, les passagers restent muets et immobiles, terrorisés. Il serait si simple que tous se précipitent pour écraser l'ignoble idéologie armée. Mais la peur est partout, comme un virus.

Elle n'entendra pas le coup partir et sentira à peine la balle traverser son crâne pour se loger dans son épaule. Ce sera ensuite un long calvaire, des réveils douloureux, des frayeurs à répétition, une longue convalescence apeurée, et l'exil forcé en Angleterre. Aujourd'hui, elle n'a pas encore dix-sept ans, et dans la glace de ce grand hôtel de New York, c'est encore une enfant qui réprime ses larmes. Mais papa est là, tout près.

Quelques heures plus tard, Malala délivre son message aux représentants du monde entier sur son podium de l'ONU. Et les mots lui viennent plus facilement que prévu. Les talibans pensaient qu'une balle pourrait la réduire au silence, mais ils ont échoué. Elle ne se bat plus pour elle-même, ni même pour toutes les filles du Pakistan, non, elle lutte pour le droit de tous à la dignité, à l'égalité des opportunités, et surtout le droit à l'éducation qui permet de penser par soi-même. Prenons nos cahiers et nos crayons, ce sont nos armes les plus puissantes !

On l'applaudit, on se lève et des yeux embués de larmes lui rendent hommage. La voilà devenue une icône et cela a un coût : apatride, elle ne peut plus rentrer chez elle, et, ironiquement, si elle ne doit plus servir quelque mari imposé, elle a à présent le devoir de servir toute l'humanité. Il faut montrer le chemin, et Malala Yousafzai n'a plus que ce destin à s'offrir. Elle ne sera sans doute jamais médecin là-bas, dans l'air de Swat qu'elle aimait respirer : elle n'aura peut-être d'autre environnement dans son existence que ce monde artificiel à l'air conditionné. Elle est désormais enfant et fantôme. Elle a survécu, mais elle est aussi morte ce jour-là. Le reste n'est qu'un bonus prestigieux et triste qui lui a été accordé pour qu'elle se donne à sa mission humaniste.

## L'inspiration

Au sein de cette espèce querelleuse qu'ont dit humaine, l'indifférence est un luxe. Un jour viendra peut-être où, enfin libres, nous aurons la possibilité de vivre nos rêves sans trop nous soucier des cauchemars des autres. La souffrance ou l'inquiétude omniprésentes, amplifiées par les réseaux sociaux et le journalisme gris, propagent un air de stress qu'aucune machine ne saurait purifier. L'adjectif « global » est trop souvent synonyme d'horreur ou de chaos, « local » d'angoisse ou d'égoïsme. Ubiquitaire veut dire partout présent, mais sait-on encore aujourd'hui rêver d'un partout qui soit fécond, joyeux, harmonieux, ou bien ne regardons-nous plus la Terre dans sa totalité que comme une plaie partout sanglante ?

Certes, l'ubiquité d'une pensée mondiale saine doit être possible si elle commence par l'éducation : travailler à égaliser les conditions initiales offertes à chacun et chacune de penser créativement en direction de ses possibles et de ses idéaux, sans chercher à trop les imposer aux autres. Trop souvent, l'égalité politique *a priori* se transforme *a posteriori* en standardisation forcée et plus ou moins volontaire des modes de vie.

Un dogme en remplace un autre. Penser par soi-même : l'esclave ne le peut pas encore, le vieux maître ne le peut plus, l'un sans espace vital, l'autre trop occupé à défendre son territoire. Nous vivons dans un monde où il semble parfois que le commun, le même, c'est un langage fait de numéros et de héros prévisibles et faciles à raconter, pourvu qu'ils soient reproduisibles. La globalisation produit une seconde nature mentale hypnotique, cette omniprésence des clichés manichéens ou bidimensionnels qui nous dicte comment vivre sous peine de mort sociale si nous ne nous adaptons pas, à tel point qu'une star de la cosmologie comme Leonard Susskind a comparé l'univers à un hologramme, une vaste simulation algorithmique : tout serait information et bits, présence logarithmique ici et là, un programme informatique dont nous serions les dupes. Une fois de plus, le suprême mystère est repoussé au-delà des frontières de l'univers connu, faute de comprendre que le sublime est partout présent, immanent, ici et maintenant. On confond l'univers que le capitalisme niveleur veut produire et la vérité multiple et créatrice du cosmos. Qu'on n'y prenne garde et une religion monotone en remplace une autre. Tout est – doit être – partout le même, disent les chantres de cet *informationisme*, via la transformation arithmétique, arithmo-maniaque, de tout et de tous, le monde climatisé et aseptisé de la gestion sécuritaire. Les informaticiens ont donc volé la vertu d'ubiquité à Dieu : ubiquitaire est aujourd'hui un qualificatif technique qui désigne le fait que les nouveaux médias, les circuits numériques sont désormais enfouis, de plus en plus invisibles, dans les multiples environnements qui font notre quotidien jusqu'au seuil de nos neurones miroirs ou la pointe de nos doigts fébriles. Les premiers hommes un jour ont regardé autour d'eux et ils ont vu des pierres, des animaux, des arbres, d'autres hommes, femmes, enfants, des pierres encore, le soleil, les étoiles. La première question qui est sans doute à l'origine de l'intelligence est : qu'est-ce qui unit toutes ces réalités ? Qu'est-ce qui est commun à tous ces phénomènes ? Qu'est-ce qui est partout le même et partout présent ? Ainsi sont nées la religion, puis la philosophie, puis les mathématiques. La religion *affirme* ce qui doit être partout le même. Les mathématiques tentent de *prouver* ce qui doit être partout le même. La philosophie conclut : tout est différent, singulier, en constant devenir multiple. L'intellect, la pensée est sans doute partout à même de nous unir, pourvu que nous acceptions l'ubiquité de la différence et comprenions le désir d'émotion créatrice de chacun, fusant dans mille directions malgré notre besoin d'entente.

La différence, la création, le multiple, c'est cela l'ubiquitaire réel, ou plutôt créel. Le cosmos est une danse entre ce devenir créateur que Descartes appelait « création continuée », Spinoza « nature naturante » et l'idéal d'ordre dont nous oublions trop souvent que son origine est esthétique plutôt que politique. Le bel ordre comme art plutôt que canon ; les Grecs, notamment Aristote, ont recommandé cet art du juste *milieu*, de l'équilibre doré. Le milieu juste, c'est cette énergie relationnelle entre création et ordre, différence et répétition, qui préside à la stabilité de tout système vivant en reliant ses parties. Chez les humains comme chez les non-humains, l'essentiel se passe dans l'entre-deux, dans les flux relationnels. Lorsque nous percevons cette *eudynamique*[1] qui ondule entre les objets qu'à tort nous prenons pour réels, une nouvelle réalité peut émerger, fruit de notre expansion au-delà des soucis mimétiques. Le vrai partout est invisible, tandis que beaucoup de ce que nous prenons pour important et concret est déjà mort, rigidifié.

L'homme et la femme du juste milieu seront ubiquitaires, mais pas domestiqués ; ils vivront dans un milieu entre matière et esprit, dans l'entre-deux cocréateur. Nous avons raison de vouloir écarter de nos cités les fanatismes à l'ancienne, mais ne remplaçons pas la violence symbolique du passé par une nouvelle violence, celle d'un monde où les adjectifs standard, normal, mondial, sont les nouveaux masques qui ferment les bouches et les esprits au nom d'un sens commun banal et triste. La joie ubiquitaire, c'est la résilience d'être la « même » personne en toute occasion et dans tous les milieux, même parce que différente, ouverte à la création naturelle, sensible à cette émotion première

1. Néologisme fondé sur la racine grecque *eu*, qui signifie *bon*, et le concept aristotélicien de dynamique au sens de potentiel. *Eudynamique* désigne les différences de potentiel harmonieuses.

L affleurant ici et là comme un bourgeon de printemps, l'émotion qui dit : *je crée, je suis.*

la constellation de

## Malala Yousafzai

**ubiquité**, **action** (lire page 13), **devoir** (lire page 105), **solitude** (lire page 327), **universel** (lire page 381).

# UNIVERSEL

Qu'est-ce qu'un homme ou une femme universelle ? Quelqu'un qui a su se dépouiller de ses aspérités contingentes, de son chaos fluctuant, pour devenir forme, concept, vérité incarnée. L'universel est alors comme une méditation : ressentir que chacun de nos actes peut émaner d'une tenue philosophique, d'un code d'idées que nous croyons dignes d'être partagées et appliquées par toute personne de bonne volonté. Pour devenir vraiment une âme universelle, il faut aussi sans doute s'ouvrir au *multiversel*, c'est-à-dire à l'infini des possibles. Les grands romanciers le savent : pour écrire un livre universel, il faut se plonger au cœur du singulier, à la racine de notre présence intime au monde. Puis, avec une infinie honnêteté, comprendre que le particulier est un reflet du général.

---

Ils sont là, autour de son lit, silencieux. Les yeux fermés, Marie perçoit leur présence ; elle retarde l'instant où il lui faudra faire l'effort d'ouvrir les paupières et de les rassurer. « Toutes les infirmières s'occupent si bien de moi. Je dors longtemps et il est probable que je parte sans douleur comme m'a prédit le médecin. Ah oui, je le sais plus que quiconque, la chimie fait des miracles… »

Elle a dédié toute sa vie à cette passion dévorante, la science, y consacrant quinze heures par jour, contrainte de prouver davantage que les hommes. Combien étaient-elles à la faculté des sciences de Paris ? Une trentaine sur huit cents étudiants. Il lui a fallu donner du coude pour se faire respecter, se faire précise et froide, imparable, d'une rigueur sans faille. Sa persévérance et des dispositions particulières pour les mathématiques l'ont rapidement propulsée en haut des classements. Et puis il y a eu cette rencontre décisive avec cet insensé d'Erwin Schrödinger, qui venait de surprendre tout le monde avec sa théorie des ondes. Elle entend encore sa ferveur :

« Vous comprenez, Marie, nous sommes constitués d'atomes, tenus à de grandes distances les uns des autres par des champs magnétiques. En nous le vide règne en quasi-maître absolu. Et cela vaut pour tout être vivant, tout objet, et pour l'air aussi. Si on concentrait toute la matière du monde, cela tiendrait à peine en une tête d'épingle. Et voyez-vous, ce que j'ai découvert, c'est que cette matière n'est pas inerte. Elle vit, elle respire, elle émet des ondes, elle dialogue avec le monde en quelque sorte. Voilà pourquoi les travaux sur la radioactivité que vous menez avec votre mari sont essentiels ! »

Depuis cette rencontre, c'est vrai qu'avec son époux Pierre, ils ont progressé, entrelacé les équations et les protocoles expérimentaux : une existence entourée de flacons, de ballons, pipettes et balances, dans le froid de ce laboratoire qui ressemblait à un garage à chevaux. Ils ont tout juste pris le temps de faire une fille, Irène. Son mari a été frappé par le destin, renversé par une voiture à cheval. Marie s'est battue pour donner un sens à leur œuvre commune. Il lui a fallu manipuler beaucoup de radium pour développer la radiothérapie. Il n'est sans doute pas étranger au mal qui la ronge depuis des années et qui l'a amenée dans ce sanatorium. Marie a compris qu'elle n'aura pas le temps de parachever ses recherches. Elle ne parviendra pas à atteindre l'objectif secret de toute son existence ; démasquer la formule du « grand liant ». Combien de fois son ami Einstein et elle n'ont-ils pas parlé du chemin qui devrait permettre de marier les lois de l'infiniment grand et de l'infiniment petit ! C'est le vrai combat, celui qui vise à l'unité des sciences, à la découverte de l'équation unique, celle du secret fondamental de la matière. Mais il est trop tard.

Marie songe à son échec lorsque, ouvrant les yeux, elle surprend Irène qui, dans le coin de la chambre, pleure, le visage en détresse. Elle referme les yeux, pénétrée d'un désespoir sans fond. Elle réalise que sa fille qui a presque quarante ans n'est qu'une petite enfant perdue. Elle se laisse aller à ce sentiment, abandonne son esprit à cette douleur et, soudainement, elle perçoit des voix en elle. Il lui semble que des femmes lui parlent. Des bords du Nil, du fond de l'Amérique du Sud, depuis des zones surpeuplées d'Asie, voici que monte en elle la complainte de milliers de mères. Elles envahissent son esprit et, sans effort aucun,

Marie peut dialoguer avec chacune d'elle, comme si cette voix intérieure que chaque être abrite s'était démultipliée en une myriade d'interlocutrices, comme si le cosmos les réunissait toutes pour ne former qu'une unique et même conscience partagée. Oui, à cet instant précis, ces mères au seuil de la mort partagent avec Marie la douleur commune d'abandonner leurs enfants au monde, cet amour inconditionnel. Toutes se lient dans ce moment tragique où leurs cellules vont bientôt se déconnecter à jamais de celles de leur descendance pour se retrouver dans la forme de l'ailleurs.

Avant de s'affaisser dans un dernier soupir, Marie Curie se soulève sur son lit et, les yeux dans le vide, chuchote : « Oui ! bien sûr, voilà le liant, le seul liant possible. »

## L'inspiration

L'un des moments forts de l'Histoire du XXe siècle est la déclaration *universelle* des droits de l'homme de 1948, signée par les cinquante-huit membres des Nations unies de l'époque. Il a fallu deux guerres planétaires sanglantes pour susciter des aspirations de paix générale, voire de contrat social global. Il est tout aussi intéressant de noter que l'on parle de guerre *mondiale*, ou *totale*, mais pas de guerre *universelle*, un mot qui convient plus à la paix dans notre imaginaire, tant l'adjectif *universel* semble associé à des valeurs positives. Il signifie que toutes les populations de la Terre sont concernées, mais il indique aussi une transcendance, une idée ou valeur unifiant et dépassant à la fois la somme des parties. L'universel n'est pas seulement un, il est un ensemble – ou du moins une *ensemblance*, une apparence de cohérence.

Aujourd'hui, nos sociétés pluralistes et individualistes ont appris à se méfier de l'universalisme, associé au colonialisme ou à l'impérialisme. En France, l'idée de république supposait que tout individu fût un citoyen universel, c'est-à-dire une personne ayant intégré les valeurs de l'État et servant idéalement l'intérêt commun davantage que l'intérêt personnel. En cosmologie, universel désigne un au-delà de la Terre, l'espace apolitique des étoiles, des trous noirs et des constellations. Universel aujourd'hui ne semble plus être le terme politique qu'il a été entre le XVIII^e et le XX^e siècle en Occident, notamment dans la France de la Révolution et dans la philosophie.

En philosophie, c'est Kant qui a élevé la notion d'universalisme éthique à la dignité de concept, avec ses maximes morales, l'idée que l'on doit régler sa vie sur des principes qui seraient profitablement applicables à tous : le fameux impératif catégorique. Un « impératif hypothétique » est une obligation applicable à un individu qui vise à atteindre un certain objectif personnel, par exemple « si j'ai soif, je bois ». Mais la contrainte de l'impératif *catégorique* est ainsi expliquée par Kant : « Agis de telle sorte que la maxime de ta volonté puisse être érigée en loi universelle. » Kant suppose que les humains peuvent agir avec persévérance conformément à une maxime ou une devise qu'ils se sont donnée. Il est certes relativement peu fréquent que chaque individu s'universalise lui-même. Beaucoup en restent à l'impératif hypothétique, c'est-à-dire à la loi du sentir. Ou alors ils sont universalisés par une idéologie, comme le capitalisme, l'humanisme médiatique, la compétition pour la survie, ou encore en s'abandonnant à ce qu'ils pensent être les lois rigides d'une religion ou d'une communauté dogmatique. Parfois, mais peut-être de plus en plus rarement, c'est l'État qui crée l'humain universel, à travers un sens courageux du devoir civique.

Alors, que veut dire s'universaliser ? C'est tout d'abord prendre conscience que nous sommes les enfants de l'univers au sens cosmique : cesser de compartimenter sa vie en différentes parties qui ne communiquent pas bien, les unes plus prosaïques et terre à terre que les autres – de rares instants d'extase ponctués de longs tunnels de soucis pécuniaires et d'anxiétés domestiques. Ensuite la visée universelle veut comprendre l'unité des mondes, ou plus précisément le désir d'unité. Enfin, s'universaliser, c'est avoir l'intégrité de se choisir des règles de conduite contrôlées par une maxime ou une devise qui nous projette au-delà de nous-mêmes, sublimement, comme si nous étions des quasi-cristaux en devenir constant, en équilibre apériodique[1] mais fécond, prêts à nous mettre

1. La nature est divisée en phénomènes périodiques, qui se répètent cycliquement et aisément mesurables, et situations apériodiques ou irréguliers quant à leur point d'équilibre, appartenant à des systèmes complexes.

en orbite autour d'une constellation d'idées-forces, une structure de valeurs.

Tout cela peut paraître trop ambitieux. En admettant que quelques individus puissent avoir la force de caractère de devenir concept (devenir justice, devenir vérité, devenir nation, devenir amour…), cette vertu d'universalisation peut-elle devenir universelle elle-même ? Peut-être, car nous sommes en fait plus divins que nous le croyons. Nous sommes déjà plus qu'à moitié universels : pas seulement parce que nous sommes les enfants de la grande création multiverselle, mais tout simplement parce que nous sommes capables de parole. Quoi de plus universel que le langage lorsqu'il atteint la singularité de la poésie ou lorsqu'il communique des formules au monde via les nuances de la connaissance ? Au cœur de ce savoir, il y a une parade amoureuse éternelle entre deux universels, le Multiple et l'Un, liés par une affinité mutuelle infinie, et présents dans la plus petite des étincelles de vie.

Si maintenant nous redescendons un peu sur Terre, nous voyons l'effort des auteurs et lecteurs du livre que vous tenez devant vos yeux, ce travail spirituel et persistant vers une vérité élevée mais applicable au quotidien, non pas comme une recette magique, mais plutôt comme une manière de faire face avec élégance et en suivant sa constellation de valeurs. Tout n'est pas chaos et tempêtes : il y a pour l'âme honnête, cohérente et courageuse un calme universel qui vient lorsque la culpabilité ou le souci s'effacent, cédant le pas à la force impassible du soi devenu loi, foi, et joie.

la constellation de

## Marie Curie

**universel**, **contemplation** (lire page 81), **humilité** (lire page 177), **intellect** (lire page 195), **quête** (lire page 301), **vérité** (lire page 389).

# vérité

La recette de la vérité est simple. Premièrement, une pleine dose d'honnêteté : éviter de trop masquer ce que l'on fait, dit et pense est une forme de thérapie qui guérit de la frustration. Deuxièmement, quelques pincées de regards et d'écoute : nous passons trop d'heures distraits et inattentifs à ce qui se passe sous nos yeux et nos oreilles, ces infinies nuances de la présence et de la conscience de ceux qui nous entourent, qu'ils soient humains, animaux ou végétaux. Troisièmement, remuer tout en restant immobile, c'est-à-dire explorer tout en prenant forme : les racines et les branches de l'arbre sont en constant mouvement exploratoire, mais elles sont reliées par un tronc immuable. Dernière étape : consommez votre propre vérité sans chercher à la donner à manger de force aux autres.

La nuit est douce. Elle se tient dans sa chambre, assise sur son lit, se coiffant avant de se coucher. Son serviteur l'a pourtant avertie : « Les rumeurs sont claires, Madame, on en veut à votre vie ! Il vous faut fuir, quitter la ville, au moins le temps que les choses se calment ! »

D'un geste de la main, elle a rejeté le conseil. Elle sait qu'une bande de fanatiques chrétiens jure sa mort, mais que représentent-ils dans une cité de plusieurs dizaines de milliers d'habitants ? Ils savent l'aura dont elle bénéficie. Elle porte depuis des années l'Histoire, la philosophie, les mathématiques, comme autant d'allégories de l'évolution de la civilisation. Et puis elle respecte Rome et les croyances. Elle a mis du temps à comprendre que le peuple a besoin de Dieu, et l'accepte désormais comme un mal nécessaire ; elle a défendu les chrétiens plus d'une fois contre la tentation de la persécution avant qu'ils ne deviennent plus puissants.

Mais voilà qu'Oreste, homme de loi, et Cyrille, homme de foi, se sont engagés dans une compétition funeste. Les hommes sont incorrigibles. Une fois qu'ils ont pris possession des âmes, les religieux veulent le pouvoir des lois. De leur côté les militaires veulent à la fois être adulés du peuple et le faire marcher au pas. Mais seule la raison est assez puissante pour régner sans soumettre, faire naître le consensus nécessaire sans violence et permettre de faire émerger la vérité. À cette pensée, elle se rassure et esquisse un sourire : c'est sa foi à elle.

Elle inspire profondément et redresse les épaules pour se redonner courage. Il lui faut garder la tête froide, comme lorsqu'elle s'est attaquée, avec succès, à la subtile et complexe conception des astrolabes ou des hydromètres. Les sciences sont jugées austères alors qu'elles apportent une sérénité et un ordre sans égal. Voilà pourquoi elle leur a consacré son existence, a renoncé à l'amour et aux joies d'être mère.

À vrai dire, elle a presque oublié qu'elle était femme. À plus de 40 ans, elle chérit avec gratitude les joies intellectuelles, les échanges avec ses collègues savants, l'infini plaisir de dévoiler la possibilité d'une loi cachée de la nature. Que sont les insignifiants soubresauts politiques quand il s'agit d'ouvrir le champ du progrès à l'humanité ?

Soudain, des bruits montent de la rue, comme un grondement. C'est bientôt un râle inhumain, le son d'une meute. Son serviteur entre en trombe. Elle voit la terreur dans le regard de ce fidèle. Elle perçoit une porte qui craque sous les coups au rez-de-chaussée, puis des hurlements. Ils ont osé. Une peur animale la submerge, mais il est sans doute trop tard. Elle se lève et regarde autour d'elle, éperdue. Son cœur palpite, son corps se couvre d'une sueur froide et, malgré son esprit qui lui ordonne de courir, son corps se tétanise comme incapable de croire en cette hypothèse folle.

Combien sont-ils ? Une trentaine qui maintenant l'emmènent de force en la tirant par les bras dans les rues. Ils vont l'achever, c'est sûr. Alors elle se réfugie dans son esprit, pour oublier leurs faces haineuses, pleines de fausses certitudes idiotes et lâches. Elle voit les passants qui, bouche bée, la reconnaissent mais ne bougent pas. « Ceux qui réfléchissent et doutent demeurent trop faibles face à un groupe déterminé, hostile, têtu. Le mal se nourrit de l'inertie des neutres et de la naïveté des aimants. La lâcheté doit… » Mais un cri s'échappe de sa bouche ; elle ne parvient plus à penser correctement, elle perd son sang-froid. Elle a mal.

Ils la traînent. Elle se met à rire comme une démente et crie : « Aime ton prochain ! » Mais leur rage redouble. Son statut de femme respectée pour la neutralité de son esprit lui vaut une haine sans mesure de la part de ceux qui ne connaissent qu'un livre qui ne contient rien de démontrable !

Dans la foule, elle voit le regard noir d'autres femmes qui lui en veulent de leur montrer qu'une autre vie existe, qu'une femme peut vivre sans chiens de garde, sans dieu ni maître. La haine s'étend dans la ville comme une maladie mentale. Ils sont possédés par les démons tout en se drapant de la vertu divine. Quelques minutes plus tard, dans le temple, ils se mettent à la tailler en morceaux, et cette fois, elle ne peut plus échapper à sa condition humaine. Elle pleure, hurle qu'on l'épargne ou qu'on l'achève, supplie, crie de douleur quand les lambeaux de chair se détachent de son corps. Elle perd conscience.

En cette nuit de l'année 415, Hypathie d'Alexandrie meurt assassinée par la barbarie des fanatiques du moment.

## L'inspiration

En anglais, vérité se dit *truth* et l'origine du mot renvoie à la droiture et stabilité du tronc d'arbre (*tree*). En latin, on retrouve l'idée de droiture : *veru* désignait un javelot. Imaginez une lance tordue : pourrait-elle atteindre sa cible ?

Nous vivons, encore et toujours, à un moment de la civilisation humaine où le mot *vérité* provoque autant de grimaces que le mot *mensonge*. On préfère le mot science. Quelqu'un qui proclame la possibilité d'une vérité universelle est parqué du côté des idéologues, à moins qu'il ne soit un homme ou une femme de science : la vérité aujourd'hui est, accepte-t-on plus volontiers, dans les nombres et les prédictions mathématiques, pas dans la pensée, jugée trop subjective. Depuis la mort occidentale de Dieu constatée par Nietzsche, même les vérités psychologiques ou sociologiques semblent plus vraies si elles peuvent être vaguement vérifiées par les neurosciences, les statistiques, la physique sociale, bref le discours arithmo-maniaque. La vérité est dans les chiffres, et cela est aussi valable pour ce qui est de juger du capital culturel : telle chanteuse est de qualité puisque sa chanson s'est téléchargée 12 345 784 de fois. Pour beaucoup, Dieu n'est pas mort, il s'est seulement mis à la comptabilité, sans doute dégoûté par la façon dont les humains se sont entretués pendant des millénaires au nom de telle ou telle vérité non mesurable.
Mais même dans les sciences, il y a beaucoup d'actes de foi déguisés en axiomes, des clans défendant telle théorie et muselant ceux qui, minoritaires, proposent d'autres explications. Faut-il en déduire que tout est de l'ordre de l'opinion, de l'esprit de corps, du semblant de vérité ? Pour un postmoderne type, il n'y a pas de vérité, mais des perspectives, des visions du monde, des *régimes de véracité*, des discours nourris

par des groupes de pouvoir, politique, néoreligieux, académique ou médiatique. Les humains ont tendance à s'organiser en réseaux de croyance, à l'intérieur desquels on fétichise des valeurs et des pratiques et dénigre les autres réseaux comme étant mensongers, ou du moins illusoires et naïfs.

Plusieurs de ces communautés idéologiques ont accès aujourd'hui aux médias ou aux réseaux sociaux populaires, et dès lors on parle d'une ère de « postvérité » et de polarisation : le monde apparaît comme une cacophonie de vérités sans hiérarchie, une tour de Babel de la connaissance. Les vraies victimes de la postvérité, de cet éclatement des valeurs en cliques agonistiques, ce sont les individus esseulés qui veulent penser par eux-mêmes et n'appartiennent à aucun réseau de pouvoir, ceux qui se méfient des groupes organisés et de leur inévitable dogmatisme. Qui les protège, ces individus indépendants, qui leur offre le droit d'appartenir sans se prosterner ? C'est la minorité opprimée dont personne ne parle : les êtres aux tendances intellectuelles plutôt qu'émotionnelles. Ils sont des millions qui croient encore à la vérité d'une pensée saine et personnelle, à la connaissance subtile sans abrutissement marketing. Tels des Descartes de l'ère populiste, ils veulent pouvoir douter librement sans faire allégeance à tel ou tel clan.

L'être qui pense par soi-même est trop souvent remplacé par le consommateur, cet atome économique dont la rationalité ne va pas plus loin qu'une capacité à choisir le meilleur prix en période de soldes et à maximiser sa jouissance à court terme, ou son calcul étroit et sécuritaire à long terme. La grande vérité qui s'impose au détriment de la profonde liberté, c'est : sois normal ! Explore les mille possibilités d'être superficiellement différent en consommant tes choix de vie ! Oublie l'essentiel !

Il n'y a pas aujourd'hui de vérité démocratique partagée, de cosmologie terrestre partagée aisément formulable hormis la proclamation qu'il faut « respecter les diverses vérités communautaires pourvu qu'elles-mêmes respectent le jeu de la démocratie ». On voit bien que c'est un cercle vicieux qui ne dit rien d'autre qu'une peur du totalitarisme, celui-ci d'ailleurs revenant en force dès qu'un prétexte pour contrôler les masses se présente, une attaque terroriste, une pandémie. Le fascisme est le grand traumatisme occidental du siècle passé et nous ne nous en sommes pas encore remis. Nous sommes si occupés à empêcher toute forme de totalitarisme que nous préférons le relativisme et la confusion des croyances, pour qu'elles soient standardisées par des offres d'achat. La place du marché rassure. Nous avons jeté le bébé de la vérité avec l'eau sanglante du bain totalitaire tout en déléguant nos libertés trop aisément aux politiques et aux multinationales, qui nous orientent pour notre propre bien.

Une vérité qui nous est profitable devient comme un bon plat : on veut bien le faire goûter ou le partager, mais on accepte aussi de le savourer seul, sans prosélytisme.

Qui nous aime nous suive ! Par ailleurs, entre la volonté violente de changer le monde et celle de rester tranquille dans son coin, il existe un juste milieu : la vérité devient alors le style souple, droit et généreux des générateurs de mondes, qui ne cherchent pas à convaincre à tout prix, mais qui sont fiers de faire avancer en douceur une manière de vivre et un partage des possibles. Vivre dans la vérité, c'est l'émotion de l'essentiel, qui nous pousse à évoluer vers un soin de l'essentiel : comprendre, aimer, œuvrer, faire l'expérience du sublime lorsque le puzzle de notre vie agence les éléments en apparence les plus disparates pour nous présenter la sérénité d'une histoire cohérente et belle. La vérité est une aventure personnelle qui signifie la fin de la frustration.
La langue anglo-saxonne primitive a raison ; être vrai, c'est devenir arbre, plongeant ses racines dans le corps de Gaïa, déployant ses branches vers le Créel, avec au centre un tronc uni, intègre, comme un panneau de signalisation naturel disant : ici triomphe la vie.

la constellation de

## Hypathie d'Alexandrie

**vérité**, **équanimité** (lire page 129), **intellect** (lire page 195), **kaléidoscopique** (lire page 219), **quête** (lire page 301), **zéro** (lire page 415).

# vie

Pour beaucoup la vie est comme un document Word que l'on oublierait de sauvegarder : des pages blanches se noircissent puis s'effacent à nouveau comme les vagues d'une marée amnésique. On se plaint alors que la vie passe trop vite tandis que les soucis qui la composent paradent en rond. L'habitude de la lutte transforme nos victoires en éphémères jouissances et le quotidien en cacophonie. C'est que l'harmonie, il faut la chercher dans la tonalité d'ensemble plutôt que dans les faits. Une fois que l'on compose sa propre partition existentielle, les événements qui la ponctuent sont autant de notes de musique : un sourire sans explication, l'amour et la tendresse, et surtout le courage de recommencer à écrire de jour tout ce qui s'efface en une nuit, et qui plus est, de le faire avec l'encre fervent des rêves.

Elle entre dans l'enceinte de l'hôpital. Comme chaque semaine, elle vient le visiter – ils ne sont pas nombreux à faire cet effort. Elle songe avec amertume à ces dizaines de courtisans qui gravitaient autour de lui au détriment de leur intimité. Il a tellement souhaité briller auprès des riches, serrer la main des puissants, côtoyer les célèbres ; il y est parvenu sans aucun talent d'artiste ni de politicien, et a accroché la gloire à son destin.

Elle accélère le pas le long de ce couloir propre, s'étonne une fois de plus que cet Hôpital américain ait l'aspect d'un hôtel, mais certainement pas l'un de ces hôtels archiluxueux où ils seraient descendus en amoureux. Des souvenirs lui reviennent, son corps protecteur, ces étreintes qui avaient des allures de chant, avec ce crescendo qu'il maîtrisait si bien, lui offrant des jouissances infinies, presque aussi puissantes que celles qu'elle ressentait sur scène devant son public. La scène a été le premier endroit où elle s'est sentie aimée dans sa chair ; ensuite, à chaque aria, elle a donné toute la force de son talent comme si elle offrait son dernier récital.

Apprendre à être aimée a été un long chemin. Son premier mari lui a donné la tendresse et l'amitié. Mais l'homme qui se meurt et dont elle pénètre à présent la chambre l'a réconciliée à jamais avec elle-même.

Le malade assoupi n'est plus l'amant opulent qu'elle a connu. Pâle, les os sur la peau, les traits tirés dans un sommeil qu'elle devine sans repos, les joues bouffies par la chimie des médicaments, il n'est plus qu'un vieillard impotent au seuil d'une mort précoce. La diva ferme les yeux ; elle ressent en elle comme l'écho agité des femmes tragiques qu'elle a incarnées dans la *Tosca*, *la Traviata*, ou *Carmen*. Déjà, elle ne supporte plus cette pièce et s'apprête à rebrousser chemin quand il ouvre les yeux et d'un éclair lui signifie tout le bonheur de la voir. Il la regarde comme elle fut il y a vingt ans, resplendissante de promesses. Oui, au milieu du naufrage, brille au fond des yeux de son amant une admiration divine.

« Chante pour moi, s'il te plaît », murmure-t-il.

Elle s'approche, se saisit d'une chaise qu'elle pose à côté du lit. Elle lui caresse les cheveux. Puis, elle se pose, droite, concentrée, tandis que sa main se saisit de celle d'Ari. Elle a souvent refusé de chanter en privé, mais elle veut faire une exception pour son Onassis. Les images de la Scala et des plus belles salles du monde lui reviennent en pagaille. Elle sait qui elle est : la Diva, la Callas pour le monde entier, Maria pour ceux qui l'aiment.

Elle s'apprête à chanter et mesure avec excitation le trac, plus puissant que jamais dans cette simple chambre d'hôpital. N'est-ce pas au seuil de la mort de son amant que tout converge, ces années de travail sous le joug d'une mère insatiable et possessive, ces heures de labeur avec les plus grands maîtres de chants, ces centaines d'interprétations sous la direction des plus prestigieux chefs d'orchestre qui se battaient pour la joie d'ajouter le timbre de sa voix à leur répertoire ? Sa voix s'élève, douce, presque chuchotée, à quelques centimètres de l'oreille de son homme, et cette pureté atteinte, cette économie de moyens, donne à son interprétation une intensité et une pureté unique. Ce chant n'est offert qu'à lui.

Et tandis que la Callas achève son chant d'amour, elle laisse s'écouler les larmes de l'adieu et de la gratitude, saisie comme une enfant par la tragédie que cette fois elle n'interprète pas mais qui l'habite pleinement, au côté de son éternel amant qui la dévore des yeux dans une ultime pulsion de vie, avant de s'endormir à jamais.

## L'inspiration

Que veut dire mon existence ? Suis-je en train de vivre la vie d'un autre ? Qu'est-ce qui nous empêche de vivre pleinement ? La peur ou la recherche des récompenses. Ils nous font subsister, désirer, différer notre joie tant bien que mal. Si on nous demande, nous dirons que nous sommes en vie, peut-être même avons-nous du succès, mais parfois ce que nous sentons, outre la crainte ou l'envie, c'est comme une fatigue, un éparpillement, un écartèlement, un creux affamé, une nervosité d'insomniaque. Ceux qui diffèrent la jouissance d'être respirent plus ou moins bien, ils ont plus ou moins mal quelque part, au ventre ou à la tête. Ils lèvent celle-ci parfois pour regarder les étoiles, mais lorsqu'ils regardent par la fenêtre de leur train ou de leur voiture, ils ne voient plus grand-chose qui les émeuve durablement, car ils n'ont pas le temps. Ou plutôt, ils ont perdu la grâce nécessaire à la surprise, à l'exploration, à l'aventure, à la liberté.

*C'est pas une vie !*, dit parfois celle ou celui qui se plaint d'un quotidien sans cohérence, sans réconforts. Ce n'est pas une vie, oui, car ce n'est pas une biographie ni un anonymat, mais quelque chose d'inquiet comme une rumination entre désir de lumière et soif de silence. Bien entendu, il y a des personnes toxiques, y compris pour elles-mêmes, des gens morbides, du nihilisme, cette contemption pour la grande santé du triomphe joyeux. Mais pour beaucoup, les choses sont bien moins théâtrales, moins dramatiques, moins claires : c'est en étant *cool* que leur vie est fantomatique, lorsque tout va plutôt bien et que du coup on s'endort un peu, ou c'est en se comportant comme des animaux domestiques qu'ils sont vaguement insatisfaits, ne sachant plus s'ils veulent se battre ou renoncer. La bande passante de ceux qui survivent est irritée par toute variation en dehors des limites ténues du confort quotidien standard. Un exemple ? Si l'on vous retire, sans votre consentement, l'accès à Internet plus de vingt-quatre heures, que devient votre vitalité ?

Une vie humaine réussie, c'est un texte, une œuvre, une épopée personnelle où tout peut converger pour libérer peu à peu, comme une émotion créatrice, le sens et les sens avec. Mais en même temps, c'est un enfant qui observe un papillon, sans but, sans rien à prouver, faisant une collection virtuelle, dans sa tête, sans éprouver le besoin d'emprisonner les lépidoptères pour les exhiber dans les concours. Ainsi, si l'on dit cette chose étrange, à savoir que la vie n'existe que pour être digne de devenir biographie, ce n'est pas pour mépriser la majorité des individus sur qui l'on n'écrira jamais une ligne. Ce n'est pas non plus survaloriser ces êtres cruels qui ont fait l'Histoire. Après tout, ceux qui sont portés vers un destin national, fût-il noble, n'est-ce pas parfois au détriment de leur entourage, qui n'a plus qu'à se sacrifier plus ou moins volontairement ? La joie de vivre, l'amour simple du présent, l'humilité, ne sont-ils pas de plus grande valeur qu'une biographie grandiose ? C'est là une fausse opposition. Ce qui compte, c'est que la vie humaine manifeste une unité élégante et admirable, même infiniment modeste. Flaubert l'a compris et décrit dans *Un cœur simple* et c'est la raison pour laquelle il a appelé son héroïne, une servante, Félicité.

Celui qui sacrifie tout à la gloire devient parfois l'automate de soi-même. Celle qui se voue tout entière à une cause reconnue finira dégoûtée ou brisée si cela n'est qu'une façon de faire la belle sous le regard des institutions, des prix, des comités, des jurys, des médias flatteurs. La vie veut du *verbe*, c'est-à-dire de l'amour qui fait signe et qui chante sa vérité. L'humain est cet animal qui a la faculté de transformer sa vie en unité narrative et son destin en acte. Une vie personnelle peut devenir un phare éclairant le texte du monde en se projetant à travers une constellation de vertus qui sont comme les tonalités des compositeurs, ou comme une géométrie stellaire. Pour la belle et modeste Félicité de Flaubert, le maître mot est le devoir ou le service pur, comme un oiseau heureux de sa cage. Pour une cantatrice

libre comme Maria Callas, la vocation est de se faire l'émissaire volante de la vérité musicale recherchée par les compositeurs les plus opposés en apparence, comme Wagner et Bellini.
Chacun de nous est capable de devenir une histoire, un destin lucide et digne. Si vous voulez mener *une* vie, construisez-vous une autobiographie en acte, une cohérence personnelle et passionnée. Tenez le stylo de votre avenir, faites de votre corps et âme le lieu de votre devenir un et de votre amour pour le multiple, en une alchimie personnelle qui mène à la transmutation de la matière en une structure éternelle. Donnez naissance, sans violence, à votre constellation de symboles animés et prenez-en soin – car cette silhouette étoilée porte votre nom.
Partageons et devenons le triomphe de mille autres formes de vie, de ce mouvement créatif qui est à la source des phénomènes. La vie est diversité, étrangeté, intime et lointaine à la fois, elle est, disait le philosophe Ricœur, « soi-même comme un autre ».

la constellation de

## Maria Callas

**vie**, **audace** (lire page 45), **élévation** (lire page 121), **justesse** (lire page 211), **solitude** (lire page 327).

# XÉNOPHILIE

Dans ce livre, nous avons voulu montrer que des mots et concepts connus peuvent être réactivés, réentendus dans leur puissance créatrice, pour réenchanter nos vies. Parfois, le familier, une idée qui semble usée, oubliée ou invisible à force d'être omniprésente, contient en elle des germes de recréation. Xénophilie désigne justement une curiosité vigilante face à ce qui est étrange, différent, autre, nouveau. En termes de santé philosophique, la xénophilie désigne une capacité d'ouverture mentale, une éthique créatrice : la responsabilité de ne pas rejeter systématiquement ce qui ne correspond pas à nos habitudes, à nos schémas familiers. En réalité, il est suicidaire de n'accepter que le Même, car il y a de l'Autre en nous. Xénophobie et xénophilie doivent constituer une dialectique équilibrée dans tout système : trop d'ouverture et trop de fermeture sont également dangereuses.

La voix allemande retentit dans l'aéroport, avec une puissance amplifiée par le hall élevé. La queue des passagers se raidit instinctivement devant le passage de la douane. Trois soldats et un berger allemand filtrent le flot de passagers pour Madrid : la destination est entourée de suspicion en raison de la position ambiguë de ce pays dans le conflit qui fait rage. Dans la queue, une artiste reconnue sait que son talent écrase les frontières. Elle sait que son aura lui offre une liberté devenue rare, et ce privilège, elle s'en sert pour son pays.

Maintenant Joséphine fait face à l'officier. Elle le trouve séduisant, viril mais avec un doux visage qui contraste avec la raideur de l'uniforme. En d'autres circonstances, une soirée au Lido, un cocktail d'ambassade, une revue privée dans l'un de ces châteaux que les officiers allemands affectionnent, elle aurait peut-être pu le charmer pour lui soutirer quelques informations sur le mouvement des troupes ou les craintes de l'état-major.

Elle lit d'abord le mépris et la condescendance devant la « négresse » qu'elle est aux yeux de beaucoup. Que fait-elle là ? Comment peut-elle se payer une place d'avion ? Qui lui offre cette robe majestueuse et coûteuse, et d'où viennent ces bijoux sur ces doigts d'Africaine ? Elle vient probablement de basculer dans la catégorie mentale « catin de luxe ». Écœurant ; elle ne s'y habitue pas, mais elle a appris à en sourire.

Les interrogations de l'officier laissent place à la convoitise. Il détaille maintenant ses courbes, sans égard, bestialement. Il l'évalue comme on jauge une bête. Mais là encore, cela ne tient guère longtemps. Il est désormais pris au piège de sa beauté et de la sensualité qu'elle dégage. Voilà : il la désire, il est envoûté. Comme par instinct de survie, l'officier se tend, redevient impassible, froid, et ordonne : « Vos papiers, madame ! Dépêchez-vous ! Nous allons sans doute devoir vous fouiller. Friedrich, vérifie sa malle ! » « La fouiller », songe-t-elle effrayée. C'est bien la première fois qu'on pousserait si loin le contrôle. Elle a peut-être trop joué de son charme et désormais l'homme veut voir, palper, toucher sa chair. Tout à son désir, il ne décèle pas qu'elle pâlit, que ses jambes tremblent et qu'à l'intérieur de son soutien-gorge, elle transpire contre les papiers compromettants qui peuvent l'envoyer en prison ou pire, dans l'un de ces camps dont on ne revient pas. À cet instant, le destin oscille.

L'officier ne le sait pas, mais elle a déjà vécu mille vies, s'est mariée plusieurs fois, a connu deux continents, construit une carrière avec la rage de réussir, est devenue une icône à Paris, côtoie les hommes les plus importants et les artistes les plus fous. Elle est multiple, riche de possibles, puissante d'un joyeux jaillissement de vie qu'elle sait saisir mieux que d'autres ! Que peut ce gamin rigide contre elle ? Il peut la faire tuer, s'il devine qu'elle travaille aussi pour la Résistance.

Dans le secret de sa conscience, elle se dit une fois de plus : « Ne suis-je pas devenue l'enfant chérie des Parisiens ? Ils m'ont tout donné, en particulier leur cœur. Je leur ai donné le mien. Je suis prête à leur donner aujourd'hui ma vie ! » Elle sourit et écarte ses bras grands ouverts, puis entame un délicat pas de danse et, tournant sur elle-même, comme pour une parade : « Je suis toute à vous, officier, si vous voulez me fouiller, offrez le spectacle à tous ! »

Le public rit. On entend des exclamations et des murmures. Ils l'ont reconnue, elle le sent, perçoit son nom dans la foule. Le soldat qui a ouvert sa malle soulève un soutien-gorge dentelé, un petit chapeau melon et une étincelante robe de revue. On entend une rumeur admirative. Un colonel allemand s'approche et en français lui demande un autographe tout en lui baisant la main.

Elle éclate d'un rire charmeur et le remercie. L'ambiance s'est détendue, on a refermé sa malle, et le jeune officier lui tend ses papiers avec un sourire gêné. Son regard redevient humain, le regard de n'importe quel humain, celui de l'homme véritable qu'il est sans ce maudit uniforme, celui d'un gamin de vingt ans sur qui on a projeté l'ombre de la mort. Joséphine Baker s'envole vers l'Espagne avec le souvenir douloureux d'avoir croisé un ange travesti en diable.

## L'inspiration

Xénophobie : voici un mot relativement récent, dont la création est parfois attribuée à Anatole France à l'occasion de l'affaire Dreyfus, ce scandale militaire sur fond d'antisémitisme qui éclata à la fin du XIXe siècle. Le mot est formé sur la racine de l'ancien grec signifiant *étranger* ou *étrange* : la peur de ce qui est autre. On l'entend relativement peu aujourd'hui, beaucoup moins que le médiatique et simpliste « racisme ». Paresse mentale et goût du spectaculaire font que le mot *racisme* l'emporte pour désigner l'antipathie vis-à-vis du « migrant » par exemple. Dans la même veine, on appelle parfois « hippies » ceux qui s'adonnent à quelque pensée idéaliste, et « fascistes » ceux qui demandent plus d'ordre. Il n'est pas seulement réducteur de traiter n'importe qui de raciste ou de fasciste ; c'est sans doute contre-productif, car bêtement conflictuel, comme la plupart des raccourcis de pensée manichéens qui sévissent dans les réseaux sociaux. Nous nous croyons civilisés mais beaucoup d'entre nous, encouragés par des médias réducteurs, voient encore le monde en oppositions tranchées de noir et blanc. Il est temps de passer à la couleur.

La plupart des xénophobes ne sont pas racistes. Ils sont parfois nationalistes, parfois protectionnistes, parfois misanthropes, parfois confortés par le familier, parfois frustrés ou outrés de ne pas être écoutés, entendus, parfois simplement soucieux d'intégrité. De nombreux humains ont quelques difficultés à accepter ce qui ne leur est pas familier ou imposé : c'est un trait cognitif et émotif répandu qui ne s'applique pas qu'aux étrangers, mais aux animaux, aux objets, aux coutumes, aux idées. Il est humain d'être, au sens philosophique du terme, xénophobe : chacun de nous l'est à un moment ou un autre de notre croissance spirituelle, car il faut une certaine civilité pour comprendre, intellectuellement, que ce qui est étrange, étranger, autre, nouveau, n'est pas nécessairement une menace ni une régression vers un chaos menaçant. Par ailleurs, tout être ou groupe vivant perçoit une différence entre l'intérieur et l'extérieur et doit sans doute maintenir cette différence pour survivre. Si une certaine xénophobie semble inévitable, qu'on le veuille ou non, la sagesse recommande de la contrebalancer par son contraire, la *xénophilie* : une curiosité accueillante vis-à-vis de l'altérité, en tant qu'elle peut enrichir notre système. Le prince des philosophes de la Grèce antique, Héraclite, a écrit dans l'un de ses antiques fragments : « Si tu ne t'attends pas à l'inattendu, tu ne le trouveras pas. » La première réaction face à une telle maxime est de se dire qu'elle était peut-être pertinente du temps d'Héraclite, mais dans un monde globalisé où tant de différences se mêlent sans cesse, l'inattendu peut être fatigue, l'incongru est trop fréquent et le bon sens évanescent. Nous avons besoin de rituels, d'un respect de communes règles, d'une manière d'être les mêmes, semblables, réciproques. Mais que serait une existence sans aucune forme d'étrangeté ? Une vie de somnambule. Car la conscience souvent ne se réveille que lorsque quelque chose dans notre perception de la réalité signale une différence, une variation, une nouveauté, une possible perte ou un gain. Sans contact avec l'anormal, l'imprévu, nous risquons

de dormir debout, faute d'exercer notre curiosité, notre soif de comprendre. Il faut donc une bonne dose de sympathie envers le non-familier, pour se forger une connaissance, une conscience, une vigilance. En même temps, admettons-le, si les stimuli non familiers sont trop fréquents, si l'on ne peut avoir confiance dans une certaine régularité de perceptions, de mœurs, d'apparences et de comportements, le stress peut s'installer, c'est-à-dire l'idée que notre environnement est trop compliqué, trop cacophonique.
Nous sommes tous tantôt xénophobes et tantôt xénophiles, souvent les deux à la fois. Là encore, il s'agit de ne pas être manichéen. En réalité, il y a de l'étrange dans le familier déjà, lorsqu'on regarde par-delà les apparences de l'habitude. Et il y a du familier dans l'étranger, pourvu que nous y fassions attention. La xénophilie, ce ne peut être un assentiment béat à tout ce qui est autre, mais une attitude intellectuelle d'ouverture prudente aux possibles, une aventure de la connaissance tournée vers l'inouï, ou l'avenir tout simplement.
Accueillir l'inattendu est difficile, car dès que nous voulons l'accueillir, il devient peu à peu familier, et nous le jugeons avec les yeux du quotidien. Accueillir l'inouï en tant que différent est « difficile et pénible », comme le disait Héraclite, car on ne peut fermer les yeux face à l'inacceptable, au nom de la tolérance. Les autres cultures ne sont pas plus sympathiques simplement parce qu'elles sont autres : les étrangers peuvent aussi

oublier qu'ils peuvent être des êtres-anges, et bafouer l'universelle entente des êtres, la bonne volonté des vivants. Ils ont autant de conditionnements que nous, autant d'automatismes obscurs, autant de normes ou bornes absurdes, autant de biais moraux et politiques, autant de stress ou de mauvaise humeur. Il est bon d'être vigilant vis-à-vis de la capacité de chacun à se réinventer, le pouvoir de sublimer la possibilité de soi. Nous sommes tous les enfants du Créel.

L'ouverture d'esprit commence par l'acceptation critique, vigilante et créatrice, de l'étrange et l'étranger en soi et dans sa propre existence. C'est une redécouverte du regard du nouveau-né sur le monde. Comme dans la fabuleuse pièce d'Ionesco, *La Cantatrice chauve*, où une femme découvre que cet étranger face à elle dans le train est en fait M. Martin, son mari : « Comme c'est étrange ! », répètent-ils en s'apercevant de toutes les coïncidences qu'ils partagent et qui font une vie commune. À la fin ils se reconnaissent : « Alors, chère madame, je crois qu'il n'y a pas de doute, nous nous sommes déjà vus et vous êtes ma propre épouse. Élisabeth, je t'ai retrouvée ! »

la constellation de

## Joséphine Baker

**xénophilie**, **carrière** (lire page 67), **france** (lire page 145), **joie** (lire page 203), **kaléidoscopique** (lire page 219), **vie** (lire page 397).

# zéro

Nous vous avons proposé dans ce livre, non pas seulement de remettre les pendules à zéro, mais d'arrêter un temps de regarder les pendules, d'arrêter de compter, de compartimenter, pour vous reconnecter à votre possible intérieur, ces pages blanches qui attendent d'être écrites pour donner cohérence à l'épopée de votre destin. Nous avons quelques convictions et tenons à quelques vérités. Mais sans doute la plus importante des vérités est d'être assez fort pour questionner créativement ses certitudes afin de continuer de grandir. Zéro, c'est ce quasi-nombre qui paraît vide mais qui, comme un œuf, contient en germe une infinité de possibles. Pour devenir le héros ou l'héroïne de votre plus haut destin, il faut savoir rebondir cent fois à partir de ces moments apparemment nuls ou désenchantés où l'âme, loin d'être morte, attend de se réinitialiser, de se régénérer, de se réinventer.

Cela ne fait que quelques jours qu'elle répète le même geste et cependant une profonde et déprimante lassitude l'a déjà envahie. Comment va-t-elle tenir ? Toutes les six minutes, une épaisse pièce de métal lui parvient sur sa gauche par le tapis roulant qui la relie au poste précédent. Elle s'en saisit, la bloque sur son plan de travail, puis avec sa fraiseuse qu'elle abaisse de sa main droite, elle creuse d'un demi-centimètre aux quatre coins marqués d'une croix. Il faut agir vite et avec précision, puis ôter la pièce et la déposer sur le tapis roulant sur sa droite. La suivante sur sa gauche est déjà en vue et la manœuvre se répète, heure après heure, dans l'étroit atelier glacial dans lequel s'entassent les trois cent cinquante ouvrières.

Ses bras la font souffrir. Sa santé fragile, son corps maigre et peu résistant, tout concourt à lui rendre ce travail pénible. Elle observe furtivement les autres travailleuses : leurs hanches larges, leurs épaules puissantes, leurs visages résolus toujours prêts à soutenir le regard, tantôt avec une sourde fierté, tantôt avec une neutralité surhumaine. Certaines usinent comme elle, d'autres assemblent et visent, et quelques-unes, en bout de chaîne, contrôlent. Celles qui se sont trop plaintes ne sont plus là.

Une douleur pointue et intolérable gagne le haut de son épaule. Elle réfrène les larmes qui s'engouffrent entre ses pupilles comme on ravale sa salive : « Reste forte ! Le contremaître te surveille. » Elle est ici incognito. Il aura suffi de ce travail à la chaîne pour remuer toutes ses convictions de jeune intellectuelle, ou plutôt pour concrétiser ses pensées intuitives qui flottaient dans son esprit et qu'elle tente désormais d'affiner en se débattant dans le réel. Le seul jeu d'une pensée pure ne suffit pas pour embrasser la condition humaine : souffrir, transpirer, pleurer, partager la souffrance, c'est la voie de la vie.

Elle songe à cette grève au Puy-en-Velay avec laquelle elle a été solidaire, sacrifiant une partie de son salaire de professeur des lycées à la caisse de solidarité des mineurs. Il y avait là une graine semée, un acte concret. Désormais, elle se sent vide et pleine à la fois : vide car se débarrassant du bagage acquis depuis son enfance dans sa petite famille bourgeoise juive puis ses études classiques à l'École normale supérieure ; et pleine de possibilités, car lourde de réflexions depuis qu'elle a épousé la condition ouvrière. Elle va se « réinitialiser », elle le sait, dans sa chair, et son existence future en sera marquée ; un engagement absolu, sans concession, de tout son être, corps et pensée, la projettera au-delà d'elle-même, au service des autres.

Elle jette un œil à Jacqueline, sa voisine de droite, qui tousse et tente de se cacher pour le faire. Jacqueline élève cinq enfants seule depuis que son mari s'est noyé dans la Seine, après avoir bu son salaire en un soir. Pourtant, elle garde toujours dans le regard une clarté, une espérance émouvante. Sa foi dans le Christ perturbe Simone à qui sa famille juive n'a pas transmis de croyance. Elle est intriguée par l'idée que ce Jésus ait porté la justice sociale au cœur de son message. Elle commence à le sentir, ce don absolu et politique, cette grâce divine et incarnée à la fois.

Ce jour-là, lorsque éreintée, Simone Weil sort de l'usine Alsthom ancrée dans le quinzième arrondissement, elle est saisie par le contraste avec la bourgeoisie qui déambule le long du boulevard, bien nourrie, convenablement habillée.

Elle se surprend à cracher par terre. Elle doit extirper d'elle-même les derniers reflets de la vanité des nantis. Une pensée lui vient qu'elle se répète pour ne pas la perdre et la coucher sur le papier plus tard : « Ils me font horreur, ceux qui se trouvent à l'arrière et non au front. »

## L'inspiration

Il n'y a jamais de page zéro dans un livre, ou peut-être est-ce la page blanche initiale ou finale sur laquelle le lecteur peut prendre des notes et noter ses propres idées. À présent il est temps pour le lecteur de remettre les compteurs à zéro : en matière de valeurs, comme l'ont souvent répété les existentialistes, chacun peut être responsable et autonome, avec un peu d'effort et de vigilance, mais aussi parce que « nous sommes condamnés à être libres », comme le disait Jean-Paul Sartre. Il est toujours temps de faire table rase pour redécouvrir l'infinie énergie de la création qui coule dans vos veines. Se ressourcer au possible intérieur.

Bien entendu, il n'y a pas autant de vertus fondamentales que d'humains, mais en même temps, chaque individu peut atteindre une unité et une intégrité qui lui sont propres en dessinant sa propre constellation idéaliste. Nous ne sommes pas extrêmement différents. Mais nous sommes tous légèrement différents. Dans cette infime variation croît l'arbre de notre biographie. Le Créel n'est pas que créateur, il est cocréateur, c'est-à-dire que dans sa générosité, il a donné aux êtres la responsabilité de créer avec lui. La philosophe Simone Weil a compris qu'il faut s'oublier pour mieux se retrouver, devenir incognito un temps pour se construire une éternité d'âme, se donner à une grande idée qui est don et tension vers l'harmonie absolue, générer un coin de paradis sur terre.

La pensée est un muscle aussi important que la respiration : ne pas l'exercer, c'est à long terme risquer de voir son âme et son esprit s'atrophier, tomber dans des impasses existentielles que l'on n'avait pas prévues. Chaque fois que vous vous sentez coincé dans une réalité qui vous étouffe et qui paraît vous ballotter de Charybde en Scylla, arrêtez-vous et remettez les compteurs à zéro, par une méditation de régénérescence mentale. Cela commence par sentir la vie créatrice dans votre corps, comme une émotion douce. Pensez avec vos veines et votre sens de l'idéal, pas seulement avec une logique reçue.

Nous vivons dans un monde où le langage dominant n'est plus le français ou l'espagnol, ni même l'anglais. La *lingua franca* du siècle est le numérique, un code fait de 0 et de 1. C'est ainsi que nos sociétés tentent d'organiser le multiple : en nourrissant de données chiffrées des machines prédictives. Mais il est un langage universel plus invisible, moins facile à coder : le langage des valeurs et de la création. Le zéro et l'un sont complices, mais pas seulement à la manière dont le langage des ordinateurs l'entend. Il y a une créalectique secrète et universelle entre le zéro, l'un et le multiple créateur. L'impossible suggère le possible, qui produit la diversité.

Toute l'Histoire humaine, d'Alexandre le Grand à Simone Weil, est la saga des mille et une façons, plus ou moins inspirées, jamais tout à fait achevées, de créer de l'unité, de générer de l'intégrité. Sans quête d'unité, il n'y aurait pas de science, pas de conquêtes, pas de politique, pas d'amour, pas de héros de l'Histoire. Mais sans flux du multiple et régénérescence continue, tout deviendrait mort et rigide comme une statue de personnage célèbre. Pour éviter de se sentir nullité, un zéro existentiel, il faut jouer chaque jour différemment de notre équilibre philosophique, notre grand écart entre le multiple et l'un. Il convient de percer l'œuf du 0, de faire son trou comme la nature dessine un œil, un regard sur l'infiniment petit et l'infiniment grand.

Chaque fois que dans votre vie vous tomberez dans le puits du vide ou du passage à vide, dites-vous que le zéro est un moment essentiel de votre dynamique d'individuation. Tout professionnel soucieux de se renouveler devrait se dire de temps en temps : je ne sais rien. La réalité que chaque jour, certains médias, certains politiques, certains collègues, certaines multinationales, tentent de vous vendre comme absolument une, la même pour tous, ce n'est que leur effort pour maintenir une illusion qui, croient-ils, les nourrit. Mais nous aspirons tous à un monde plus vrai dans lequel nos vertus et nos actes seraient bien accordés, c'est-à-dire que nous désirons la santé philosophique. Mais on imagine trop souvent qu'il y a un contremaître qui nous regarde usiner, prêt à nous punir si nous rêvassons ou faisons les choses autrement.

Si l'unité du réel qui vous entoure ne vous convient pas, partez vers une autre unité, un autre monde tournant autour d'autres valeurs ou idées-forces, partez avec d'autres personnes si vous le souhaitez, mais d'abord avec vous-même, sans peur de la solitude. Soyez le Magellan de votre destin, la Marie Curie de votre alchimie intérieure. Pensons par nous-mêmes tout en ressentant par nous-mêmes. La vraie puissance redonne vie aux possibles qui attendent au creux du presque rien : travaillons de concert à (ré)générer la symphonie de la Terre en pensant ensemble à partir des pages blanches de notre destin.

Rien n'est sûr, mais tout est possible.

la constellation de

## Simone Weil

**zéro**, **action** (lire page 13), **décence** (lire page 97), **foi** (lire page 137), **œuvre** (lire page 267), **universel** (lire page 381).

# INDEX DES VALEURS ET VERTUS

# LES PERSONNALITÉS

Imprimé en France par CPI Firmin-Didot
en mars 2022
N° d'impression : 169482
ISBN : 978-2-38015-435-1
Dépôt légal : avril 2022

